José do Patrocínio

A PENA DA ABOLIÇÃO

TOM FARIAS

José do Patrocínio
A PENA DA ABOLIÇÃO

kapulana

São Paulo
2019

Copyright © 2019 Tom Farias
Copyright © 2019 Editora Kapulana Ltda. – Brasil

Grafia segundo o Acordo Ortográfico da Língua Portuguesa de 1990, em vigor no Brasil a partir de 2009.

EDIÇÃO REVISTA E ATUALIZADA PELO AUTOR

Direção editorial: Rosana M. Weg
Projeto gráfico e capa: Daniela Miwa Taira

Dados Internacionais de Catalogação na Publicação (CIP)
(Câmara Brasileira do Livro, SP, Brasil)

Farias, Tom
  José do Patrocínio: a pena da Abolição/ Tom Farias. -- São Paulo: Kapulana 2019.

  ISBN 978-85-68846-81-0

  1. Abolicionistas - Brasil - Biografia 2. Brasil - História - Abolição da escravidão, 1888 3. Patrocínio, José do, 1853-1905 I. Título.

19-30720   CDD-923.2

Índices para catálogo sistemático:
1. Abolicionistas : Biografia 923.2

Maria Paula C. Riyuzo - Bibliotecária - CRB-8/7639

2019

Reprodução proibida (Lei 9.610/98).
Todos os direitos desta edição reservados à Editora Kapulana Ltda.
editora@kapulana.com.br – www.kapulana.com.br

A pena da Abolição
Laurentino Gomes 07

NOTA DO AUTOR 09

PARTE I – INÍCIO DE UMA JORNADA

A província e os escravos 19
Juventude arriscada 26
Mudanças de rumo 32
Sozinho no Rio de Janeiro 40
Estudante de farmácia 48
O cargo de professor 54
Os namorados 60
Nasce o poeta 66
Voos literários 70
Redator de *Os Ferrões* 74

PARTE II – TEMPOS DE MUDANÇA

Uma pena giratória 86
Na *Gazeta de Notícias* 91
A carreira jornalística 98
O romancista 104
O caminho da militância 109
Enfim, o casamento 116
A garra do tribuno 130
A campanha abolicionista 140
Tempos de conquistas 149
Viagem a Paris e carta de Victor Hugo 158

PARTE III – A GLÓRIA REDENTORA

Novos desafios 176
Estratégias e êxitos 186
É chegada a hora 191
Caminho aberto 196
Abolição da escravatura 201
Bebedeiras e festas 211
Anseios e recuos 222
Outros tempos 239
Um homem de visão 247
O fim dos dias 253

EPÍLOGO 262

REFERÊNCIAS 267

SOBRE O AUTOR 271

A pena da Abolição

José do Patrocínio, a pena da Abolição, de Tom Farias, é mais do que uma boa biografia de um dos maiores abolicionistas brasileiros. É também o relato minucioso, bem documentado e bem escrito de um dos momentos cruciais da história do Brasil. O movimento que levou à libertação dos escravos pela Lei Áurea em Treze de Maio de 1888, e que teve em José do Patrocínio um de seus protagonistas, foi a nossa primeira campanha genuinamente popular e de dimensões nacionais. Envolveu todas as regiões e classes sociais, carregou multidões a comícios e manifestações públicas, dominou as páginas dos jornais e os debates no parlamento e mudou de forma dramática as relações políticas e sociais que até então vigoravam no país. Nunca antes tantos brasileiros se haviam mobilizado de forma tão intensa por uma causa comum, nem mesmo durante a Guerra do Paraguai. Como efeito colateral, deu o empurrão que faltava para a queda da monarquia e a proclamação da República, no ano seguinte. É esse o fio condutor deste livro fascinante de autoria de um dos mais respeitados e talentosos jornalistas e escritores da atualidade. Leitura fundamental para entender o fenômeno da escravidão e seu legado que ainda hoje assombra os brasileiros.

LAURENTINO GOMES
Rio de Janeiro, setembro de 2019.

Nota do autor

Esta é a segunda edição deste livro. Quando foi publicado, originalmente, em 2009, ele fez parte de um projeto denominado "Personalidades negras", coordenado pela Fundação Biblioteca Nacional. Aquele formato editorial visava exclusivamente levar aos leitores perfis biográficos de afrodescendentes que tiveram papel relevante na história da luta abolicionista ou antirracista brasileira, no campo da política, do esporte, das artes, da religião e da literatura. O José do Patrocínio então se encaixava perfeitamente no rol dos homenageados dentro daquela coleção, certamente uma das mais importantes, salvo engano, criada pelo jornalista Carlos Nobre, recentemente falecido, e coordenada pelo professor Muniz Sodré, presidente da FBN.

Passados todos esses anos, fez-se necessário repensar nova edição deste livro, há muito fora das livrarias e de difícil acesso mesmo nos melhores sebos do país.

Em linhas gerais, pelo histórico do personagem, sua importância no contexto da luta pela abolição da escravatura, seu papel decididamente empreendedor, tecnológico e como ser humano, que se bateu pelas nobres causas humanitárias, é de todo urgente que reapresentemos esta trabalho, agora com uma outra roupagem textual, outra dimensão editorial, além de revisto, corrigido e aumentado.

Todos nós – autor e editora Kapulana – esperamos continuar provocando no leitor dos temas da escravidão os melhores ensejos pela história de um homem que sacrificou a vida e a fortuna por acreditar no seu sonho, o sonho único da liberdade.

Visionário, José do Patrocínio tem em seu currículo não só a grande atuação no desfecho positivo da abolição da escravatura, na modernização da imprensa, no sonho de voar no seu balão, na proclamação da república como civil e no feito de ser um dos precursores do automobilismo no Brasil, proprietário que foi de um dos primeiros automóveis a circular pelas ruas da cidade do Rio de Janeiro.

Para conhecer em melhores detalhes um pouco mais dessa vida tão apaixonante é que convidamos a todos e todas para adentrar junto comigo pelas páginas deste *José do Patrocínio, a pena da Abolição*.

Vamos à leitura.

Rio de Janeiro, 19 de agosto de 2019.

Onde estavam os escravos de ontem? E a Pátria? A doce Pátria que ele tanto enobrecera, o seu culto, o seu orgulho, o seu entusiasmo, o seu amor? E os que ele havia socorrido? E os que subiam as escadas do seu jornal com louvaminhas e flores, os que se inclinavam à sua passagem, os que lhe pediam socorro, que ele nunca negou? Onde estavam?

Lá fora as cigarras vívidas faziam um chilreio jocundo, pombos batiam as asas e o sino festivo enchia o ar de sons.

COELHO NETO, *A morte do lidador* (1905).

À memória de meus pais – Enes de Oliveira Alves e Floriza Farias Alves

PARTE I
INÍCIO DE UMA JORNADA

Certidão de nascimento de José do Patrocínio, datada de 8 de novembro de 1853.

Praça de São Salvador e Igreja Matriz de Campos dos Goytacazes (1872).

Casa onde José do Patrocínio nasceu, em Campos do Goytacazes, RJ.

Fazenda do Imbé, onde José do Patrocínio viveu.

O Cônego João Carlos Monteiro, pai de José do Patrocínio.

Prédio da Santa Casa de Misericórdia do Rio de Janeiro, onde Patrocínio trabalhou como aprendiz aos 14 anos.

A província e os escravos

A província de São Salvador dos Campos dos Goitacazes[1] era, em meados do século 19, uma região precocemente desenvolvida, com uma forte cultura estratificada na lavoura da cana-de-açúcar. Em toda a província do Norte fluminense havia, de acordo com as notícias da época, cerca de 15 mil escravos. A vida da pequena província girava em torno do Largo da Matriz, atual praça de São Salvador, onde se localizava a paróquia de São Salvador, rodeada de um comércio miúdo e refletida sobre o espelho d'água do rio Paraíba do Sul, ali dimensionado como uma das principais artérias a cortar de ponta a ponta a cidade campista.

Contígua à paróquia, localizava-se a casa do padre e vigário João Carlos Monteiro, cujo pontificado seria longo: duraria de 1840 a 1876, quando de sua morte – ou seja, por trinta e seis anos. Homem de grande ilustração, poderoso politicamente e muito rico, representava o poder feudal pela batina e pelo dinheiro, concentrando junto a si grandes poderes, sob a proteção de sua fortuna.

Ainda jovem seguira para Lisboa, depois para Coimbra, onde estudou latim e grego, e onde também se matriculou na cadeira de filosofia racional e moral. Após os preparatórios, ingressou na Faculdade de Teologia, recebendo as ordens sacras em 1822 e o grau de bacharel a 21 de junho de 1825, quando deixou então a famosa universidade portuguesa.

De volta ao Brasil, devido à morte do pai, o vigário João Carlos Monteiro veio assumir as posses paternas, cujo fervor religioso fizera com que o filho fosse guiado para o alto sacerdócio.

Dada a sua atuação como "excelente estudante" em terras lusitanas, ao encontrar em Lisboa seu mestre e amigo Frei Inocêncio

---

[1] Ou simplesmente Campos dos Goitacazes, também identificada pelos nomes de Goitacás ou Goitacazes, como eram denominados os índios da região, tidos como os mais cultos indígenas da velha província.

Antônio das Neves Portugal, que ali se achava acompanhando D. João VI, de cuja família era confessor, recebeu insistentes convites para permanecer, os quais foram cordialmente declinados.² Volta então para Campos, se candidata ao cargo de vigário da paróquia, vago pela morte do padre Eduardo José de Moura, obtendo-o graças ao apoio do seu amigo e protetor, o bispo baiano João Caetano de Sousa Coutinho.

Uma vez à frente da paróquia, alçado como figura exponencial do provincianato, o vigário João Carlos Monteiro expande como ninguém os seus domínios. Evaristo de Moraes afirma que João Carlos Monteiro era "dos melhores oradores sacros de sua época, pregador da Capela Imperial, dignitário das Ordens da Rosa e de Cristo, e que, além de exercer o cargo de vigário de Campos e ter sido distinguido com a murça dos cônegos, fora ainda escolhido para examinador sinodal do Bispado do Rio de Janeiro"³. Exerceu ainda diversos mandatos de deputado provincial e vereador na Câmara Provincial, e foi filiado à Loja Maçônica Firme União, famosa por seus lautos banquetes regados abundantemente a bons vinhos tintos, cujo cardápio principal era o pernil com arroz de forno, que fazia o regalo do padre glutão.

A essa importante personagem enigmática da história campista se ligaria a vida de um dos maiores nomes da história política e da imprensa brasileira, seu filho José Carlos do Patrocínio. Vivendo nababescamente, cheio de posses e poder, o vigário João Carlos Monteiro era dado a jogatinas, que lhe roíam a fortuna, e a folganças com mulheres de toda classe, entre elas negras e mulatas, como era de costume do clero nos tempos da escravidão.⁴ Fazendeiro e possuidor de numerosa escravaria,

---

² ORICO, Osvaldo. *O tigre da abolição*. Rio de Janeiro: Civilização Brasileira, 1977, p. 27.

³ MORAES, Evaristo de. *A campanha abolicionista (1879-1888)*. Rio de Janeiro: Leite Ribeiro, 1924.

⁴ A título de curiosidade, o senador José Martiniano de Alencar, que era padre, pai do romancista José de Alencar, levou a um cartório no Rio de Janeiro, a 3 de outubro de 1853, uma longa lista de filhos naturais, para reconhecê-los de uma só vez, por escritura pública.

o vigário trouxera para casa uma escrava ainda adolescente – contava entre 12 para 13 anos –, Justina Maria do Espírito Santo, que pertencia a Emerenciana Ribeiro do Espírito Santo, senhora dona de terras e escravos que a cedeu ou vendeu ao amigo (ou amante) João Carlos Monteiro, dando-lhe nome e seu sobrenome, o "Espírito Santo".[5]

O vigário residia entre o Largo da Matriz, hoje praça de São Salvador, e o Beco do Barroso, atual rua Ignácio de Moura, no número 62, em cujo local se encontra edificado o prédio onde funciona a Justiça Federal.[6] A casa, de dois pavimentos, possuía janelas na parte de cima e na parte de baixo, tinha cerca de quatro portas voltadas para o lado da praça e telhados de telhas vãs – aquelas feitas, nas coxas, pelos escravos. Era um típico sobrado do século 19.

Logo os encantos da negrinha, precocemente púbere, atiçaram a cobiça sexual do fogoso vigário, que a transferiu de uma de suas propriedades, a Fazenda do Imbé, perto da lagoa de Cima, para a sua casa paroquial, no Largo da Matriz, também conhecida por Casa do Vigário. Sem qualquer muita demora, o fogoso vigário de 54 anos, submeteu e engravidou a ainda menina, agindo antes que ela se "perdesse" com algum negro, fosse no convívio da sua casa, no das senzalas na fazenda, ou pelas ruas da cidade populosa, onde ela trafegava com certa desenvoltura. Assim, aos nove dias do mês de outubro de 1853 nascia, "em um quarto próximo à sala de jantar"[7], o *inocente José*, da união de uma escrava de 13 anos, natural de Campos[8], filha talvez de pais

---

[5] Emerenciana Ribeiro do Espírito Santo era casada, mas praticamente todos os biógrafos de José do Patrocínio fazem referência dela como amante do vigário João Carlos Monteiro, o que era bem possível, já que ele era verdadeiro mulherengo.

[6] Neste local há uma placa que diz: "Aqui existiu a casa onde nasceu José do Patrocínio a 9-10-1853".

[7] SENA, Ernesto. José do Patrocínio. *Revista Kosmos*, fev. 1905.

[8] Justina Maria nasceu em 1840. De acordo com vários autores, ela era africana; no entanto, jornais que noticiaram seu sepultamento, no Rio de Janeiro, atestam que ela era "natural do município de Campos" (apud *Gazeta da Tarde*, 19 ago. 1885, p. 1), de conformidade com o registro de óbito, assentado nos livros da secretaria do cemitério de São Francisco Xavier, no Caju.

escravizados da nação mina[9] e um padre de rica descendência portuguesa, por parte do pai, e africana, por parte da mãe[10].

O vigário não reconheceu ou perfilhou o filho pretinho, como constatamos da leitura da certidão de batismo do menino, localizada por nós. No registro de assentamento do livro de batizados, onde não aparecia o nome do pai e mesmo da mãe, consta o teor seguinte:

> Certifico que revendo os livros de assentamento de batizados desta Paróquia, encontrei no livro 15, à folha 128v, o assento de teor seguinte: Aos oito dias do mês de novembro do ano de mil oitocentos e cinquenta e três, nesta matriz de S. Salvador, o Reverendo José Joaquim Pereira de Carvalho, de licença, batizou e pôs os Santos Óleos ao inocente José, exposto em a Santa Casa de Misericórdia, digo em a Casa do Cônego Doutor João Carlos Monteiro, foram padrinhos: o Vigário Cesário Gomes Lírio e Dona Emerenciana Ribeiro do Espírito Santo, de que para constar mandei fazer este assento, que assinei. O coadjutor João Luís da Fonseca Osório.[11]

Mentiu descaradamente o padre para o livro de assentamento da sua própria igreja, e deve ter também forçado a mãe a se omitir quanto ao nascimento do próprio filho, se é que ela teve ciência antecipadamente dele. *Exposto* era um termo usado para designar as crianças órfãs ou abandonadas pelos genitores, geralmente escravos, ex-escravos ou brancos pobres, e deixadas

---

[9] LAW, Robin. Etnias de africanos na diáspora: novas considerações sobre os significados do termo 'mina'. *Tempo* [online]. 2006, vol.10, n.20, p.98-120. ISSN 1413-7704.

[10] João Carlos Monteiro nasceu na vila de São Salvador dos Campos dos Goitacás, como consta nos seus registros, a 16 de julho de 1799, e faleceu no dia 10 de janeiro de 1876, na mesma cidade, filho do fazendeiro de mesmo nome, de origem portuguesa, e de dona Clara Delfina Rosa, de origem africana.

[11] Cerca de três anos após a morte de João Carlos Monteiro, o irmão do Vigário João da Fonseca Osório, o também Vigário Pedro da Fonseca Osório, abria, junto ao Juízo Comercial, que funcionava na Câmara Municipal de Campos, processo de penhora de bens na justiça campista, contra os herdeiros do finado cônego, na pessoa de sua irmã, D. Rachel Delfina de S. José, como garantia de pagamento de uma vultosa dívida. Todos os bens do Cônego João Carlos foram arrestados em leilão. (apud *Monitor Campista*, 28 fev. 1879, p. 3.)

na igreja para que esta os criasse, conforme os seus preceitos.[12] Mas, provavelmente pressionado ou forçado pelas circunstâncias, ou mesmo pela mãe da criança, logo depois foi acrescentado ao assentamento do batismo, numa anotação à parte:

> Por despacho do Revmo. Vigário da 1ª Vara, Cônego Pereira Nunes, faço a nota seguinte: José, nascido aos nove do mês passado, filho natural de Justina Maria do Espírito Santo. Dr. Pelinca.[13]

O que se infere da leitura do assentamento de batismo de Patrocínio é que o "inocente José" nasceu na verdade escravo, dada a própria condição de sua mãe, que não constava como sendo forra ou liberta, embora ele passaria a ser criado como menino livre.[14]

Algumas fontes ainda resistem a aceitar esta afirmação, o que é compreensível, como Raimundo Magalhães Jr., em *A vida turbulenta de José do Patrocínio*, e Osvaldo Orico, no seu excelente *O tigre da abolição*. Ambos, mestres no gênero biográfico, não postulam (e não o farão mais, pois já faleceram) de consignar esta assertiva. Pode ser que o cônego tivesse suas boas razões para não perfilhar o menino negro e ocultar suas origens: também de uns traços levemente negroides, um tipo amulato – pois tinha sangue africano, pelo lado materno, como já o dissemos –, o vigário João Carlos Monteiro morreria, em 1876, sem jamais reconhecer o filho, embora toda a gente relacionada ao vigário já o soubesse.[15] Antes, porém, abandonaria a mãe de Patrocínio, trocada por outra amásia, e mais nova, igualmente cheia de encantos sensual e fulgor sexual, no caso outra negra escrava das suas possessões.

---

[12] Ficou famoso o termo "Roda dos Expostos", existente nas Santas Casas e hospitais da Ordem Terceira.

[13] MAGALHÃES JÚNIOR, Raimundo. *A vida turbulenta de José do Patrocínio*. Rio de Janeiro: Sabiá, 1969, p. 9.

[14] Os estudiosos que se aprofundaram na história do cônego João Carlos admitem que D. Emerenciana provavelmente era uma amante do padre, a quem concedia favores pessoais cedendo-lhe escravos e outros bens.

[15] Era tradição na época, por força de arraigados preconceitos de classe e de cor, que os filhos nascidos da união com senhores de engenhos jamais fossem legalmente reconhecidos, salvo raras exceções.

As circunstâncias do nascimento de José do Patrocínio são, até hoje, pouco esclarecidas. Tido como "exposto em a Santa Casa de Misericórdia", para, em seguida, no mesmo documento, ser declarado nascido "em a Casa do Cônego Doutor João Carlos Monteiro", o futuro jornalista foi, como toda criança negra do seu tempo, rejeitado pelo pai de origem branca, fosse ele nobre e endinheirado ou não.[16]

Passado tanto tempo do nascimento e morte de José do Patrocínio, ainda pairam dúvidas sobre esse período inicial de sua vida, desafiando a percuciência de historiadores e estudiosos. Parte dessas dúvidas diz respeito ao seu nome. Nascido José, como está no seu registro de batismo, passou a assinar-se José Carlos do Patrocínio[17]. O "Carlos" vem, inexplicavelmente, do pai, que não o reconheceu,[18] e o "Patrocínio" do fato de ter sido batizado na segunda semana do mês de novembro. Segundo Vieira Fazenda[19], a Igreja Católica "solenizava, no segundo domingo de novembro, o Patrocínio da Virgem Santíssima". O motivo, afinal, era de ordem religiosa, o que o levara a desprezar o sobrenome Monteiro.

Após o seu nascimento, o menino José viveu parte da sua infância no amplo e confortável sobrado do Largo da Matriz, onde a mãe vivia presa aos afazeres domésticos, e parte na Fazenda do Imbé, também de propriedade do João Carlos Monteiro. O menino aproveitou como pôde essa vida de regalos, dividida entre suas estripulias na vastidão do terreno da praça em frente,

---

[16] Luiz Gama, o grande poeta e advogado, nascido livre na Bahia, foi vendido aos dez anos de idade pelo pai, um nobre português, sem o conhecimento da mãe, a guerreira Luiza Mahin, refugiada no Rio de Janeiro.

[17] Magalhães Júnior, na sua preciosa obra (op. cit., p. 10), informa que Patrocínio era, na verdade, José Maria do Espírito Santo, nome que o ligaria diretamente à mãe. Foi na escola que ele passara a assinar com o nome que o consagraria, mas com o acréscimo do "Carlos", fazendo referência ao seu inominado progenitor.

[18] Mais de uma vez José do Patrocínio incorpora o nome do pai, João Carlos Monteiro, tendo adotado na imprensa, já no final de sua vida, o pseudônimo de Justino Monteiro, referindo-se dessa forma também à mãe, Justina.

[19] Citado por MAGALHÃES JÚNIOR, Raimundo, op. cit., p. 10.

que era uma extensão da própria Igreja Matriz, ou nos vastos campos da fazenda, e as incumbências de moleque de recados, sujeito à vontade do seu pai, dono ou senhor, o poderoso vigário João Carlos Monteiro.

Juventude arriscada

A Igreja Matriz de São Salvador, vista à luz de hoje, mantém poucas características de sua época gloriosa, quando era vigário o padre João Carlos Monteiro, pai inconfesso de José do Patrocínio.

Em torno dela, pouco resta do casario colonial do século 19, salvando-se raríssimas construções em estado avançado de ruína ou totalmente modificadas, descaracterizando o padrão arquitetônico que marcou o período que vai de 1853 a 1868,[20] época em que Patrocínio – que se tornaria um grande jornalista e tribuno defensor da abolição da escravatura – nasceu e viveu na cidade.

As ruas estreitas, circunvizinhas à sede da Igreja Matriz, permanecem sem qualquer contorno de beleza, o que é agravado por sua falta de iluminação e conservação, que lhes dá um aspecto sombrio. Umas delas recebeu o nome de rua Vigário João Carlos[21], justamente a que passa nos fundos do prédio episcopal, de onde o pai de José do Patrocínio tanto pontificara em seu apostolado.

Ressalte-se que, como padre, ele cometera um dos mais graves pecados ao não reconhecer um filho natural, embora o tenha amparado intempestivamente quando este se mudou para a Corte. Mas o vigário João Carlos Monteiro, como pregador e intelectual, nada deixou a dever à sua cidadezinha, com sua marcante presença no púlpito, seu saber e destaque social. Por certo José do Patrocínio sabia disso, e de alguma forma o valorizava, não só por observar a movimentação em torno do padre, que era grande, na sede da matriz ou em sua casa paroquial, como através do que a sua mãe Justina Maria do Espírito Santo devia lhe dizer.

Se formos nos ater ao relato do escritor Waldir P. Carvalho, vamos nos deparar com um vigário ao mesmo tempo "filósofo e poeta", sem contar o altamente político.

Consta que em todos esses atos de sua vida de orador sagrado, o cônego João Carlos Monteiro revelou qualidades excepcionais de talento.
– Era aquela cultura teológica e admirável eloquência, que Deus lhe concedera, como um dom somente reservado aos poucos privilegiados. – relata o pesquisador.
Em outra passagem, afirma o escritor campista sobre o cônego vigário:

> As provas do seu saber, da sua eloquência e da sua ilustração, ele as patenteou não só nos seus sermões cheios de unção como também nos discursos que pronunciou no seio da Assembleia Provincial. [...] Pensador imaginoso, as suas peças oratórias eram daquelas que levavam o auditório ao arrebatamento, fascinando-o, extasiando-o com os arroubos de sua palavra quente, vivaz e colorida, muito principalmente quando abordava certos assuntos patéticos, muito ao sabor do seu tempo.[22]

Entre os muitos sermões proferidos pelo vigário João Carlos Monteiro, foram reunidos em livros os seguintes: *Oração fúnebre – durante as solenes exéquias celebradas na Igreja Matriz de São Salvador de Campos, pela muito alta e muito poderosa Senhora D. Maria Leopoldina Josefa, primeira imperatriz do Brasil*, de 1827; *Oração sagrada – em ação de graças pela sagração e coroação do Sr. D. Pedro II*, recitada na Igreja Matriz de S. Salvador de Campos de Goitacás, de 1841; *Oração sagrada – em ação de graças pela honrosa visita que o Sr. D. Pedro II, Imperador do Brasil, se dignou a fazer a Campos*, recitada na Igreja da Ordem Terceira da Penitência de Campos, de 1847; *Oração – em ação de graças pela pacificação da Província do Rio Grande do Sul*, recitada na Igreja Paroquial de Nossa Senhora do Desterro de Quissamã, de 1848; e *Oração sagrada – em ação de graças pela inauguração da nova Matriz de São Salvador da cidade de Campos dos Goitacás*, de 1862.

---

[22] CARVALHO, Waldir P. *Gente que é nome de rua* – biografias (a vida e a obra dos homens e mulheres que fizeram a história de Campos). Campos: União A Gaivota Dados, v. I, 1985.

Além dessa literatura direcionada, a que os principais historiadores da vida de José do Patrocínio não fazem referência, o vigário João Carlos Monteiro atuou como jornalista, escrevendo para o jornal local *Goitacás*, ao lado de Francisco José Alípio.

Embora os historiadores e pesquisadores campistas nos informem que o padre João Carlos Monteiro só conseguiu ser escolhido vigário por uma diligência do bispo da Bahia, José Caetano de Sousa Coutinho, consta também que militou a seu favor ninguém menos que a célebre Marquesa de Santos, conhecida por ser amante do Imperador D. Pedro I.

Logo veremos as semelhanças relacionadas ao saber e à oratória empolgante do vigário João Carlos Monteiro com as do seu filho inconfesso José do Patrocínio, de quem o poeta Olavo Bilac, num grande elogio, diria textualmente:

> Quando chegou a hora da erupção daquela cólera vingadora, toda a sociedade estremeceu, abalada, tomada de uma comoção entontecida. Nunca houve, no Brasil, uma voz que soasse tão alto, que ferisse tão fundo, que derramasse em torno uma tão larga torrente de ódios, de sustos, de maldições – e, ao mesmo tempo, de esperanças e de bênçãos... E a raça negra viu aparecer o profeta esperado, o Messias anunciado nas eras, dentro de uma tempestade de raios e de flores, acendendo cóleras, pensando feridas, despedaçando grilhões, fulminando orgulhos, beijando cicatrizes, ateando a fogueira em que se havia de purificar o Brasil.[23]

Mesmo não tendo sido perfilhado pelo vigário João Carlos Monteiro, o menino negro José Carlos do Patrocínio era tido e havido como filho do padre por toda a vizinhança.[24] Em casa era tratado naturalmente, sentando-se à mesa das refeições, mesmo na presença de convidados, alguns relativamente importantes,

---

[23] Citado por ORICO, Osvaldo, op. cit., p. 7.
[24] O Cônego João Carlos Monteiro reconheceu como seu, e perfilhou, um filho natural, branco, de nome Cesário Mendes, que mandou estudar em Portugal, mas que voltou para ser simples sacristão da Santa Casa de Campos, onde o pai era o todo poderoso.

como o comendador Dr. Malvino Reis.²⁵

Cresceu assim, cercado de muita regalia para um menino negro, filho de uma mulher escrava, frequentando escolas, como a do padre Antunes, criado mais para um ioiozinho de papai rico do que para um menino de cor como de fato era. Dizem que, nesse período de infância, Patrocínio, ou o jovem Zeca, como era tratado, era mimado pelo vigário, que lhe proporcionava o que havia de melhor, satisfazendo-lhe "todos os caprichos", a tal ponto que os amigos temiam pelo seu futuro, que poderia ser "estragado por tantos mimos".²⁶

A qualquer hora que visitava a Fazenda do Imbé, desfrutava das muitas mordomias com que era mimoseado: tinha o melhor cavalo selado e podia passear às soltas pela redondeza na companhia de outros meninos de sua idade, entre os quais se destacava nessa época Luiz Carlos de Lacerda, que anos mais tarde se tornaria, ao lado de Patrocínio, um dos mais importantes abolicionistas de seu tempo, advogando pela causa na própria cidade de Campos dos Goitacazes, onde fundou um jornal, o *Vinte Cinco de Março*.

Nasceu desse período a amizade entre os dois, que perduraria até o fim de suas vidas. Luiz Carlos de Lacerda não era um menino qualquer, das ruas, mas o filho de um médico importante da terra, o Dr. João Batista de Lacerda.

Embora enjeitado como filho natural do vigário, o menino Zeca, como era chamado na intimidade, era tratado como um *ioiozinho*²⁷ branco pelos escravos da fazenda e pelos criados que viviam ao redor da batina do padre, o que nem sempre era motivo de júbilo, pois sendo um menino nascido de ventre escravo, escravo ele próprio deveria ser, por concepção maternal, o excesso de cuidados poderia estragá-lo, contaminado por ideias burguesas de propriedade, dispensando à criadagem, com isso, o mesmo tra-

---

[25] PATROCÍNIO, José do. Um pedido. *Gazeta da Tarde*, 23 jun. 1884, p. 1.
[26] MAGALHÃES JÚNIOR, Raimundo, op. cit., p. 10.
[27] A palavra hoje está em desuso, mas naquela época era o tratamento respeitoso dispensado pelos escravos aos filhos dos senhores.

tamento desumano que era de hábito por parte dos senhores.

Mas foi exatamente Luiz Carlos de Lacerda, de acordo com depoimento insuspeito de Ernesto Sena,[28] quem presenciou o começo desse desvio e, ao mesmo tempo, o seu fim. O rapazote, com fumos de autoridade senhorial, mandava e desmandava a torto e a direito. Certa feita, voltando de suas andanças a cavalo pela redondeza da fazenda, chamou com impaciência o primeiro escravo que viu para que este lhe abrisse a porteira, de modo que pudesse entrar com o melhor amigo. Conta Lacerda que esse escravo era um preto muito velho, encarquilhado pelo tempo e pelo trabalho duro, que – talvez pelo cansaço ou por achar aquele negrinho atrevido demais para lhe dizer o que fazer – ficou moroso demais diante das ordens dadas pelo menino, preto como ele, o que irritou sobremaneira o jovem cavaleiro.

Tomado de impaciência, Zeca desferiu-lhe uma forte pancada na cabeça com o cabo de prata do chicote, produzindo um ferimento que logo esguichou muito sangue. O fato, embora bastante banal nas relações entre escravos e senhores, surpreendentemente foi tomado como grave pelo vigário, talvez por razões humanitárias ou de ordem meramente econômicas, uma vez que o escravo, velho embora, fazia parte do seu patrimônio, assim como as terras da fazenda, a casa grande e os animais, gados e os cavalos.

O vigário João Carlos Monteiro, vindo das suas jogatinas e bebedeiras, soube do ocorrido já tarde da noite, quando o filho já dormia, e num rompante arrancou o menino da cama para lhe dizer algumas verdades. Como se estivesse pregando na própria Igreja Matriz, deu os mais salutares conselhos, em uma prática longa e severa que revelava muito da irritabilidade de seu gênio. Ernesto Sena, em seu importante artigo, relata ainda que tais palavras

---

[28] O jornalista Ernesto Sena viria a ser cunhado de José do Patrocínio. As informações contidas nesse artigo foram extraídas da revista *Kosmos*, de 1905, e estão no livro *Rascunhos e perfis*. Brasília: Universidade de Brasília, 1983, p. 353-365. (Col. Temas Brasileiros, v. 49)

calaram profundamente no coração de Patrocínio, e tal impressão produziram no seu espírito e na sua consciência que, disse ele anos depois, parecia que todo o seu ser se transformava repentinamente, que a razão lhe abrira novos horizontes, iluminados pela suavidade de uma luz que era como a precursora do perdão e do arrependimento pela maldade praticada.[29]

E prossegue dizendo que "data dessa época o seu sincero devotamento por essa raça infeliz a que pertencia e de cuja emancipação se tornou o mais fervoroso e o mais decidido propagandista".

Seja o que for que tenha dito ao jovem Zeca, o vigário João Carlos Monteiro, talvez pela primeira vez, acabou por produzir, pelo forte efeito de sua eloquente oratória, uma pessoa totalmente nova, rarefeita, despertada pela consciência e pela razão.

Certamente a partir dessa data, talvez se possa dizer, é que nasceu o José do Patrocínio que ficaria famoso pelos discursos antiescravistas proferidos nos palcos, ruas e tribunas do Rio de Janeiro.

Mudanças de rumo

Não há como não pensar que foi a partir desse acontecimento com o velho escravo da Fazenda do Imbé que a vida de José do Patrocínio, o Zeca, tenha mudado tão radicalmente. Segundo a melhor tradição, o fato "calou" tão fundo na consciência do jovem rebelde que, a partir daí, o seu posicionamento seria completamente mudado.

Conta-se ainda que, assumindo uma atitude severa, o velho vigário, cuja fortuna andava já bastante cambaleada, passara a ter prejuízos no seu lote de escravos. É bem verdade que o padre Monteiro, por sua grande autoridade, fora também beneficiado e acusado de reescravização de africanos.

Em 1831 o Congresso do império votou a lei que decretava que todo escravo africano entrado no Brasil após a sua promulgação seria declarado ilegal, portanto considerado livre. Estes "africanos livres" deveriam ser postos sob depósito, por pelo menos quatro anos, para que o tal "protetor" o ensinasse uma profissão, e após o que conquistariam plenamente liberdade, ganhando o foro de libertos. O cônego João Carlos Monteiro ganhou como "depositário" muitos desses "africanos livres", os quais constituíram boa parte do plantel dos seus 92 escravos, que, afinal, ele, ilegalmente, reescravizaria.[30]

O já famoso jornalista José do Patrocínio, do alto da sua coluna intitulada "Semana Política", na pele do Proudhomme, seu afamado pseudônimo, daria este testemunho, a respeito desse episódio, se referindo a seu pai:

> Fui rever uma lista de africanos livres, confiados à guarda de pessoas da maior exceção; africanos, que tendo sido aprisionados tinham pelo Estado garantido sua liberdade. Não é a primeira vez

---

[30] GUILHON, Orlando J. F. *José do Patrocínio*. São Paulo: Editora Três, 1974, p. 26.

que releio este tristíssimo documento, em que estão os nomes de pessoas de grande vulto, em nossa história. Mas um nome me havia escapado. Era um nome do sacerdote de Jesus Cristo, de cônego honorário e pregador da Capela Imperial, condecorado com as Ordem da Rosa e de Cristo, vigário da vara de Campos, examinador sinodal do bispado do Rio de Janeiro, e, na época, deputado provincial por esta província, o bacharel João Carlos Monteiro. Este nome é o de meu pai![31]

Mais adiante, alertava ao ministro Saraiva, a quem o artigo era endereçado, que estes africanos, eram pelo próprio pai, "reduzidos à escravidão". Ainda na fazenda paterna, segundo seu depoimento, teria ouvido, do escravo Arsênio, "tremendo, muitas vezes, em um canto que me compungia esta vingadora estrofe, tosca como a inteligência do infeliz, estrofe que até hoje vai-me perturbar o sono até que eu tenha de alguma sorte indenizado o crime de meu pai."[32] E reproduz os seguinte versos:

> Branco é muito honrado
> Não bebe catambá;
> Mas faz zi negro forro
> P'ra zelle trabaiá.

Catambá, palavra originária dos povos bantu, de Angola, significa aguardente ou cachaça; no Espírito Santo tomou também a designação de festejo, dança, como algo alegre, próprio dos afrodescendentes.

Na Fazenda do Imbé, de propriedade sua, as fugas de escravos passaram a ser constantes, muitas delas incentivadas pelo próprio filho[33]. Em seu livro sobre José do Patrocínio, diz

---

[31] *Gazeta da Tarde*, 16 maio 1885, p. 1. (No original está *siprodal*, certamente gralha tipográfica, que aqui tomei a liberdade de corrigir.)

[32] *Gazeta da Tarde*, id.

[33] Alcançamos algumas notificações reclamando de fugas de escravos feitas pelo próprio Cônego João Carlos Monteiro, publicadas nos jornais da época, mas em período bem anterior ao nascimento de José do Patrocínio. Ver a esse respeito as edições do jornal *Monitor Campista*, especialmente, dos dias 31/07 e 11/09/1839.

textualmente o biógrafo Magalhães Jr. que, a partir daí, o menino Zeca "contribuiu para o empobrecimento do pai", ajudando na fuga dos escravos, quer na cidade, daqueles pertencentes à Casa Paroquial, quer na fazenda da Lagoa de Cima, chegando mesmo a enfrentá-lo, reclamando, em altas vozes, "contra o castigo corporal aplicado a um escravo pelo feitor"[34]. Como não fosse atendido, "atirou-se, desesperado, de uma escada abaixo, dando forma ainda mais patética ao protesto". O gesto, relata ainda o biógrafo, impressionante, determinou a suspensão do castigo pelo feitor, que, atônito, correu em socorro do filho do patrão. O vigário João Carlos Monteiro, no entanto, que antes sustentava a imperiosa necessidade dos açoites por julgar indesculpável a falta do escravo, deixou que a punição permanecesse incompleta.

Outros motivos de dor de cabeça para o vigário eram as discussões com o filho, em geral banais, por quaisquer coisas. Algumas das mais sérias dessas discussões se referiam ao tratamento dispensado à mãe do rapaz, Justina Maria do Espírito Santo, pelo próprio vigário.

Depois do nascimento de José do Patrocínio, e da repercussão pela omissão dos nomes dos progenitores – daí a nota corrigindo o local e a filiação materna –, o vigário João Carlos Monteiro já não tinha os mesmos olhos cobiçosos para a ainda jovem negrinha, desprezando-a em detrimento de outra escrava ou de outras raparigas locais. Percebendo tudo isso, atitude que muito o irritava, Patrocínio batia-se de revolta para defender a pobre mãe, o que ia deixando o ambiente familiar, se é que se pode chamar assim, bastante pesado.

Na vizinhança, o constrangimento era geral. Todos viam que Zeca não era mais uma criança. O menino Zeca crescera em tamanho e consciência, e já tomava partido em situações sérias que deixavam sem ação a humilde mãe e, na maioria das vezes, aborrecia o padre.

---

[34] MAGALHÃES JÚNIOR, Raimundo, op. cit., p. 11.

Durante esse período de sua vida, o menino Zeca foi desenvolvendo suas aptidões culturais e intelectuais. Além do palco da Igreja Matriz, não consta que tenha conhecido a ribalta. A cidade de Campos dos idos de 1860 era pobre nesse aspecto. No entanto, foi aluno de primeiras letras, inicialmente dentro da própria casa do vigário João Carlos Monteiro ou da igreja. Ele mesmo diria, anos depois, numa de suas crônicas, que aprendera a ler e a escrever, estudando com o padre Antunes. Pode ter sido numa dessas escolinhas, com um desses professores de batina, que o menino Zeca aprendeu as coisas da vida, ensinamentos que lhe dariam as bases para o enfrentamento das dificuldades futuras – que não tardariam, inesperadamente, a aparecer.

Consciente e *sabichão*, cada vez mais senhor de si e do seu nariz, o rapazote José do Patrocínio passou a ser visto pelo vigário João Carlos Monteiro como "um elemento de perturbação" ou, antes, como um "agitador perigoso".

O vigário, cujos afazeres da batina mais e mais o ocupavam, não sabia mais o que fazer para conter os ânimos do rapaz rebelde e impetuoso, respondão a toda prova. A saída era ocupá-lo de alguma maneira. Mas não seria com os rudes ofícios das fazendas, destinados a negros broncos, de mãos e pés calejados pelo tempo e a dureza da vida, como os que se dedicavam às atividades de ferreiro, no manejo de um fole, por exemplo. E nem como coroinha da Igreja Matriz, onde ele já ia com certa frequência, ao sair de casa para circundar o largo cujo terreno servia como uma espécie de frontão para a igreja. Acabou Patrocínio indo trabalhar como caixeiro de loja comercial, atividade que, tanto como a da forja, tratava o negro como a pior das espécies humanas.

E não deu outra. O próprio José do Patrocínio relataria, numa conferência no Rio de Janeiro, em 1884, essa experiência desastrosa. O preconceito racial que sofreu o levou à demissão em poucos dias de trabalho no balcão:

Fui caixeiro em Campos, durante seis dias, e o meu patrão, que era uma excelente pessoa, ao fim desse pouco tempo dirigiu-se a mim e disse-me, com certo acanhamento, que eu não poderia continuar, porque o público não gostava de ver uma pessoa de minha cor no balcão.[35]

Sem ter o que fazer naquela cidade hostil e racista, já que não tinha como ingressar na vida profissional, pelo menos numa função mais condigna com a natureza de sua vida à sombra do clérigo famoso, o menino Zeca se ostentava na molecagem do dia a dia, percorrendo as ruas estreitas e dando na vista à população da cidade, ciosa da vida alheia – ainda mais quando esta vida alheia tinha o envolvimento da figura controversa do principal chefe da igreja católica local.

Campos dos Goitacazes vivia, então, sob o forte holofote da luz protetora da igreja e o reflexo do espelho d'água do rio Paraíba do Sul. O púlpito e a correnteza definiam os rumos que a cidade tomava.

O menino Zeca, nesse tempo de sua primeira desilusão, radicalizou ainda mais os seus gestos e atitudes. E isso era muitíssimo grave. As discussões tornaram a se acirrar entre pai e filho. A situação da mãe, talvez a carga emotiva mais forte no epicentro das conturbações do momento, era o principal motivo do descontentamento do menino, que se movimentava para definir a sua vida antes que o vigário João Carlos Monteiro o fizesse de modo – talvez pelas circunstâncias – ainda menos nobre.

Mas não era só isso. Ele estava indignado com os folguedos sexuais do quase sexagenário vigário, que dia e noite se amancebava com as negras de sua propriedade, suplantando a mãe, a qual queria que o padre respeitasse e acolhesse. Uma dessas raparigas namoradeiras do padre, uma negra de "cabelo na venta"[36], resolveu defender o seu quinhão no território recém-conquistado, humilhando

---

[35] Conferência publicada na *Gazeta da Tarde*, 8 set. 1884.
[36] A expressão é descrita por MAGALHÃES JÚNIOR, Raimundo, op. cit., p. 12.

e insultando a mãe do futuro jornalista – que tinha entre 27 e 28 anos de idade, enquanto o vigário cobiçado, quase setenta.

Esquentadiço por natureza, tanto quanto a nova negrinha do padre, o rapazinho Zeca repeliu o insulto desferido contra a mãe de maneira física e intempestiva, chegando às vias de fato. A reação do jovem rapaz, em favor de Justina Maria, causou um grande alvoroço. Zeca estava no epicentro de um novo problema, mais uma vez como partícipe. O clima elevou-se. A criadagem e os escravos se agitaram tremendamente, parte contra a nova amásia do padre, parte em desacordo com o gesto agressivo do rapaz. Sem saída, e já de cabeça quente, José do Patrocínio tomou a decisão de deixar a propriedade paterna e a cidade de Campos, em um louco rompante, e seguir para a capital do Império, a cidade do Rio de Janeiro, ou a famosa Corte, sede da monarquia brasileira, tendo D. Pedro II à frente de um império francamente em ruína. A mãe se desesperou. Apelou ao vigário. E nada. Submetia-se, se necessário fosse. Mas o filho já estava decidido. Em pouco tempo partiria rumo a Macaé, em um vapor, seguindo daí, nessa embarcação, para o Rio de Janeiro.

Era o ano de 1868. Ele não tinha qualquer recurso financeiro ou político, carta de recomendação ou parentes. Tinha um sonho, como Martin Luther King Jr. teve o seu nos Estados Unidos, pela causa negra, um século depois. Queria seguir a carreira médica, estudaria para isso.[37] O que aprendeu com o padre Antunes, e provavelmente em alguma outra escola primária local, deu-lhe uma base preparatória; mas estudaria dia e noite, se preciso fosse, debaixo de muita luta, com o intuito de vencer na vida.

Eram tempos difíceis para a vida brasileira. O país estava no ápice da guerra contra o Paraguai, enfrentando sérias dificuldades militares e uma grande crise financeira. O custo de vida estava altíssimo, sobretudo na capital do Império. O imperador Pedro II, considerado um sábio, cuja humanidade é destacada até

---

[37] Relato baseado na crônica de Ernesto Sena publicada na revista *Kosmos*, de fevereiro de 1905, e depois republicada no livro *Rascunhos e perfis* (notas de um repórter), op. cit., p. 253.

os dias de hoje, desdobrava-se, já quase sem forças, para enfrentar os problemas que afetavam frontalmente a economia nacional. Talvez esses tempos conturbados tenham oferecido inspiração ao seu poema, até hoje quase inédito, intitulado "Recordações de Campos"[38], composto certamente ao pensar na mãe que deixara para trás. Lendo esse poema, é fácil detectar os defeitos de uma composição provavelmente realizada nos primeiros tempos de sua atividade artístico-literária, iniciada com a sua chegada à cidade grande, cosmopolita, agigantada, populosa.

Eu era bem criança, nessa idade
Em que só temos n'alma a luz da crença,
Pobre estrela que em hora da alvorada
Era do céu na vastidão imensa.

Deixei meu lar então; desse momento
Restou-me um quadro às sombras da orfandade:
Em baixo o mar, em cima o firmamento,
Entre as vagas e os sóis, minha saudade.

Recordação de tudo que eu prezava
Desde a dormência do meu pátrio rio,
Desde o negror do serro descalvado
Até o amor o límpido amavio.

Terra do nosso lar, sempre és formosa:
Ou nos seja rosal aberta em flores,
Ou sejas o lugar onde escreveu-se
A página maior das nossas dores.

Foi teu nosso primeiro balbuíno
Como a primeira prece a Deus erguida.
Filtrava a tua luz pelos olhares
De nossa mãe feliz e enternecida.

---

[38] "Recordações de Campos": poema divulgado, pela primeira vez, na *Gazeta de Notícias* de 26 de março de 1878 e, em 31 de março de 1878, reproduzido no *Monitor Campista*, p. 2. Também foi exposto na mostra pelo centenário de morte de José do Patrocínio organizada, em Campos dos Goytacazes, em janeiro de 2005, pela Fundação Jornalista Oswaldo Lima, de onde o copiamos.

A ampulheta do tempo inexorável
Esgota a pouco e pouco os nossos dias.
Estiola-se a crença, afetos novos
Vêm nutrir-nos de novas alegrias.

Terra do nosso lar! Só tu não perdes
O teu lugar em nosso pensamento!
Sentimos-te na flor, no céu, nas aves,
No azul das águas, no rugir do vento.

Eu era bem criança ao despedir-me
Dos teus mais vivos, lúcidos encantos,
E não tiveram força de apagá-los
Nem mesmo os rudes vincos dos meus prantos.

Cresci dia por dia nos meus sonhos,
Com mais firmeza e ardor sentia amar-te
E no espaço, advoga mais ao astro
Que eu via que devia iluminar-te.

Como outrora ligou-se minha infância,
Liguei também até a mocidade,
Não pela glória que eu não tive nunca,
Mas pelo coração, pela saudade.

Ao desembarcar no Rio de Janeiro, logo se espanta com aquela movimentação de cidade grande, aquele novo mundo ou mundo novo: a agitação da cidade, com seus tílburis[39], com suas lojas chiques, os vendedores ambulantes de jornais, de quitandas, os escravos de ganho, os homens bem vestidos, de ternos escuros, lapelas coloridas, chapéus e bengalas; as mulheres elegantes, de vestidos longos e ornamentados, belos e charmosos. Ainda não tinha atingido os 15 anos, mas já sabia que havia chegado o momento de cuidar de si por si mesmo.

---

[39] Carros de duas rodas e dois assentos, com capota e sem boleia, puxados por um só animal e guiados por um escravo ou liberto.

Sozinho no Rio de Janeiro

O desembarque de José do Patrocínio na cidade do Rio de Janeiro, em março de 1868, não o poderia espantar tanto. A Corte brasileira fervilhava, era então como uma artéria a pulsar com sofreguidão. O jovem campista não conhecia a cidade, não tinha qualquer relação de parentesco ou amizade que pudesse estreitar ou facilitar a sua vida, não conhecia políticos nem intelectuais. Estava só, entregue à própria sorte, contando apenas e unicamente consigo mesmo. Deixando a embarcação que o trouxera de Macaé, deparou-se, logo à sua saída, com um comércio miúdo, feito de vendedores comuns que apregoavam suas mercadorias com uma voz muito metálica e espalhafatosa.

Passo a passo, logo se deparou com o centro nervoso da cidade: suas gentes indo e vindo de um lado a outro, as lojas envidraçadas, os cafés chiques e elegantes, avenidas e ruas repletas de gente bonita que vestia roupas caras e vistosas, vindas da Europa. Quanta diferença do mundinho em que vivia antes, pouco desenvolvido e elegante. Em Campos, nem as ruas, nem as pessoas eram as mesmas da cidade grande. Para um provinciano como ele, os edifícios, com seus lampiões a óleo, os homens sisudos, de casaca preta, chapéus e grossas bengalas, as mulheres com suas *toilettes* coloridas, laçarotes e chapéus rendados – tudo isso, sem tirar absolutamente nada, parecia um acontecimento extraordinário aos seus olhos de menino vindo do meio rural. Não tinha a menor ideia de como sobreviver naquela metrópole agitada, onde tudo valia o olho da cara, e isso estava relacionado a roupas, comidas, moradia e transporte. Era um custo de vida que, *grosso modo*, imitava o europeu.

Por outro lado, contrastando com o centro elegante da

capital do Império, viam-se nas cercanias da cidade levas de escravos com os "tigres"[40] cheios de fezes sobre a cabeça, que carregavam para despejar nas correntezas dos rios ou nas praias, já que não havia sistema de esgoto na cidade. Salpicados pelos excrementos, eles eram execrados pela população não só pelo aspecto nojento, mas, sobretudo, pela fedentina que exalavam. As autoridades os perseguiam, mas não podiam fazer muita coisa, até elas tinham lá suas repulsas. Mesmo as mulheres escravas ou forras os rejeitavam abruptamente, tal o asco que provocavam.

Como havíamos já mencionado, sem carta de recomendação ou empenho de amigos influentes de que se valesse no momento, o jovem de 14 anos movimentou-se pelas ruas da cidade com um ar estupefato, muito espantado, talvez com certo medo. Possivelmente não era aquilo que esperava encontrar.

Na Corte, José do Patrocínio já poderia prever uma coisa bem certa: teria uma vida dificílima e, portanto, devia contar apenas com a própria sorte, nada mais. Menino negro, filho de uma escrava com um padre amulatado (tinha a pele levemente escura), e os cabelos pretos lisos (fruto também da ascendência europeia que carregava no sangue) cujo pai não o reconhecera devidamente como filho, o futuro jornalista seria presa fácil dos salteadores, dos arruaceiros, dos capoeiras, dos golpistas e larápios, dos malandros da cidade. Enfim, sem o apoio de ninguém, o rapaz teria como destino, solto nas ruas sem iluminação nem calçamento, ou a morte, que vitimava sem dó nem piedade dezenas de milhares de pessoas por quaisquer questiúnculas, ou a prisão, que abarrotava celas minúsculas e sem ventilação de pobres coitados, ladrões de galinhas, moleques vadios, em meio a assassinos e violadores da honra e da privacidade dos lares alheios.

Um fato, no entanto, mudaria completamente o destino do jovem filho da quitandeira Justina Maria do Espírito Santo. E é

---

[40] Esses escravos eram chamados de "tigreiros", e as autoridades os perseguiam para tentar abolir o transporte de excrementos pelas ruas da cidade.

ele próprio, com toda a sua verve, que conta a história ocorrida quando de sua chegada à cidade:

> Comecei a minha vida como quase servente[41], aprendiz extranumerário da Santa Casa de Misericórdia, em 1868. Tinha então 13 para 14 anos[42]. O diretor do hospital de Misericórdia, Dr. Cristóvão dos Santos, hoje morto, empregou-me por me achar original. Não lhe levei empenho. Do meu procedimento aí pode dar notícias o ilustrado professor da Faculdade de Medicina, Dr. Souza Lima, então vice-diretor.
> Saí do hospital da Misericórdia quando a farmácia passou às mãos das irmãs de caridade. Nessa ocasião, eu teria ficado sem casa e sem pão, se nesse momento não interviesse a proteção do Sr. Conselheiro Albino de Alvarenga, hoje vice-diretor da Faculdade de Medicina, a quem beijo as mãos publicamente. Tendo me conhecido em Campos, secundando a estima que sua virtuosíssima mãe me dedicava, o meu bom protetor, a quem nunca tive sequer ocasião de dizer publicamente obrigado, empregou-me na casa de saúde do Sr. Dr. Baptista dos Santos, hoje Visconde de Ibituruna.

José do Patrocínio conta a sua história em artigo publicado na *Gazeta da Tarde*, de 29 de maio de 1884[43], após ser indagado sobre sua fortuna: "Perguntam-me como vivo e de que vivo, e têm razão. Quem sabe que eu sou filho de uma pobre preta quitandeira de Campos deve admirar-se de me ver hoje proprietário de um jornal e de que eu pudesse fazer uma viagem à Europa".

Mais adiante, continua:

Este novo protetor cobriu-me das maiores finezas, fortaleceu-me com o seu exemplo de independência. Ele poderá atestar ou desmentir o que digo. Fui sempre trabalhador, mas sempre altivo. Desde 1868 comecei a estudar. Ganhava em 1868 a quantia de 2$

---

[41] Esta informação tem levado a erros por parte de estudiosos do jornalista. Patrocínio empregou-se como "servente", uma espécie de faz-tudo da Santa Casa, mas não como pedreiro, mas no trabalho inerente ao próprio estabelecimento, como ele mesmo já declarou.

[42] Patrocínio tinha, na verdade, como vimos, já 14 anos em 1868; faria em 15 de outubro.

[43] Este artigo foi transcrito pelo jornalista Ernesto Sena, cunhado de Patrocínio, sem indicar a fonte, e consta do seu livro *Rascunhos e perfis*, op. cit., p. 301-303.

por mês de ganchos, como chamávamos em nossa gíria, isto é, de plantões que eu fazia aos domingos pelos meus companheiros.

A narrativa é longa, altamente autobiográfica, mas de uma riqueza de informações fundamental para a compreensão desse período de sua existência. Sua vida não foi nada fácil na nova cidade, mas ele também foi altivo o suficiente para não deixar esmorecer a sua força e a sua energia.

Sua passagem pelo Hospital da Santa Casa de Misericórdia, pode-se dizer, foi uma experiência e tanto para a sua vida. Além da quantia que percebia com o trabalho, que era árduo, sem dúvida, o pai inconfesso não o deixaria tão desamparado assim. O vigário João Carlos Monteiro mandava-lhe uma mesada de 16$, que servia para custear parte de sua vida na capital do Império. Pode ser que ele tenha aceitado enviar a mesada por pressão da mãe de Patrocínio, dona Justina, a maior interessada no bem-estar do filho longe dos seus olhos. Anos mais tarde, reconhecendo algumas qualidades nesse pai que não o perfilhou, diria ele, referindo-se às atitudes do vigário com relação a dinheiro: "O velho João Carlos Monteiro era um pródigo para os afilhados, ou filhos de seus compadres", escreveu Patrocínio, para logo acrescentar: "O velho João Carlos Monteiro deu tanto o que tinha que veio afinal a não ter coisa alguma".[44]

Sozinho na cidade grande, centro propulsor da cultura e da política do país, José do Patrocínio tinha apenas duas escolhas a fazer para sobreviver sem cair na tentação da marginalidade: trabalhar e estudar. Isso o tiraria das ruas, com certeza, e o tangeria para o caminho do bem.

O trabalho foi o meio encontrado pelo moleque para sobreviver. Era um verdadeiro faz-tudo, como se diz dos serviçais que se prestam a todo tipo de serviços, dos menos técnicos aos mais ordinários possíveis. Não tinha dia de descanso, sequer

---

[44] Extraído do artigo "Um pedido", publicado no jornal *Cidade do Rio*. Raimundo Magalhães Júnior faz referência a este artigo na página 10 do seu livro sobre José do Patrocínio.

aos domingos, como vimos ele mesmo lembrar. Enquanto os amigos de labuta aproveitavam o final de semana em casa com a família, ele, sem família, passava o dia trabalhando. Imaginemos isso num hospital como o da Misericórdia, o maior de toda a província, que acolhia todo tipo de doentes, dos simples aos casos crônicos, como as vítimas da tuberculose, acidentes diários ou feridos violentos. Sem descanso e sem pausa, passou a fazer *ganchos* para os colegas, que encontraram no moleque Patrocínio uma forma de ter alguém para cobrir-lhes os plantões intermináveis em meios aos doentes. Para ele, que vivia integralmente no hospital, lá dormindo, lá se alimentando, era uma oportunidade de ganhar mais um dinheirinho para engordar seus minguados caraminguás mensais. Para obter um ganho a mais, Patrocínio aceitava, resignado, aquela rotina estafante e tediosa.

Não demorou muito e deixou o hospital da Santa Casa de Misericórdia. Na verdade, o serviço da farmácia realizado por ele, que lhe rendia os seus míseros ordenados, além de cama e comida, "passou às mãos das irmãs de caridade", que a partir de então o fariam sem quaisquer *ganchos* e ordenados. Além de perder o minguado empreguinho, perdeu também, ao mesmo tempo, a mesada enviada pelo vigário de Campos.[45]

Talvez por esse motivo, compôs umas estrofes cheias de ressentimentos, na época de estudante de farmácia, num poema que intitulou "O padre", incluído no caderno de autógrafos *Ritmos selvagens*. Eis duas de suas quadras:

> Ele se diz intérprete divino
> E sob a máscara de moral austera
> Esconde a negra vocação de abutre
> E os instintos sangrentos da pantera.
>
> Sombria como a noite, aquela fronte

---

[45] João Carlos Monteiro já havia iniciado o franco declínio de sua fortuna, cuja derrocada acontece no ano da sua morte, quando se começa a vender lotes de seus escravos, a começar os da Casa Paroquial. (apud *Monitor Campista*, Escravo à venda, 18 maio 1877, p. 4.)

É câmara fatal de atros horrores,
Onde o Mal prostitui as crenças puras
E esfolha da virtude as róseas flores.

Foi um baque tremendo, um golpe profundo, do qual foi testemunha o Conselheiro Albino de Alvarenga, que afinal o empregou na Casa de Saúde do Bom Jesus do Calvário, pertencente ao Dr. João Baptista dos Santos. Ali Patrocínio ficou, mesmo assim por pouco tempo. Mas não deixou de estudar; sabia que só o estudo poderia mudar a sua realidade, e esta, afinal de contas, de um jovem negro, desarraigado, numa cidade eivada de preconceito de cor, numa época plenamente escravista, plenamente racista, em que os negros eram ainda disputados como peças de comércio no mercado de carne humana, nos armazéns dos valongos locais.[46]

Ainda no mesmo artigo, ele continua a narrar o ocorrido nesse período:

> Mas, disse que comecei a estudar. Com que recursos? Com os da bondade extrema do meu exemplar mestre e amigo o Dr. João Pedro de Aquino, que de graça franqueou-me o seu externato, onde estudei não só os preparatórios para farmácia, mas os exigidos para o curso médico. O desapego evangélico do meu mestre formou o meu caráter. Se fui bom ou mau estudante, sabe-o ele; se fui alguma vez apontado como um rapaz desmoralizado, ele o poderá atestar.

E continua mais adiante:

> Deixando a Casa de Saúde, altivamente, quando o Sr. Visconde de Ibituruna, meu honrado amigo, não o queria, fui morar em uma república de estudantes, onde tinha amigos e não pagava

---

[46] Os valongos eram os armazéns, localizados perto dos trapiches, onde se comercializavam os negros chegados recentemente ao país, vindos ou não da África. Hoje, o mais conhecido era o que ficava pelos lados da Prainha, zona portuária, denominado Cais do Valongo. Construído em 1811, foi local de desembarque e comércio de escravizados africanos até 1831, com a proibição do tráfico transatlântico de escravos. Ou seja, por vinte anos cerca de um milhão de escravizados desembarcaram nele.

coisa alguma. Desta república faziam parte o Sr. Dr. Martins Costa e o oficial de Marinha Campos da Paz, meus amigos, que podem desmentir-me. Entrando para a Faculdade de Medicina, como aluno de farmácia, recebi da Sociedade Beneficente um auxílio pecuniário de 20$. Por outro lado eu tinha alguns alunos de primeiras letras e sobretudo recebia casa e comida de graça do meu colega Sebastião Catão Calado. Assim vivi durante três anos, até que, em 1874, concluí o curso de farmácia.

Logo o jovem e sortudo estudante, passados alguns anos após deixar a sua bucólica cidadezinha, se viu novamente sozinho, pois o cordial amigo Catão Calado, de tradicional família catarinense,[47] voltou para a sua província natal. De acordo com Osvaldo Orico, importante biógrafo do tribuno negro, o Rio de Janeiro já era, nesse tempo, "a Canaã dos deserdados, daqueles que, no naufrágio da província, volviam os olhos para a melhor ilusão".[48]

Para José do Patrocínio, o caso não era especificamente esse. Sua permanência no interior ficara insuportável por razões óbvias. O vigário não o tolerava mais; por outro lado, o relacionamento do religioso com a sua mãe já não era mais o mesmo, ou, pior, havia terminado. O menino, sem lastro de parentesco local, era um encosto, um incômodo, pois cada vez mais deixava transparecer seus vínculos de descendência com o chefe da igreja campista. Os traços fenotípicos característicos de sua etnia denunciavam gritantemente isso com perfeição. Os cabelos não eram exatamente de carapinha, a exemplo dos negros da fazenda do pai inconfesso. A pele não possuía um tom forte, como de costume, mas não era do tipo "tinta fraca", como se diz na gíria da negrada. Na verdade, se um olhasse diretamente para a fisionomia do outro, notaria uma semelhança

---

[47] Cruz e Sousa, poeta negro catarinense, num famoso triolé, verso satírico, publicado na cidade do Desterro, atual Florianópolis, glosava a figura de um tal Calado: "Nunca se cala o Calado / E sempre o Calado, fala / Calado que não se cala, / Nunca se cala o Calado, / Calado sem ser calado, / Calado que é tão falado... / Nunca se cala o Calado / E sempre o Calado, fala". Jornal *O Moleque*, 24 maio 1885.

[48] ORICO, Osvaldo, op. cit., p. 55.

desconfortável entre ambos, e talvez fosse este um dos fatores que levaram o vigário João Carlos Monteiro a querer se livrar rapidamente do filho.

Estudante de farmácia

A vida correu solta para José do Patrocínio depois de 1868, ano da sua chegada à Corte. Sua passagem pelo hospital da Santa Casa de Misericórdia e pela Casa de Saúde deu-lhe algum tempero para conhecer melhor a cidade e fazer alguns relacionamentos. Para quem não conhecia ninguém e – pior – não possuía recursos financeiros para sobreviver modestamente, com moradia e alimentação garantidos pode-se dizer que o rapazote se saíra muito bem, por sinal.

Dedicado aos estudos, os quais iniciara na cidade natal, Patrocínio não tinha outra escolha a não ser a plena e total dedicação. E foi exatamente o que fez. O período que vai de sua chegada ao início da década de 1870 é de grande provação para o jovem interiorano.

Essa fase em que se dedicou aos estudos é prodigiosa e curiosa. Sem dinheiro para custear seus gastos ou comprar livros – sobretudo depois que o vigário cortou a minguada remessa pecuniária mensal –, Patrocínio só podia valer-se da sorte, que até então não lhe faltara. Desde que entrou para o hospital, dedicando-se aos serviços da farmácia, ao ver o trabalho dos médicos tomou gosto pela profissão. Mas como sonhar com uma carreira que era exclusivamente voltada para a elite, ou seja, para a classe branca, em geral constituída de filhos de senhores de escravos? Raros foram os negros, chamados "homens de cor", que se tornaram médicos que ele tivesse conhecido nas dependências do próprio hospital da Santa Casa da Misericórdia ou ouvido falar.[49] Aspirando à carreira de médico ou de farmacêutico, Patrocínio tornara-se um aficionado pelos livros.

---

[49] Alguns homens negros se tornaram médicos no século 19. José Maurício Nunes Garcia Filho (1808-1884), filho do padre Nunes Garcia, Nina Rodrigues (1862-1906), Juliano Moreira (1872-1933), entre alguns outros.

Com o fim dos trabalhos no hospital e na Casa de Saúde, juntando a isso o corte da mesada, pouco restaria a Patrocínio (talvez pensasse até em voltar para Campos dos Goitacazes?) se não fosse a providencial amizade do Dr. João Pedro de Aquino, que de graça lhe franqueou o seu externato, onde passou a cursar não só os preparatórios para farmácia, mas os estudos exigidos para o curso de médico. O professor Aquino, além do mais, acompanhou todos os passos de Patrocínio.

Quando deixou a Casa de Saúde, com a altivez que caracterizaria seu caráter pelo restante de sua vida, seu fiel protetor, o Visconde de Ibituruna, que o conhecia de Campos, tentou dissuadi-lo da infeliz ideia de continuar estudando, uma vez que conhecia bem a situação do candidato. Mesmo assim o jovem foi à luta, encarando tudo na cara e na coragem.

Com o denodo que lhe era peculiar, terminou os preparatórios e entrou para a Faculdade de Medicina, não para fazer o curso médico, mas para cursar a escola de farmácia. Sem dinheiro, recebia um auxílio pecuniário de 20$ de uma sociedade beneficente, voltadas para alunos pobres. Para reforçar o caixa, José do Patrocínio virou professor de primeiras letras. Nesse período é que se valia da bondade do amigo Sebastião Catão Calado, que lhe dava casa e comida.

Assim, apesar de todas as dificuldades, três anos depois terminou o curso. Destacara-se entre os melhores alunos da classe, recebendo distinções dadas por homens como Morais e Vale, Domingos Freire, Ezequiel Correia dos Santos, Pizarro, Peçanha, Souza Lima e Martins Teixeira. O Catão Calado, como já sabemos, retornou para Santa Catarina. O ano era 1874.

Sem vocação para a profissão de farmacêutico, e com o diploma tinindo na mão, mas ao mesmo tempo sem um tostão a lhe ocupar as algibeiras, restava a Patrocínio, definitivamente, morrer de fome, a menos que alugasse sua carta por 30$ ou 40$, saída confortável para quem, como ele, não tinha como abrir um estabelecimento, como fizera, anos antes perto da praça do

Paço, o comerciante português José Antônio Coxito Granato.⁵⁰

Quando José do Patrocínio ingressou no curso de farmácia da Faculdade de Medicina, no ano de 1872, tinha 19 anos incompletos. O prédio da faculdade devia ser o mesmo prédio da antiga Academia Imperial de Medicina – pertencente à Santa Casa de Misericórdia, na rua dos Barbonos (hoje Evaristo da Veiga) –, onde lecionara em 1852 o Dr. José Maurício Nunes Garcia, filho do grande e ilustre músico da Capela Imperial, o padre José Maurício, que era negro. Naqueles idos de meados do século 19, Nunes Garcia Júnior, que foi dos primeiros no Brasil a se interessar por magnetismo, entrou em entreveros com um colega de Academia de nome José Martins de Cruz Jobim. Ora, os dois começaram a zurzir coisas um do outro pela imprensa, ambos nos *a pedidos* dos jornais: o primeiro pelo *Jornal do Commercio*; o segundo pelo *Correio Mercantil*. Nunes Garcia tratava o rival de "um imbecil", enquanto Cruz Jobim chamava o desafeto de "o negro mais desavergonhado da Escola".⁵¹

Não se sabe quanto ao curso de Medicina, mas quanto ao de Farmácia, para não fugirmos da verdade dos fatos, podemos ter uma boa ideia pelas próprias palavras do aluno José do Patrocínio, que, num depoimento sobre esse período, chegou a dizer que não havia no Império curso "mais atrasado que o de Farmácia". Dizia ele que os estudantes do curso, "pagando a mesma taxa de matrícula [que os estudantes de medicina, obviamente], não tinham, como parece que hoje ainda não têm, direito a um banco em que se sentassem durante as aulas". Na distância percorrida pelos anos, o já famoso jornalista percebia nisso um grande desperdício de tempo. Segundo ele, a "aula era das 4 às 6 da tarde", realizada em lugar a

---

⁵⁰ A Drogaria Granato funciona até hoje, desde 1870, na Rua Primeiro de Março, 14-16.

⁵¹ Informação contida no livro de Ubiratan Machado sobre o médico e poeta Luís Delfino, também de origem negra, por parte de mãe, e que entrou, nessa época, na Imperial Academia de Medicina do Rio de Janeiro. De acordo com Nei Lopes, na sua *Enciclopédia brasileira da diáspora africana* (p. 483), Nunes Garcia Filho era médico-cirurgião. Estudou música com o pai e desenho com Jean-Baptiste Debret. Dedicou-se a estudos de fisiologia da voz e foi o primeiro brasileiro nato a conquistar, por concurso público, a cátedra de Anatomia da Academia Imperial de Medicina

"meia légua de distância do edifício da faculdade", o que configurava um grande incômodo, "que recaía sobre os estudantes mais pobres, que precisavam de trabalhar para viver e não podiam, portanto, dispor de todo o dia – tamanho incômodo era em pura perda".
Se não bastasse tudo isso, o ensino era extremamente deficiente, fraco, inútil ao aprendizado do aluno. Relatou José do Patrocínio sua enorme decepção, fator que talvez o tenha levado a não seguir adiante com a carreira:

> O estudante não tinha com quem aprender. O lente ocupava-se em ler o jornal do dia, em conversar com os alunos do sexto ano médico, ou em dar duas ou três passeatas ao longo do salão, com o ar de um mau dono de fábrica. Não havia um preparador, não havia um aparelho. Toda a prática limitava-se à preparação de sais de fácil cristalização a tinturas, a extratos e trabalhos de farmácia elementaríssimos. Os alunos do terceiro ano eram os únicos obrigados a trabalhar. Nessa aula prática não havia muitas vezes – água! Hoje, esse estado de coisas está um pouquinho mudado. A aula é na faculdade, mas a prática não parece ter mudado muito.[52]

Como estudante afoito no meio das agitações que a Corte proporcionava, o curso de farmácia era um prato cheio para as fugas poéticas, para os devaneios literários, para os sonhos jornalísticos de Patrocínio. Não havia outro recurso. Estudante acima da média, cujas notas eram "plenamente" ou "aprovado", raramente "simplesmente", sempre com a parte teórica na ponta da língua, restava ao estudante colaborar nos jornais, publicando neles pachorrentas versalhadas. Como muitos dos seus amigos de bancos escolares, seu destino deveria ser a política ou o jornalismo. A poesia não estava descartada, pois era dela que se valia nos momentos de solidão, que não deveriam ser poucos.

Desde os tempos de preparatórios, entre 1870-71, ou seja, três anos após chegar à cidade imperial, José do Patrocínio estava metido em grupos ou organizações de cunho lítero-jornalístico.

---

[52] PATROCÍNIO, José do. *Gazeta de Notícias*, "Semana Política", 21 mar. 1881, p. 1.

Notícias dos jornais dão conta que ele se ligara a sociedade "Ensaios escolásticos". A 12 de agosto de 1871, ele compõe a diretoria eleita como integrante da "comissão de literatura", grupo do qual fazia parte Aristides Serpa, Dermeval da Fonseca e Ribeiro da Luz.[53] A finalidade dessa entidade era o congraçamento literário, onde Patrocínio lia sonetos e outros participantes, liam textos históricos ou indicavam sócios. Numa dessas sessões, que era bastante concorrida, Patrocínio ler duas poesias, provavelmente de sua autoria – "Virgem não chores" e "Porque não me adora?"[54] De mais a mais, a Corte estava numa agitação só. O clima após a guerra contra o Paraguai agita os ânimos da população e dos políticos, ambos mergulhados no conflito. Iniciada em 1864 pela chamada Tríplice Aliança, que era a união do Brasil, Argentina e Uruguai, e só terminada a primeiro de março de 1870, a guerra causou uma drástica instabilidade econômica e política nos países que nela se envolveram. O Paraguai sofre com as suas consequências até hoje. Entre nós, gerou enorme déficit público, agravou a dívida externa e encareceu enormemente o custo de vida – neste caso, os gêneros de primeiras necessidades e os aluguéis das casas.

Além do mais, os soldados que voltavam da guerra traziam não só ferimentos expostos nos corpos; mazelas, mutilações de toda ordem, eram as marcas da desilusão e da desesperança por conta de uma pátria que pouco reconhecia os seus méritos e tampouco os chamavam de heróis. Em muitos casos, prisioneiros de guerra, sobretudo oficiais paraguaios, gozavam de mais regalias do que os filhos da terra.

O exército brasileiro, majoritariamente, era formado por largos contingentes de soldados negros, ex-escravos ou não. Era uma particularidade com que Patrocínio iria se deparar em seus primeiros anos de Rio de Janeiro. Os portos da cidade, todos os dias, recebiam os chamados zuarvos (soldados negros) vindos da

---

[53] *A Reforma*, 17 ago. 1871, p. 1.
[54] *Diário de Notícias*, 21 jun. 1871, p. 2.

frente de batalha. Fez história na Corte um oficial negro nascido na Bahia, de nome Cândido da Fonseca Galvão, mais conhecido por Príncipe Oba II, que foi subtenente do 3º Regimento de Zuarvos Baianos.[55]

As tensões eram quase bélicas, nas ruas ou pelos jornais. O povo debatia o conflito, que se arrastara por anos, de maneira calorosa. Para os paraguaios, de modo geral, os brasileiros não passavam de *macacunos* e os seus líderes, na propaganda guarani, não passavam de macacos. Era uma guerra também de preconceitos. Segundo o professor André Amaral de Toral, do Departamento de História Social da USP, que tratou do tema no artigo "A participação dos negros escravos na guerra do Paraguai",

> Não repito aqui o erro dos ideólogos lopiztas, que consideravam o exército brasileiro – soldados e oficiais – formado indistintamente por *macacos*; e nem o dos detratores do Paraguai, que consideravam seu exército formado por *caboclos*, termo depreciativo que no Brasil designa índios e seus descendentes mais ou menos aculturados, e seu povo formado por descendentes dos *guarani*, uma vaga referência etnográfica. Negros e índios teriam sido, por essas análises baseadas em simplificações raciais, as maiores vítimas da guerra.[56]

Não era fácil para um jovem chegado do interior, minimamente instruído, deparar-se com uma situação política dessa natureza. Sem outra alternativa senão a de vencer na vida, era preciso buscar os próprios meios para isso. Foi nessa hora de dificílima decisão que surgiu a oportunidade de ser professor.

---

[55] LOPES, Nei, op. cit, p. 544.
[56] TORAL, André Amaral. A participação dos negros escravos na guerra do Paraguai. In: *Estudos Avançados* (*online*), 1995, v. 9, n. 24, p. 287-296.

O cargo de professor

A discussão sobre a questão da escravidão e do abolicionismo tomava, paulatinamente, o Parlamento. Foi pelo ano de 1871, a 12 de maio, que o ministro da Agricultura, Comércio e Obras Públicas, Teodoro da Silva, apresentou na Câmara dos Deputados o projeto de lei que propunha a polêmica Lei do Ventre Livre.

A ideia não era nova. Desde o começo dos anos de 1850, o desejo de libertar os filhos dos escravos era algo discutido entre os políticos, com destaque para as proposições formuladas por Tavares Bastos e Silvério da Mota, em 1862 e 1864, respectivamente.

Mas foi Rui Barbosa, o baiano que ganhou notoriedade nos tribunais de Haia em defesa da fronteira do Brasil, que em abril de 1870 formulou um plano que condicionava, para o ingresso em sua Loja Maçônica América, a obrigatoriedade de seus membros libertarem as filhas dos seus escravos.

O assunto gerou grande polêmica. O professor de Direito Antônio Campos, que era mestre de Rui Barbosa, combateu a iniciativa do aluno. Achava uma hipocrisia o que se estava propondo fazer. Depois de alguma discussão, a matéria foi posta em votação, saindo vencedor Rui Barbosa. Além disso, sugeria também que um quinto da renda total da Loja fosse destinado a um fundo para a libertação de escravos. Assim, além da liberdade das filhas de escravas, Rui Barbosa ainda impôs que o exemplo da Loja Maçônica América fosse seguido pelas demais lojas ligadas ao Vale dos Beneditinos em todo o país. Isto, um ano antes do grande embate no Parlamento.

A reação da oposição, como não podia deixar de ser, foi enorme. Para eles, "a questão incandescente do elemento servil", que "neste momento abala em seus alicerces a sociedade brasileira", é um "projeto temerário que o governo atirou no Parlamento como uma bomba ardente que ameaça perturbar o País com seus estilhaços".

> Se houve um dia em que se devesse apelar para a moderação da linguagem e para uma discussão calma e refletida, esse dia chegou, e hoje mais do que nunca se deve meditar, e muito, sobre as desgraças que podem resultar da palavra imprudente lançada no meio de paixões e interesses que se agitam.

Este texto, publicado num editorial do recém-lançado jornal *A República*, de 27 de maio, dizia ainda:

> Condenamos o projeto, porque ele cria novas relações jurídicas entre o senhor e o escravo, relações premeditadamente estabelecidas a favor do aumento de rigor, de uma parte, e aumento de insubordinação, de outra. Em todo o caso o crime, sempre o crime, como a última palavra desse funesto projeto.

Se foi surpresa a reação desse jornal, que na verdade se opunha frontalmente à Monarquia, atacando-a num momento em que o imperador Dom Pedro II se encontrava fora do país, maior surpresa causou o posicionamento público assumido por ninguém menos que o parlamentar e romancista José de Alencar, então com 41 anos de idade. Num dos seus discursos, proferido na tribuna da Câmara a 15 de junho de 1871, a ideia de se pensar na liberdade do ventre da mulher escrava era algo abominável. Ele atacava os propagandistas e os emancipadores, ou seja, os abolicionistas, chamando-os de "emissários da revolução". Para o grande romancista, os retrógrados eram os que defendiam o projeto, pois, com isso, dizia, "pretendeis recuar o progresso do país, ferindo-o no coração, matando a sua primeira indústria: a lavoura".

José de Alencar ainda falava que "a liberdade do ventre, essa, senhores, é iníqua e bárbara". E a seguir declarava:

Vós quereis a emancipação como uma vã ostentação. Sacrificais os interesses máximos da pátria a veleidades de glória. [Propunha que se restringisse], no próprio interesse da augusta princesa, o exercício da regência, [pois] a questão incandescente do elemento servil com a presença do chefe do Estado, que a fomentou, para recuar, se ainda é tempo. Dar à augusta princesa imperial o exercício pleno das funções majestáticas é animá-la a resolver a questão do elemento servil.[57]

Quando o projeto foi aprovado na Câmara dos Deputados, sob cerrados discursos e protestos, José do Patrocínio estava prestes a ingressar no mundo acadêmico, o que só ocorreria no ano seguinte. Sem qualquer dúvida, viveu essa primeira experiência política, esse embate ideológico, com a intensidade requerida pelo momento. Estava com 18 anos de idade e o peso de ter presenciado a aprovação de um instrumento importante no caminho rumo à abolição da escravatura no Brasil: a 28 de setembro de 1871, com o referendo dos deputados à Lei do Ventre Livre.

Raimundo Magalhães Jr., no importante livro que escreveu sobre a vida de José do Patrocínio já citado aqui, descreveu ainda que Alencar, furioso, referindo-se ao projeto de lei como uma "ideia funesta", blasonava ao afirmar que, para ele, esse projeto, quando aprovado, "há de ser fatal e há de produzir calamidades capazes de apavorar o próprio governo" imperial.

Depois de aprovado na Câmara dos Deputados, o projeto seguiu para o Senado, a Casa Alta, onde passou com facilidade, a não ser pelas contraditas do Visconde de Itaboraí que, afinal, bateram de frente com a veemência de ninguém menos que Francisco de Sales Torres Homem, portador do título de Visconde de Inhomirim,[58] que denunciava "a pirataria em torno do berço de

---

[57] Não foi apenas desta vez que José de Alencar atacou a ideia de abolição e o imperador. Ver a esse respeito: ALENCAR, José. *Cartas a favor da escravidão*. Tâmis Parron (Org.). Rio de Janeiro: Hedra, 2008.

[58] Filho de padre com ex-escrava, como Patrocínio, Torres Homem era mulato, estudou Medicina, mas teve projeção como político e jornalista. Chegou a ministro da Fazenda, diretor do Banco do Brasil, senador do Império e encarregado de negócios do país em Paris.

pobres filhos de escravos". No Senado, que funcionava na antiga residência adaptada do Conde dos Arcos,[59] ao lado do Campo de Santana, o projeto recebeu menos apupos do que os recebidos na Câmara dos Deputados, talvez pela grande concorrência popular às galerias. Na sessão, presidida pelo Visconde de Abaeté, estavam presentes o Visconde de Rio Branco, que denominou a lei, e um diplomata norte-americano, de nome James Partridge, que, impressionado com o calor da sessão legislativa, recolheu as flores que o povo afoitamente atirava nos congressistas para enviar ao seu país de origem.[60] O objetivo da Lei do Ventre Livre, ou dos Nascituros, na verdade era fazer a escrava interessar-se pela natalidade, uma vez que, a partir daí, seu filho nasceria legalmente livre e, após completar 21 anos, tornar-se-ia livre de fato.

A historiadora Marília Bulhões dos Santos Carneiro informa também que a "própria lei criou para o senhor dono de escravo um incentivo pecuniário de 600$00", como indenização dada pelo governo Imperial "para que ele se interessasse pela natalidade escrava", sendo que só receberia essa importância após o menor completar 8 anos de idade.[61]

O jovem campista, sem dúvida cheio de vivacidade, tomou conhecimento desses fatos pelos jornais, certamente o *Jornal do Commercio*, então o mais antigo em circulação do país. Já era um leitor assíduo das gazetas, o que, não demoraria muito, seria sua maior paixão.

Como sabemos, durante essa batalha político-legislativa, José do Patrocínio iniciava o curso de farmácia na Faculdade de Medicina. Os depoimentos do jovem estudante já nos disseram tudo o que precisávamos saber em termos de angústia e sofrimento. Em 1874, quando finalmente termina o curso, Patrocínio,

---

[59] O prédio, hoje bastante conservado de acordo com sua época, serve à Universidade Federal do Rio de Janeiro, onde funciona o Centro Acadêmico Cândido de Oliveira (CACO), com a Faculdade de Direito.
[60] MAGALHÃES JÚNIOR, Raimundo, op. cit., p. 23.
[61] CARNEIRO, Marília Bulhões dos Santos. *A escravidão e a Lei Áurea*. Campos dos Goytacazes: Lar Cristão, 1988.

que nesse período morava numa república de estudantes, fica do dia para a noite sem ter onde repousar o corpo. Não tinha dinheiro para pagar sequer uma pensão ordinária. Alguns biógrafos dizem que chegara a dar aulas. Mas, de fato, não tinha onde cair morto. Mesmo assim, tomou uma grande resolução, que seria a marca de toda a sua vida. Disse então, com a convicção de desbravadores de selva virgem:

> – Resolvi morrer de fome – falou de si para si – mas não alugarei o título que me custara tanto sacrifício, e que representava as alegrias até então experimentadas.

Foi nessa quadra de sua vida que, mais uma vez, o seu anjo da guarda entrou em ação. Não se sabe como lhe apareceu o seu condiscípulo no externato do colégio do professor João Pedro de Aquino, o proeminente jovem João Rodrigues Pacheco Vilanova, que o convidou para passar um dia em sua casa, localizada numa grande chácara pelos lados do bairro de São Cristóvão. Isso ocorreu pelo final de 1874. Patrocínio pensou que fosse um convite passageiro, para entreter o dia. Para surpresa sua, a situação era bem outra.

Muito falante, e com um discurso apaixonado pela vida, logo dominou o ambiente da família de Vilanova. Após passar todo aquele dia em tão nobres companhias, pediu licença para retirar-se, como conta o próprio José do Patrocínio:

> À noite quis retirar-me. A família de João Vilanova insistiu para que eu ficasse; fiquei e vi, surpreendido, que o quarto que me deram para dormir estava mobiliado com o que me pertencia! João Vilanova, de acordo com sua santa mãe, hoje minha mãe também, e com o seu padrasto, o meu bom amigo e sogro Capitão Emiliano Rosa de Sena, haviam feito a mudança do que era meu para o seu domicílio e pediram-me como favor que eu ficasse residindo ali.

Para mascarar a esmola que me faziam, convidaram-me para professor dos seus filhos.

Na casa dos Vilanova, comandada pelo Capitão Emiliano Rosa de Sena, viviam quatro moços: João e José Vilanova, Leopoldo e Ernesto Sena. Este último, na época, estava com 16 anos de idade e era chamado carinhosamente de Tengo, e seria, anos mais tarde, um grande abolicionista, importante jornalista e escritor de bons méritos, tendo traçado boa parte da memória daquele período de luta antiescravagista em seu livro *Rascunhos e perfis*, publicado pela primeira vez em 1909. Além desses rapazes, havia quatro crianças, verdadeiros projetos de moças: Maria Henriqueta, Rosária, Adelaide e Cévola. Essas jovens faziam parte do "pacote" entregue pelo dono da casa, homem austero, empresário poderoso, abolicionista ferrenho. Nasce daí a afeição de Patrocínio por uma das meninas, Henriqueta, como ele mesmo conta: "Desta relação nasceu a estima entre mim e minha mulher, filha dos dois honrados velhos".[62]

---

[62] *Gazeta da Tarde*, Rio de Janeiro, 29 maio 1884.

Os namorados

O professor José do Patrocínio não ficou só nas aulas teóricas. Logo de início, seus olhos seriam atraídos pelos olhos da jovem Henriqueta e, pior, o mestre passou a ser correspondido também. A casa onde tinha comida e cama garantidos, acolhimento e respeito, logo entraria em polvorosa com essa história. Pelo lado acadêmico, o professor rapidamente chamou a atenção de seus discípulos, que passaram a venerá-lo. As aulas eram dadas de oito às onze da manhã, com lições e explicações; e, de oito às nove da noite, ora dissertando a gramática, ora proferindo trechos de autores franceses, detalhando explicações. Mas nem tudo seriam só flores. De vez em quando o mestre punia a bagunça ou a dispersão dos alunos, a falta de entrega da lição ou a conversinha fora de hora com penas e sanções para que não fosse perturbada a boa disciplina da classe. Aí ele determinava que se escrevesse duzentas vezes uma frase qualquer, ou se copiassem cinquenta linhas de um trecho escolhido, banal etc. A família estava feliz com a escolha que fizera, pois a eloquência do docente fazia as crianças se interessarem por livros e leitura, especialmente Henriqueta, conhecida na intimidade do lar como Bibi, a mais atrevida da turma.

Alguns anos depois, falando do tio Patrocínio em seu livro de memórias, Emiliano Di Cavalcanti, que ficaria conhecido como pintor, diria que as aulas

> [...] tinham sempre um final inesperado, porque ele doutrinava aqueles jovens espíritos, já pertencentes, na mais cândida inexperiência, ao grupo de sócios do Clube Abolicionista e Republicano do bairro de São Cristóvão, sociedade instalada no Largo da Cancela, ao lado da Imperial Quinta da Boa Vista, quer dizer: bem nas barbas de Pedro II.[63]

---

[63] DI CAVALCANTI, Emiliano. *Reminiscências líricas de um perfeito carioca*. Rio de Janeiro: Civilização Brasileira, 1964, p. 57. Citado também por MAGALHÃES JÚNIOR, Raimundo, op. cit., p. 62.

O pintor e também escritor carioca informava ainda que nessas "as aulas nasceu o amor de minha tia Maria Henriqueta pelo velho Patrocínio". E destaca: "Era ela levadíssima, a aluna que mais trabalho dava ao mestre, chegando mesmo um dia a atirar-lhe no rosto um tinteiro".

Anos mais tarde, em depoimento ao escritor Osvaldo Orico, Henriqueta, a Bibi, e Rosária, a Nenê, ambas já viúvas de seus respectivos maridos (Nenê era mãe de Di Cavalcanti, que tinha grande admiração pelo tio Patrocínio), disseram que tudo azedou numa brincadeira do professor durante uma das aulas. Devia ser em dezembro, pois se aproximava o Natal. Ao dar início à lição, o professor perguntou aos alunos o que lhe dariam de presente de festas, cada um. De acordo com as depoentes:

– Um sabonete, disse Sinhá, na verdade Adélia Sena.
– Um pente, sugeriu a Nenê.
– Uma caixa de bombons, opinou o Tengo, a quem só interessavam as guloseimas.
Só a Bibi não se pronunciou.
– Obrigado – concluiu José do Patrocínio. – Mas nada disso me serve... – E, de esperteza, adiantou:
– Só aceito se for um beijo na testa.

Os estudantes não tiveram nenhuma dúvida em atender a esse inocente desejo do mestre. E desfilaram em obediência à modesta solicitação. Quando chegou a vez de Bibi, esta hesitou em cumprir a missão e, quando o fez, foi com tão pouca sorte que, no momento justo entrava na sala o maldoso tio José, que logo franziu o sobrolho e não quis ver naquela cena uma inocente brincadeira, própria para crianças. Saiu dali e foi informar ao Capitão Sena e Dona Henriqueta o que acabava de presenciar.

Tais acontecimentos, narrados pelas duas testemunhas e trazidos a público pela viúva de Frederico Cavalcanti e pela Bibi, só ilustram a alegria com que ensinava e se aplicava o mestre para ser aceito como um bom professor de primeiras letras.⁶⁴ A atitude do Capitão Sena não poderia ser mais intempestiva. Interessava-se pelo jovem, na casa dos vinte e poucos anos, mas não podia admitir que, dentro de sua casa, tratando-o como hóspede, ele não honrasse o compromisso assumido, negligenciando o ensino para se aproveitar da situação.

De acordo com os relatos, José do Patrocínio foi chamado à presença do chefe da casa. Este, de forma enérgica, fez ver a Patrocínio que ele estava ali por uma solicitação do enteado, que procurava ajudar, numa quadra difícil da vida, um companheiro de infância, dando-lhe casa e comida, roupa limpas e o carinho de uma família. Além da hospitalidade, para mascarar a esmola – como diria o próprio José do Patrocínio algum tempo depois – foram fornecidos meios para justificar sua presença no seio da família. O capitão, porém, muito contrariado, notava que o professor não retribuía com a devida cortesia o acolhimento dispensado, confundindo a situação, levando para outros caminhos a sua posição de professor etc. e tal. Desse modo, Patrocínio foi dispensado do cargo de mestre, como reprovação por sua conduta como hóspede e mestre de primeiras letras dos filhos e enteados do Capitão Sena.

Sem pronunciar qualquer palavra em sua defesa, Patrocínio ouviu tudo com atenção e, resignadamente, de imediato tratou de recolher seus pertences, preparar as malas para efetuar sem demora a sua mudança. No seu cômodo, sentiu um grande peso nas costas: mudar numa hora dessas... mas mudar para onde, meu Senhor?, teria indagado. Não esperava aquela desdita assim tão de repente, não estava preparado para ela, até porque não cometera crime algum, a não ser permitir uma brincadeira com aquelas inocentes crianças, e não com uma só. Mas, se fosse pai, talvez agisse da mesma maneira. Estava certo o Capitão Emiliano Rosa de Sena ao proceder assim. Patrocínio

---

⁶⁴ Estes registros só foram possíveis graças ao trabalho do escritor Osvaldo Orico, op. cit., p. 60-61.

ia se conformando com a situação, talvez para evitar maiores angústias pessoais.

Foi quando, nessa agonia lenta, mais uma vez o anjo da guarda de sua existência voltou a marcar presença. Dona Maria Henriqueta de Sena, sentindo que o marido tomara uma atitude intempestiva, correu a auxiliar na saída do rapaz para não o desamparar de vez, pois que, mesmo ela, talvez não visse mal naquela situação presenciada pelo tio José. Num átimo, alugou um chalé na Rua Emerenciana, não muito distante de sua chácara, onde Patrocínio saiu da confortável situação de hóspede para a de vizinho.

Enquanto isso, a saudade dos ex-alunos, especialmente as lembranças da pequena Bibi, martelavam ferozmente o espírito do rapaz. Tão próximo da chácara se encontrava ele que, não tardou muito, começaram a chegar à casa da Rua Emerenciana, sem que o vigilante José percebesse, bilhetinhos adocicados, enquanto dela saíam versos burilados num canhestro estilo romântico. Dos versinhos e bilhetinhos inocentes, passaram os nubentes a se falar pelo muro do quintal. Ali conversavam horas a fio, e só eram interrompidos pela artimanha do tio José, que desconfiava dos pombinhos e os vigiava a pedido do pai, evitando assim virar comparsa de delito amoroso.

Era conhecido por todos o interesse do Capitão Emiliano Rosa Sena pelo abolicionismo e pelo republicanismo, movimentos de que era um dos grandes incentivadores. E era exatamente em sua chácara que se refugiavam os adeptos do chamado Clube Republicano, do qual faziam parte Quintino Bocayuva, Lopes Trovão e Sousa Caldas, entre outros. Todos os dias o grupo se refugiava, para discussões políticas de toda ordem, no grande salão da chácara. O Capitão Sena era o animador das reuniões democráticas. Mas não estava só. Da família, a surpresa era a participação da menina Bibi, que fazia as vezes de ajudante do pai nos preparativos dessas reuniões, de franca propaganda republicana.

Inteirado dessas privilegiadas sessões, Patrocínio viu ali uma oportunidade única de voltar a frequentar a grande chácara, onde, com certeza, poderia voltar a avistar sua pupila. Já enfronhado nas questões jornalísticas desde o curso de farmácia na Faculdade de Medicina, o campista, a esse tempo, era conferente de revisão do jornal *A Reforma*. A princípio sua presença causava estranheza aos demais convivas, principalmente ao Capitão, que guardava, no fundo do peito, uma mágoa passageira pelo hóspede ingrato que cuspira no prato do anfitrião. O Capitão rosnou ao vê-lo na roda seleta dos participantes, mas Patrocínio insistiu, fazendo vista grossa aos reclamos do líder maior.

Aos poucos, porém, vai sendo aceito no grupo e na família. Dona Maria Henriqueta de Sena nada disse, sabedora da posição sentimental da filha e em conluio com o futuro genro. Este se mostra, antes de mais nada, um árduo defensor da democracia, pondo-se ao lado da República e da abolição da escravatura. Nesse grupo emergem as primeiras paixões pela causa daquele que se tornaria um dos homens mais importantes na luta pela libertação dos escravos no país.

Mas nesse momento seu objetivo era provar, no fundo, seus melhores sentimentos pela ex-aluna Maria Henriqueta de Sena, a Bibi. O pai da menina, no entanto, era veementemente contra a união. E colocava como barreira a cor do pretendente, dado o preconceito vigente da época. Segundo Osvaldo Orico, seu biógrafo, via-se no Patrocínio desse período "um produto de caboclo com negro, mas apurado, porque o pai era caboclo refinado com branco e a mãe seria, sem dúvida, filha de mulato com negro".[65] Esta história, como já vimos, não é bem assim. A mãe de Patrocínio era negra de Campos, certamente filha de africanos legítimos; o pai, filho de português com africana, portanto de traços amulatados.

Mas, vencendo aos poucos os contratempos e a resistência familiar, Patrocínio conquistava, sorrateiramente, o coração da

---

[65] ORICO, Osvaldo, op. cit., p. 64.

mãe de Bibi, que passava a advogar em nome do casal, com uma argumentação infalível: – Bibi queria – dizia ao marido.

Para dona Maria Henriqueta, não se poderia contrariar a vontade da filha, era preciso deixá-la alçar o seu próprio destino de vida. De tanto insistir, argumentando que o rapaz era bom, próximo à família, amigo dos rapazes, o Capitão Sena foi cedendo, até que um dia consentiu no namoro.

De acordo com Dona Rosália de Sena Cavalcanti, quem pediu a mão de Bibi ao Capitão Emiliano Rosa de Sena foi o empresário Ferreira de Araújo, dono da *Gazeta de Notícias*, também homem de cor bem-sucedido. Ao oficializar o contrato de casamento entre Bibi e José do Patrocínio, "o Capitão Sena não teve outro remédio senão pôr de lado os seus zelosos preconceitos e estimar que os noivos fossem muito felizes".[66]

---

[66] Id., p. 65.

Nasce o poeta

É provável que desde os tempos em que vivia na interiorana Campos dos Goitacazes, onde aprendeu a ler e escrever e recebeu sua primeira formação educacional, José do Patrocínio também tivesse contato com a poesia.

Esta faceta poética, que era mais um arroubo literário, aparece sobretudo em seus tempos de estudante no Rio de Janeiro, quando cursava farmácia na Faculdade de Medicina. Nessa fase, Patrocínio começou sua colaboração do jornal estudantil *O Labaro Acadêmico*. Mas, na verdade, sua vida de literato, de acordo com os registros dos biógrafos, começa alguns anos depois de sua chegada à então capital do Império.

Sua estreia se deu, de fato, nas páginas do jornal *A República*, que começara a circular no dia 3 de dezembro de 1870. Cabe ressaltar que essa data é simbólica e altamente provocativa: no dia anterior, o imperador Pedro II fizera aniversário de 45 anos!

Sem dúvida a incursão de José do Patrocínio nas páginas provocativas de *A República* se dera, antes de mais nada, pela sua participação nas sessões do Clube Republicano, que, como vimos, se reunia no amplo salão da chácara do Capitão Emiliano Rosa de Sena. Um frequentador assíduo dessas reuniões era ninguém menos que Quintino Bocayuva, autor, juntamente com Salvador de Mendonça, do manifesto publicado na primeira edição do jornal.[67] É mais do que provável que, com a desenvoltura que lhe era peculiar, Patrocínio tenha mostrado seus versos aos companheiros de jornal, os quais, pelo teor abolicionista, além do seu tom crítico, viram ali uma grande oportunidade de alfinetar o imperador.

---

[67] BOCAYUVA, Quintino; MENDONÇA, Salvador de. Manifesto do Partido Republicano. *A República*, Rio de Janeiro, 3 dez. 1870.

Foi assim que, perto de chegar aos dezoito anos, publicou uma das obras poéticas mais características saídas no jornal naquele período: trata-se do longo poema intitulado "À memória de Tiradentes"[68], o mesmo herói que seria resgatado, anos depois, como símbolo da nascente República, proclamada solenemente em 15 de novembro de 1889.[69] Longo porque o poema que ocupava três das quatro colunas da página daquele jornal, e tinha metros irregulares, era composta de 132 estrofes! Na assinatura: "J. Carlos do Patrocínio".[70]

Quem leu o poema antes de sua publicação tinha a certeza de que a composição atingiria plenamente o seu objetivo, qual seja, atacar a monarquia. Em alguns momentos, o poeta José do Patrocínio não perdoava nem mesmo a estátua do pai do imperador, Pedro I, proclamador da independência do Brasil. Para ele, a estátua era uma "mentira de bronze", ou um "bronze de brônzeo cinismo". Parte de uma das estrofes falava de um certo "despotismo cruento / Neste solo americano". Em várias passagens Patrocínio se refere ao abolicionismo, porém, de um modo mais próximo a um tom de revolta bem típico de um republicano da época, mais parecendo daqueles que aderem ao movimento de última hora.

Num dos tópicos do poema, composto à moda romântica de um Castro Alves, por exemplo, havia passagens nesse estilo:

> Nas abas de régio bronze,
> Ou seja escárnio ao revés,
> Os índios curvos aos pés,
> Aos pés dum rei... dum tirano!

---

[68] PATROCÍNIO, J. Carlos. À memória de Tiradentes. *A República*, Rio de Janeiro, 22 abr. 1871, p. 5.

[69] Cabe lembrar que partiu de D. Maria I a decisão da morte na forca, e posterior esquartejamento, em 1792, de Joaquim José da Silva Xavier, o Tiradentes. D. Maria I era bisavó de D. Pedro II.

[70] O poema ficou totalmente esquecido e ignorado por Patrocínio, mesmo após a proclamação da República.

Noutra passagem, cheia de forte discurso abolicionista – a princípio muito em voga entre os republicanos –, Patrocínio fala de vingança e de ódio:

> Esmaga esta hidra insana
> Que na deusa americana
> Ousou seus lábios pousar.
> Americanos são grandes,
> Devem a afronta vingar,
> Insufla, gênio dos Andes,
> No peito de cada bravo
> Ódio às algemas de escravo.
>
> E quando os vis mercenários,
> Raça torpe de sicários
> Da nefanda escravidão,
> Os régios, polutos gládios
> Desembainharem – em vão –
> Faz borbotar dos teus lábios
> No peito de cada bravo
> Ódio às algemas de escravo.

O tom, sem dúvida, era semelhante ao dos poemas verdadeiramente épicos do baiano Castro Alves, um grande poeta que no momento da publicação dessas estrofes já agonizava no leito de morte, agonia que iria levá-lo ao túmulo no dia 6 de julho, aos 24 anos de idade.

Até o fechamento do poema, o poeta se mantém firme em seu protesto contra o cativeiro, que reduzia muitos seres humanos à situação de escravidão. Nas últimas estrofes, eivadas de condoreirismo – praticamente sua estreia num grande jornal, salvo engano nosso –, José do Patrocínio fortalece o seu posicionamento de brasileiro perante as questões do elemento servil:

> E eu, que sou brasileiro,
> Direi ao mundo, altaneiro,
> Que se mancharam-te a história
> Uma cruzada a lavara,

> No sangue da raça inglória,
> E que esta nódoa gravara
> No peito de cada bravo
> Ódio, às algemas de escravo.

Foi uma boa estreia, não há como não supor, para quem, como ele, poucos anos antes não tinha onde cair morto. Se os integrantes do Clube Republicano incentivaram a publicação do poema como uma forma de provocação, usando as boas intenções do rapazote José do Patrocínio, a ideia fora cumprida; não se explica, todavia, o fato de não aparecer em nenhuma outra edição qualquer outra colaboração, nem em prosa, nem em verso, do aguerrido versejador campista.

A bem da verdade, *A República* era muito panfletário ante os ideais ainda bastante incipientes do jovem divulgador. Nas páginas do jornal, que começou circulando três vezes por semana e logo a seguir passou a ser diário, os ataques eram desfechados sob o foco de uma política pesada, destrutiva, sem consequência. Não havia qualquer ética para atingir os objetivos propostos. E Patrocínio era, isto sim, um mero instrumento, que teve seu poema usado mais como uma alegoria, uma ilustração desses ataques, do que como uma proposta de participação intelectual.

Voos literários

Voltamos a encontrar a produção em versos de José do Patrocínio no período em que era estudante de farmácia. O biógrafo Raimundo Magalhães Jr. localizou algumas produções poéticas bastante interessantes, parte delas de circunstância, outra parte delas evocativa.

Antes de se tornar jornalista e escritor – publicando alguns romances e traduzindo peças de teatro –, José do Patrocínio queria ser poeta. É o que nos parece. Por exemplo, na Academia Brasileira de Letras estava depositado, até pouco tempo atrás, um caderno de manuscritos poéticos seus intitulados *Ritmos selvagens*. Essa peça raríssima, fundamental para o conhecimento da produção dos primeiros anos de labor literário de Patrocínio, desapareceu misteriosamente da Casa de Machado de Assis.[71]

As informações que nos chegaram sobre o conteúdo desse precioso caderno de autógrafos – dedicado ao grande amigo Sebastião Catão Calado – vêm pela informação registrada pelo biógrafo. Em certo ponto, ele escreve: "Patrocínio, convencido, talvez, de que seria um continuador de Castro Alves, começara a encher de versos um caderno em que colocara, em caprichosas letras manuscritas, o título de *Ritmos selvagens*".

Desse período de faculdade são os versos publicados no *Labaro Acadêmico*. Neste periódico, divulgou suas produções poéticas, sempre com forte conotação republicana e abolicionista. José do Patrocínio parecia fadado aos temas que empolgavam toda uma geração de políticos e intelectuais.

---

[71] Uma busca pelo caderno se tornou infrutífera no Arquivo de Autógrafos da Academia Brasileira de Letras, onde deveria estar depositado, conforme informação de Raimundo Magalhães Júnior, op. cit., p. 26. O último a requisitá-lo, de acordo com um funcionário da instituição, foi o escritor maranhense, já falecido, Josué Montello.

Um dos trabalhos publicados no *Labaro Acadêmico* era um longo poema intitulado "Prece", datado de 1873 e editado em dois números do jornal escolar. Isso demonstra que o colaborador campista, bem ajustado aos grandes temas de seu tempo, tinha algum prestígio com a redação e seus editores. O mesmo, como vimos, acontecera no caso do jornal *A República*.

No caso de "Prece", tratando-se de um poema de exaltação, dedicado ao amigo Aquino Fonseca, assinado por "J. do Patrocínio", o autor parecia rezar aos pés de um Deus, de joelhos, contrito, quando escreveu estas estrofes sugestivas:

> Eu te invoco, Senhor, lavado em prantos,
> Da minha solidão!
> Oh! derrama o clarão da liberdade
> Nessas estrelas com quem o nobre Andrada
> Nos semeou o sacro pavilhão.[72]

Era flagrante ver na produção do jovem poeta a revelação de suas influências literárias, como os brasileiros Castro Alves e Gonçalves Dias, ambos da fase romântica, aliás dois escritores que também carregavam sangue negro em suas veias: o baiano, por parte da mãe, uma mulata clara; já o maranhense, uma mistura de negro com índio. Outra influência bastante reveladora das leituras de José do Patrocínio são as citações de autores europeus, entre os quais destacam-se o poeta Victor Hugo, pelo lado francês, e Luís de Camões, o grande autor de "Os Lusíadas", pelo lado português.

Traindo galhardamente essa influência, Patrocínio divulga também outro poema revelador, que é "Uma esmola". Longo como os demais que publicara, podemos ter uma ideia dele lendo suas estrofes finais. Ressalte-se que o autor volta ao tema que seria, não muito tempo depois, sua grande bandeira de vida e de fixação política: a escravidão. Assim termina o poema:

---

[72] PATROCÍNIO, J. do. "Prece". *Labaro Acadêmico*, 15 jul., p. 4; 30 jul., p. 4.

Ah! piedade aos coitados,
Sem tugúrio e sem ninguém.
Piedade aos pais sem filhos
E aos filhos que pais não têm.
Segundo a lei do mais forte
Demarcais vossos caminhos,
Ai! orgulhosos mesquinhos,
Deus é mais forte também!

Quanto maiores seremos
No dia em que se tornar
Um cidadão – cada escravo
E cada senzala – um lar!
Brilharão mais fulgurantes
Os astros das nossas zonas,
E o Mississipi e Amazonas
Hão de alegres se abraçar.

Oh! não guardemos a esmola
Que temos em nossas mãos,
Quebremos essas algemas
Que oprimem nossos irmãos,
E quebrando do passado
Os feros id´los sangrentos,
Bradremos aos quatro ventos:
"Escravos, sois cidadãos!"

Já podemos perceber que, nestes versos aparentemente despretensiosos, aparecem termos que se tornarão palavras-chave no dia a dia de Patrocínio como tribuno e jornalista. No poema, vamos encontrar expressões como "algema", "escravo", "senzala", ou alusões a opressão, cidadania, irmãos, que ele usaria, sobretudo, nos seus discursos às grandes massas, nos clubes e nas ruas.

Sobre estas colaborações, há uma outra que ficou esquecida, mas em prosa. Intitula-se "O gênio brasileiro – Carta a Demerval da Fonseca"[73]. Encimada com uma epígrafe em francês de Eugène

---

[73] PATROCÍNIO, J. do. O gênio brasileiro – Carta a Dermeval da Fonseca. *Labaro Acadêmico*, publicada em duas partes, edições de 15 de junho e 15 de julho de 1874. Na do mês de junho, o nome do autor francês saiu "Belletan" – com "B" no lugar do "P".

Pelletan (1813-1884), tirada do livro *Le monde marche*, o longo artigo, publicado em duas partes (uma sem assinatura), trata de republicanismo, preconceitos e liberdade. É um texto bastante nobre, um dos primeiros que Patrocínio escreve como articulista, e que termina com estas expressões finais:

> Não negarei que esta época e seus feitos são filhos da mocidade e no entanto qual é o gênio da mocidade brasileira, quais os princípios professados por sua maioria? Porém, provas mais eloquentes tereis dos fatos de nossa existência e entendereis comigo, que o gênio brasileiro como o de todos os povos é caminhar para a perfeição que só nos virá da liberdade.

Redator de *Os Ferrões*

Depois de sua passagem pelos jornais *A República* e *Labaro Acadêmico*, José do Patrocínio, juntamente com outro colega de faculdade, funda e redige uma folha que pouco seria lembrada na biografia do jovem campista. Trata-se de *Os Ferrões*, periódico que veio a lume com a ideia fixa de azucrinar a vida alheia. Eram seus redatores Notus Ferrão e Eurus Ferrão, na verdade José do Patrocínio e Dermeval da Fonseca, o primeiro estudante de farmácia, o segundo, de medicina.

É exatamente nessa publicação, um verdadeiro panfleto, que vamos encontrar, sistematicamente, os primeiros voos de Patrocínio no campo da prosa jornalística. Destacado como aluno aplicado desde os tempos de preparatório no externato do professor João Pedro de Aquino, Patrocínio se esforçava imensamente para realizar com perfeição toda tarefa que lhe caía nas mãos. Quando estreou na imprensa com as suas primeiras colaborações, alguma coisa já dizia que estava inclinado para o mundo do jornalismo e das letras.

Eram notórias as tendências políticas do rapaz, que aprendia diariamente com a dureza da vida cotidiana numa cidade grande como a da Corte no final do século 19. Inclinado para as letras, enchendo rotineiramente um caderno com suas poesias com a vaga intenção de publicá-las, Patrocínio manifestava assim o objetivo de atrair para si uma evidência, provar de uma certa fama, a exemplo do que via em poetas como Luís Delfino[74] e em escritores como Machado de Assis. Embora o primeiro não tivesse livro publicado (e morreria sem ver seus textos enfeixados em

---

[74] O catarinense Luis Delfino dos Santos (1834-1910), assim como Machado de Assis, também tinha sangue negro, filho que era da preta Delfina Vitorina com um português Tomás dos Santos. Foi médico, político e poeta, o mais importante depois do seu coestaduano Cruz e Sousa (1861-1898).

volume), gozava do prestígio de verdadeiro "príncipe dos poetas" e de "Victor Hugo brasileiro"; o segundo, autor de livros do tipo *A mão e a luva* e *Iaiá Garcia*, dois romances de sua fase inicial, bastante açucarados, além de diversos contos, era visto como um dos mais promissores ficcionistas da sua geração.

Folha efêmera por sua natureza, republicaníssima por atitude, *Os Ferrões* nasceu para dar ferroadas (eis o próprio nome) em seus supostos adversários. E, naquela quadra da vida de Patrocínio e do seu companheiro de redação e vida acadêmica Dermeval da Fonseca, o alvo predileto era a monarquia e seus representantes, pois afinal de contas eram eles que ditavam toda a política do Império.

A política, nesse momento, passava por um período de relativa turbulência. Desde o final da Guerra do Paraguai, em 1º de março de 1870, entrando na questão da votação da Lei do Ventre Livre – que tivera no Gabinete Rio Branco sua maior arma de apoio –, D. Pedro II, e em alguns casos a Princesa Isabel, vive de sobressaltos repentinos.

Pode ser que os jovens estudantes de farmácia e de medicina, com a centelha do jornalismo ardendo no sangue, tenham visto uma excelente oportunidade de participação na vida política do Rio de Janeiro, tornando públicas suas opiniões sobre os rumos que a nação tomava.

Assim é que, aparecendo no início de junho de 1875, *Os Ferrões* teve como alvo figuras que se destacavam no cenário nacional. Talvez por razões mais do que óbvias, um dos primeiros nomes a ocupar as colunas de honra da folha foi ninguém menos do que o republicano Salvador de Mendonça, que tinha no seu currículo a coautoria do Manifesto Republicano de dezembro de 1870, publicado, como vimos, em *A República*, jornal empastelado por populares, na verdade agentes da polícia disfarçados, e que ocupava, a convite do imperador, o cargo de cônsul do Brasil na cidade de Baltimore, em Washington, nos Estados Unidos, passando logo em seguida para Nova York.

Homem com uma fina sensibilidade intelectual, Salvador de Mendonça vivia sendo alvo da imprensa por questões que iam da imigração chinesa até, como ocorreu em 1884, a venda de sua coleção de pinturas, tidas e havidas como peças originais, mas que não passavam de "grosseiras imitações".[75]

Ficou notório, na atividade consular de Salvador de Mendonça, o relatório que escreveu sobre a imigração chinesa para o Brasil. Tema recorrente da sociedade de então, não era de todo estranho aparecer na imprensa uma notícia sobre o assunto, defendendo ou atacando a aceitação ou não dos asiáticos. Em seu relatório, jamais publicado, e que se transformaria em livro, este sim publicado, Salvador de Mendonça defendia, no caso dos chineses, que o "concurso do seu braço, a serviço da América, há de ser a alavanca com que a civilização no nosso continente há de dar ao globo nova direção e novo centro". O cônsul classificava os "chins" em duas categorias: os propriamente ditos, que "emigram espontânea e voluntariamente, sob a garantia dos tratados e convenções entre as autoridades chinesas, inglesas, francesas e norte-americanas", e os chamados "*kulis* ou *coolies*", que são "os que emigram apanhados violentamente e metidos a bordo, ou os mendigos que de boa mente trocam a liberdade da sua miséria por alguns *shillings*".

Malvistos na sociedade afrancesada e burguesa do final do século 19, sobretudo pelos vícios do caráter ("são suspeitosos, são desleais, são mentirosos, não criam amor à terra onde migram e são concupiscentes"), mesmo assim os chineses eram recomendados ao governo brasileiro:

> Trabalhadores industriosos, econômicos, inteligentes e com aptidões variadas, os chins restabelecerão a nossa produção de açúcar e algodão nas Províncias do Norte. Nas do Sul darão maior desenvolvimento à cultura do café. Peritos e minuciosos como são, em todos os trabalhos manuais, além do muito que podem aumentar a quantidade do nosso primeiro produto, melhorá-lo-ão consideravelmente

---

[75] MARTINS, Wilson. *História da inteligência brasileira*. 2. ed. São Paulo: Cultrix, 1979, v. IV (1877-1896), p. 209.

quanto à qualidade, o que é hoje uma necessidade imprescindível, pois a concorrência nesse terreno é já um fato neste mercado. Farão dos vales do Amazonas e do São Francisco centros mais ricos de produção que os vales do Mississipi e do Illinois. Desenvolverão culturas e indústrias novas quais a do chá e da seda. Criarão a nossa manufatura. Serão de valor inestimável para a construção das nossas estradas de ferro e obras públicas [...]. Trazidos da zona única de onde podem ser trazidos, da província do Cantão, cujo clima é tropical, achar-se-ão para logo aclimatados no Brasil. As experiências em Cuba, em Demerara e nas minas dos Estados Unidos não deixam a menor dúvida de que se hão de dar bem entre nós.[76]

Eram estas as ideias – classificadas como "Ideia Nova" – que dominavam as cabeças pensantes do Brasil e eram assunto predileto da imprensa, até mesmo para ficcionistas e poetas.

No caso específico de Salvador de Mendonça, certamente por essas polêmicas incursões de diplomacia pela mídia, ele se tornara o alvo predileto dos rapazes alçados a redatores de folha caricata, como então se portavam os criadores e fundadores de *Os Ferrões*.

Uns dos alvos eleitos por Notus Ferrão (José do Patrocínio) e Eurus Ferrão (Dermeval da Fonseca) foi o recém-publicado romance *Marabá*. Segundo os dois, o romance de Salvador de Mendonça tinha poucos leitores:

> desses, alguns deles falaram, e todos com louvor. Nós o procuramos com interesse e, segundo a impressão que nos deixou a primeira leitura, julgamos o romance – bom; mais calmamente refletindo, achamo-lo sofrível e, posteriormente, julgamos conveniente achá-lo simplesmente mau.

Patrocínio e Fonseca classificaram o romance, psicológica e fisiologicamente falando, "abaixo da crítica", embora declarassem ter muita simpatia pelo autor. Nota contraditória esta, sobretudo ao lermos na íntegra as duas páginas de uma prosa dura e cheia de restrições em que até plágio era atribuído ao romancista,

---

[76] MARTINS, Wilson, op. cit., p. 60.

afirmando que ele copiou coisas de *A Condessinha*, do francês Ernest Aimé Feydeau, escritor popularíssimo em seu país.

Estas restrições e pilhérias contra Salvador de Mendonça quase custariam a Patrocínio a vaga na fundação da Academia Brasileira de Letras, em 1897. Lúcio de Mendonça, a mente que criou a Academia, irmão de Salvador de Mendonça, deixou o tribuno negro de fora das primeiras listas dos nomes que comporiam os fundadores do Silogeu, certamente em decorrência das venenosas verrinas desferidas, na época, ao irmão romancista, que também figuraria entre os fundadores.[77]

Mas nem só de Salvador de Mendonça viveram as páginas de *Os Ferrões*, assim como tampouco seus intrépidos redatores.

No primeiro número, uma espécie de editorial ou texto de abertura chamava a atenção dos leitores. Depois de dizer que a publicação era redigida por Notus Ferrão e Eurus Ferrão, os articulistas logo faziam uma ilação falando sobre o "filho de Eva" e a "evolução de um macaco segundo Darwin". Aos leitores, Notus e Eurus se apresentavam como "dois indivíduos sem ódios nem afetos, sem amigos nem inimigos", o que era difícil de acreditar. Nesse texto de apresentação podemos ter uma ideia do comportamento da publicação:

> X ou Y políticos são para nós o que a sensatez da crítica o estabelece. A partenogênese é o modo de procriação dos nossos juízos, isto é, nenhum elemento maculador lhe contamina a natureza.
> *Os Ferrões* participam exclusivamente do *modus existendi* de seu país. Ignorando tanto a retórica do insulto quanto a do panegírico, procuram as nossas ferroadas as partes mais sensíveis, porém as menos mortais dos ilustres ferroados.
> No mais, vestidos dos nossos trajes burgueses em apresentação cerimoniosa, é que falaremos à opinião pública.
> Se a indiferença não sufocar-nos, esperamos ser úteis a nós mesmos e à pátria; se porém seguirmos a regra geral, pedimos aos nossos leitores uma coroa de missas por alma dos...

---

[77] Afora outras omissões, a de José do Patrocínio era uma questão pessoal. Em 1896, pela *Gazeta de Notícias*, Lúcio de Mendonça, sob o pseudônimo de Juvenal Gavarni, desferia violento ataque contra Patrocínio. Posteriormente tais artigos seriam reunidos em livro por Carlos Sussekind de Mendonça, filho do autor, com o título *Caricaturas instantâneas*.

As "ferroadas" que Patrocínio e Dermeval da Fonseca iriam dar a torto e a direito atingiriam políticos, literatos, a realeza – incluindo o imperador Pedro II e a Princesa Isabel –, gabinetes e ministérios. Ninguém seria poupado. E isso resultou numa série de julgamentos por parte do público, atraindo críticos de toda ordem. Já no segundo número de *Os Ferrões* os redatores comentavam os julgamentos que a imprensa deles fizera no número inaugural:

> Sabes leitor? Ouvimos falar um pouco de nós: um pouco. Ouvimos dizer de nós.
> bem,
> muito bem,
> mal,
> muito mal.
>
> Alguns disseram que nós éramos simplesmente uns escritores políticos: conservadores, liberais, republicanos.
> Quanto a este modo de nos julgar houve uma variante.
> Disseram ainda que nós, ou éramos tolos, ou pagos – pagos sim.
> Eis, leitor, para que escrevemos Os Ferrões. Julgaram-nos uns imbecis, uns aventureiros, uns ganhadores: julgaram-nos uns partidários trabalhando por si; julgaram-nos uns escritores assalariados.
> Mas, nós vamos caminhando, se tivermos a felicidade de nunca nos afastarmos do trilho do bom senso, tendo sempre em vista a verdade, ainda termos esperança de obter melhores juízos do nosso público.[78]

A cada número publicado *Os Ferrões* vinha com mais força, ou seja, os textos e artigos insertos em suas colunas não deixavam dúvida alguma das intenções de seus articulistas quanto a seus alvos e ataques. Surgido durante a queda do gabinete Rio

---

[78] Citado por FERACIN DA SILVA, Ana Carolina. *De "papa-pecúlio" a Tigre da Abolição*: a trajetória de José do Patrocínio nas últimas décadas do século XIX. Campinas, 2006, p. 87. Tese de doutoramento defendida no Departamento de História do Instituto de Filosofia e Ciências Humanas da Universidade Estadual de Campinas.

Branco, mentor da Lei do Ventre Livre, e a ascensão ao posto de Luís Alves de Lima e Silva, o Duque de Caxias, *Os Ferrões* traçou uma meta de interesses tendo em vista ferroar quem estava no poder, fosse quem fosse.

Assim, visava ministros e conselheiros. Entrou nessa lista, por exemplo, o ministro Cunha Figueiredo, a quem pediam para se ocupar mais detidamente no encaminhamento da lei de 28 de setembro. Pedia resultados, e resultados rápidos e imediatos, pois acusava o governo de permanecer de "braços cruzados". Todas as suas notas carregavam, na verdade, um forte teor abolicionista, algo como um prenúncio da liderança que iria marcar a vida de José do Patrocínio até a decretação da abolição da escravatura, pela Princesa Regente Isabel, a 13 de maio de 1888.

Sendo um jornal aguerrido, era por natureza republicano, na mesma medida em que ser republicano era ser abolicionista, sem ainda o baque que causaria, nas classes abastadas de empresários e ruralistas, o fim do regime e a liberdade da população negra do eito e da senzala.

Patrocínio era abolicionista por uma convicção de sangue, como era republicano por uma questão política e de conveniência – lembremos que seu sogro mantinha, na sala da ampla casa de São Cristóvão, um clube onde se propagavam as ideias do movimento.

Ainda no número dois, *Os Ferrões* mandava uma mensagem a "Vossa Majestade" alertando sobre um possível engodo nas informações que os auxiliares do imperador lhe revelavam. Um dos fatos abordados dizia respeito à situação das tropas aquarteladas e à questão do respeito aos soldados brasileiros.

Pelas informações dos redatores do periódico, os militares não viviam, morriam de miséria, de inanição, de incúria, de maldade. Para Patrocínio e Fonseca, os "soldados brasileiros não são uns infelizes, são uns desgraçados", recebem um soldo que "nem dá para comprar os cigarros que fumam". Sem princípios morais e instrução, praticam "os mais reprováveis expedientes: jogatinas, furtos e roubos". O poder imperial jogava dinheiro fora, pois a situação dos quartéis era um caso perdido. Em 1875, diz a matéria, o oficial encarregado da escola de um dos corpos, na Corte, "mal apenas sabia assinar o seu nome". Para os articulistas de *Os Ferrões*, o soldado brasileiro, pelo regime externo, asseio e limpeza, "parece um porco" e, pelo interno, instrução e moralidade, "parece um cão".

As ferroadas, ao longo do artigo, iam ficando mais duras e contundentes, aparentemente no intuito de chamar a atenção do Imperador Pedro II, talvez como um alerta, tendo em vista que, dez dias depois, ou seja, a 25 de junho de 1875, a presidência do Conselho de Ministros era assumida pelo Duque de Caxias, militar rigoroso, tido e havido, reconhecidamente, como herói da Guerra do Paraguai.

De acordo com Patrocínio e Dermeval da Fonseca, os soldados dormiam em aposentos sujos, sem ar, sem luz adequada, amontoados, fazendo proliferar doenças que os consumiam e matavam. Além disso, os soldados não respeitavam os oficiais, tinham medo daqueles que "os jogam ao chão e os esbofeteiam como se fossem um escravo seu". Mesmo assim, não era isso que o soldado mais temia, não era o castigo das pranchadas que, aplicadas à vista de todo o batalhão formado e ao som de música, "os prostram desmaiados e sem alento, com as costas a verterem sangue". O que os soldados temiam, na verdade, era a solitária.

Sobre a solitária, faziam uma troça com o imperador. Referiam-se a princípio aos parasitas que atacaram o intestino do então ministro João Alfredo Corrêa de Oliveira, dizendo que esse tipo de solitária, maléfica à saúde e ao organismo do ser humano, os soldados aceitavam mil vezes, sem se queixar, mas não queriam uma só vez lembrar daquela outra solitária, que os subjugava e diminuía, e revelavam o porquê.

> A solitária era um quarto escuro e medonho, aonde é impossível chegar um raio de luz do sol; a um canto existe um aparelho, onde é colocado o paciente que é por ele obrigado a ficar na posição chamada cócoras, isto é, não fica sentado, nem de pé, nem deitado; quando procura recostar-se ficará com os músculos do pescoço por tal forma distendidos que só por dois minutos se poderá conservar nessa mais que incômoda posição. Aí vão levar por dia uma bilha de água suja e nojenta e um pão – um pão duro e mau. Há, porém, em nossas fortalezas, uma solitária mais aperfeiçoada e que se pode chamar – solitária-modelo. É um buraco úmido, praticado um pouco abaixo do nível do mar, de sorte que, quando a maré enche, se existe aí algum desgraçado, fica este, pela posição forçada em que se acha – com água pelo pescoço. Alguns têm sido retirados mortos; outros pouco dispostos a viver; todos um tanto frescos. É isto, é só isto – a solitária.[79]

Ainda conforme a transcrição feita pelo grande biógrafo, havia um fundo abolicionista nessas revelações, pelas citações e alusões ao regime escravista, via de regra procurando sensibilizar o coração do imperador Pedro II para o grave problema da escravatura.

> Se são feros e desumanos os fazendeiros do interior quando colocam no tronco os seus escravos rebeldes e mais infelizes – que é tudo o mesmo –, não menos feros e desumanos são os que consentem que aqui na Corte, no coração do Império, se pratique do mesmo modo com os cidadãos beneméritos da pátria – os soldados. A solitária do soldado é o tronco do escravo. Vossa Majestade não sabe o que é o tronco; é provável que nem um camarista desasado e imprudente lhe fosse falar nessas coisas ou deixasse chegar até si um livro que tratasse disso – assim como não permitirão que cheguem nossos folhetins inocentes, despretensiosos e inofensivos.

Não paravam por aí, não menos contundentes, as críticas ao regime imperial, que ia aos poucos vazando água, como uma bacia furada.

---

[79] Trechos extraídos de MAGALHÃES JÚNIOR, Raimundo, op. cit., p. 31.

PARTE II
TEMPOS DE MUDANÇA

Um Patrocínio bastante jovem.

Maria Henriqueta da Sena Figueira do Patrocínio, a D. Bibi, esposa de Patrocínio.

José do Patrocínio Filho aos cinco anos de idade, na primeira página da *Cidade do Rio*.

Gazeta de Notícias, dia 14 de maio de 1888, anunciando a Abolição da Escravatura no Brasil.

Diploma do Club dos Libertos contra a Escravidão entregue a D. Pedro II.

Grupo de Abolicionistas - de pé: José do Patrocínio, Luis de Andrade, Inácio von Doellinger, Praxedes Medella e Luiz Pereira; sentados: André Rebouças, João Clapp e José Magalhães.

Uma pena giratória

A marca registrada dos nascentes jornalistas José do Patrocínio e Dermeval da Fonseca – que eles chamaram no editorial de ferroadas, mas que podemos denominar de provocação – acompanharia ambos os articulistas pelo resto de suas vidas. Recém-formados em farmacêutico e médico, mas sem qualquer pendor para exercerem tais carreiras, Patrocínio e Fonseca não encontraram alternativa fora do jornalismo, a menos que quisessem morrer de fome. Se não era totalmente promissora a aventura do balcão da farmácia e da mesa de cirurgia – embora desse certo *status* ser chamado nas rodas de doutor fulano de tal –, a profissão de jornalista também não era das mais proeminentes no momento.

O Brasil era um país de analfabetos e iletrados, ou seja, pessoas sem acesso à leitura ou sem compromisso com jornais, revistas ou livros. Havia minguadas escolas públicas ou privadas espalhadas pelo país, a exemplo da Corte, onde as maiores eram então o Imperial Colégio Pedro II, fundado em 1837, e o Colégio de São Bento, em 1858. Talvez, salvo engano nosso, certamente possível, eram as maiores instituições de ensino em funcionamento no Brasil.

Ao surgirem com *Os Ferrões*, tanto José do Patrocínio quanto Dermeval da Fonseca sabiam precisamente as intenções de cada um e o projeto pessoal que queriam alcançar.

A metralha giratória de suas penas queria de fato atingir o sistema escravagista, os escravocratas de modo geral, sem deixar de responsabilizar o imperador Pedro II e a família imperial como um todo. Nos textos publicados em *Os Ferrões*, os alvos eram ministros, como José Bento da Cunha Figueiredo, e parlamentares, como José de Alencar, já então consagrado romancista, e nem mesmo Joaquim Nabuco foi poupado. No quesito política, falam da crise da Igreja com o Estado, a famosa e propalada

"Questão dos Bispos" ou "Questão Religiosa", envolvendo os bispos D. Vital Maria de Oliveira, de Pernambuco, e D. Antônio Macedo, do Pará, punidos a pedido do imperador, sem deixar de alfinetar ou ferroar Sua Alteza "a Sereníssima Princesa Isabel", que, de acordo com os jornalistas, no íntimo queria o perdão aos prelados. O que acabou acontecendo. Visando certamente criar algum embaraço na realeza, escreviam os articulistas:

> Propala-se que V. A. I. pediu e obteve de S. M., vosso pai, que, no dia do vosso aniversário natalício, fossem perdoados os Exmos. Prelados do Pará e de Olinda.
> Os redatores dos Ferrões, em nome do povo brasileiro, esperam que esta nova não passe de leviano boato.
> Esta esperança emana-se de uma crença ingênua que ainda ousamos alimentar; é que somos um povo livre e regido por poderes que não são primitivos nas mãos dos soberanos, mas simplesmente delegações da nação.
> Se é verdade, porém, que V. A. obteve o perdão dos Exmos. Prelados escudando naturalmente o seu pedido na inviolabilidade do poder moderador, V. A. I. engana-se ou foi enganado; porquanto a inviolabilidade de qualquer poder só é vigente enquanto não faz baquear a dignidade do povo que o criou, e no caso presente o ato do poder moderador irá ferir mortalmente a dignidade nacional.

Mais adiante, um pouco mais incisivos na afronta à Princesa, fazendo menção aos locais onde estavam presos os bispos – um na prisão de Ilha das Cobras, o outro na Fortaleza de São João – Patrocínio e Dermeval da Fonseca continuam a dar as tais ferroadas na realeza:

> Senhora. Os redatores dos Ferrões, como o povo brasileiro, apesar de seus tribunais, não se importam que deis estolas a D. Antônio, que afrontando as serpentes, o visiteis, que rezeis coroas e ladainhas pela paz dos Exmos. Prelados, que sejais beata ou maçom; mas o que não veriam com bons olhos seria vilipendiar-se o país, profanar-lhe o santuário da justiça, lançar-se por terra a lei – embora para agradar-vos.[80]

---

[80] Textos citados na tese de FERACIN DA SILVA, Ana Carolina, op. cit., p. 90-91.

A princesa seria alvo de críticas também em outro número da publicação. Uma das cobranças era a de que Isabel teria influenciado o pai para anistiar os bispos, o que de fato aconteceu na gestão do Duque de Caxias. Além de questionar o Poder Moderador, os articulistas demonstram publicamente sua "posição anticlerical", opinando que, dessa forma, a Princesa pudesse ferir a "dignidade nacional"[81].

Como não podia deixar de ser, depois de Salvador de Mendonça, cujo romance *Marabá* fora duramente criticado por Notus e Euros Ferrão, Machado de Assis também sofreu das mesmas ferroadas, acusado de ter feito uma leitura enviesada de uma peça de teatro, que vetara, como censor. Por esse motivo, o Bruxo do Cosme Velho, como ficou conhecido o escritor, foi tachado de "caturra" e de "louva-deus convertido em censor dramático". Machado, que era um homem que falava pouco, argumentou que o veto se dera por questão de ordem religiosa, nada mais.

Com a sátira e o humor, sempre fortemente críticos à realidade que os cercava, José do Patrocínio e Dermeval da Fonseca foram se inserindo na vida política e social brasileira.[82]

Estes pequenos tópicos vão dando embasamento e corporificando a pena que se tornaria, nos anos seguintes, um fortíssimo instrumento de combate à escravatura durante toda a década de 1880. Esse grande aprendizado dera a Patrocínio – vestido com a capa do anonimato, que era em verdade o pseudônimo Notus Ferrão – coragem para espezinhar a vida dos políticos e dos monarcas.

---

[81] Id., p. 91.

[82] Esse lado humorístico será notado em Patrocínio em diversos momentos de sua carreira jornalística. Um deles ocorreu em 1882, quando, combinado com Artur Azevedo e Raul Pompeia, escreveu uma sátira a que deu o título "A ponte do Catete", na *Gazeta da Tarde*, sobre a família imperial. O autor maranhense publicou sua versão na *Gazetinha*, com o título de "Um roubo no Olimpo", e o romancista de *O Ateneu* o fez pela *Gazeta de Notícias*, com o título "As joias da coroa". As três versões do mesmo fato estão enfeixadas em PATROCÍNIO, José do, POMPEIA, Raul e AZEVEDO, Artur. *Um monarca da fuzarca, três versões para um escândalo na corte*. Rio de Janeiro: Relume-Dumará, 1993.

Não seria assim sempre, nos anos seguintes. Sua visão com relação à Monarquia, especialmente com relação à Princesa Isabel, passaria a ser de total respeito e, diria mesmo, de veneração.

Mas nessa quadra da vida, José do Patrocínio era todo alfinetadas e ferroadas a quem quer que fosse ou atravessasse à sua frente. Naquele momento especial da vida brasileira ele assumia uma posição de combate, de enfrentamento. Em outra folha, *O Mequetrefe*, de propriedade de Lins de Albuquerque, na qual colaboravam Olavo Bilac, Pereira Neto e Aluísio Azevedo, este como ilustrador – também de forte caráter republicano e que não se poupava de afrontar o trono e a figura do imperador –, Patrocínio publicaria a poesia *Vae Victis*[83]. Num dos trechos da versalhada, divulgada pelo biógrafo Raimundo Magalhães Jr. em sua obra *A vida turbulenta de José do Patrocínio*, já citada aqui, se expressa o poeta campista:

> Eu venho perturbar-te nos teus paços,
> Quando tu sonhas do prazer nos braços
> Do poderio o lúcido ideal.
> Harpa afinada pelo tom da crença
> Mal seu cantar essa harmonia imensa
> Que em mares, céus, estrelas se condensa
> Na orquestra universal.
>
> Tenho também um rei – a Divindade;
> Tenho também um paço – a Humanidade;
> Tenho uma lei também – a da Razão!
> Em nome dessa eterna trilogia
> Soergo a minha voz pesada e fria;
> Como da noite as tênebras, sombria
> É minha inspiração.

Mais adiante, interpelava a herdeira do trono do Brasil, com ameaças sobre a queda da Monarquia:

---

[83] *Vae Victis. O Mequetrefe*, ano 2, n. 83, p. 7, 8 nov. 1876.

Senhora! insultas o brasílio povo,
Larga fronte em que o sol do Mundo-Novo
Insculpiu epopeias colossais.
Queres ver o gigante levantar-se
E, ao choque do combate, esboroar-se,
No sangue e na poeira misturar-se
O trono de teus pais.

Que pode contra nós o fanatismo?
A História é alta, não conhece abismo
Em tetos negros de prisão, nem céu.
Quando a Ideia quiser sua asa branca
Distender e voar, serena e franca,
Verás bem triste como a História arranca
E parte o cetro teu.

Os Ferrões durou exatos dez números, circulação bastante efêmera para uma publicação quinzenal. Mas não se pode negar que por suas páginas circulou a vida nacional.

Na *Gazeta de Notícias*

Tendo feito escola na redação de *Os Ferrões*, depois de já ter passado por experiências nos jornais *A República* e *Labaro Acadêmico*, José do Patrocínio viu-se diante de um novo desafio.[84] Com o aparecimento do jornal *Gazeta de Notícias*, no mês de agosto de 1875 – portanto enquanto ainda circulava *Os Ferrões* –, abrem-se para ele novos horizontes.

No tempo de *Os Ferrões*, além das notas abolicionistas e dos ataques à situação política, fosse ela em qualquer esfera do poder, José do Patrocínio não deixava jamais de tratar da questão racial, mas mais num tom que pudesse chocar a sociedade do que, simplesmente, alertando sobre os males do tráfico ou venda de homens negros ou do sistema escravista vigente, liderado por comerciantes e ruralistas.

Sempre que podia, tocava em seus artigos nesses assuntos. Falava, por exemplo, dos paquetes que "chegavam do Norte", dos quais desembarcam "passageiros que vestem camisa vermelha ou azul", trazendo à memória a "lembrança de uma procissão do gloriosíssimo São Benedito". Patrocínio dizia que se dava a isso o nome de "vara de escravos", informando que os mesmos, como desgraçados, "vêm para ser vendidos... como porcos ou perus". E arremata, fazendo ouvir, em alto e bom som, a sua voz:

> É natural que os vendam, mas vez que eles não são mais que coisas, ou menos que isso – negros cativos. O que achamos sobrenatural é seja posto sob a proteção do governo esse mercado ignóbil; o que achamos sobrenatural é que a Secretaria de Polícia seja a casa de comissões em que os míseros esperam compradores pela desgraça, estendidos em alas na calçada das portas da Polícia, com os braços cruzados e os olhos baixos. Pensa-se que

---

[84] É dessa época também o malogrado projeto de Patrocínio e Gustavo Fontoura de fundar o jornal *A Federação*, de acordo com notícia de *A Reforma*, de 12 de out. de 1875, p. 3.

pela noite daqueles cérebros passam as doces recordações do torrão que os viu nascer, as sagradas reminiscências dos amores e carinhos dos pais e amigos, que deixaram as esperanças de os tornar a ver. Parecem estátuas da dor que têm por pedestal trevas e cadeias, trevas que se lhes alongam até as faces.

A estreia literária de José do Patrocínio na *Gazeta de Notícias* se deu no início do ano de 1877. É bem provável que já estivesse na folha como conferente de revisão – papel que exercia no jornal *A Reforma* –, como assevera Magalhães Jr. em sua biografia. Em janeiro do ano anterior, morria em Campos dos Goytacazes, aos 77 anos, o vigário João Carlos Monteiro, como aqui já apontamos. Nenhum lamento do filho renegado, nada que fizesse lembrar, por meio da pena de Patrocínio, algum momento da vida afetiva na cidade campista.

O começo da colaboração de Patrocínio na nascente *Gazeta de Notícias*,[85] fundada por Ferreira de Araújo, um outro homem mulato de grande visão empresarial, não seria com a propalada coluna política que tanto o consagraria como o grande jornalista daqueles tempos. Como jornal "barato, popular, liberal, vendido a quarenta réis o exemplar", que se contrapunha e concorria com o único diário consolidado na época, o *Jornal do Comércio*,[86] a *Gazeta de Notícias* caiu logo nas graças do povo. Este era atraído para as suas páginas, em todos os cantos da cidade, pelos gavroches, vendedores ambulantes que levavam a folha para todos os cantos, procurando e fazendo leitores novos até mesmo nos arrabaldes.

O jornal trazia colunas variadas, tratando de arte, literatura, contos, crônicas, poesia e notícias diversas, ilustração e caricaturas. Em pouco tempo, atrairia grandes colaboradores: Machado de Assis, Olavo Bilac, Coelho Neto, além dos portugueses Eça de Queirós, Pinheiro Chagas e Ramalho Ortigão. De suas páginas

---

[85] A *Gazeta de Notícias* começou a circular a 2 de agosto de 1875.
[86] SODRÉ, Nelson Werneck. *História da Imprensa no Brasil*. Rio de Janeiro: Civilização Brasileira, 1966, p. 257.

saíram os consagrados folhetins das "Crônicas de Saudade", que deram origem ao romance *O Ateneu*, de Raul Pompeia, publicado no ano da abolição da escravatura, em 1888.

É a esse jornal que se liga José do Patrocínio no início de 1877. A princípio é o poeta que fala mais alto através de sua pena de artista. Os poemas e sonetos vão lhe saindo com a naturalidade de costume, porém não mais com a tonalidade política dos tempos de *A República* ou de *Labaro Acadêmico*. Pela primeira vez, salvo engano, vamos encontrar em Patrocínio um poeta lírico, sem rancor ou ódio. Em janeiro, publica alguns sonetilhos intitulados *Eulália*. Um desses sonetilhos, certamente endereçados à sua amada Maria Henriqueta de Sena, tinha um teor romântico e, diria, bastante açucarado:

> É pálida e franzina;
> Sobra da mão mimosa
> Na concha pequenina
> A coma de uma rosa.
>
> Voz doce e peregrina,
> De flauta harmoniosa;
> Qual tímida menina
> Assim ela é medrosa.
>
> A lânguida pupila
> Raiar frouxo, indeciso,
> Do alvorecer risonho;
>
> Como que vê tranquila
> Em cada flor – um riso,
> Em cada estrela – um sonho.

O poeminha parecia mais uma provocação, porém tinha endereço certo: o casarão de São Cristóvão onde habitava Bibi. E no final de outro soneto, Patrocínio reescreve o tema do anterior, nestes tercetos:

> Esta alma ingênua e pura
> A fímbria de um desejo
> Nunca ruflou sequer.
>
> Meus Deus! que formosura!
> Da flor fizeste um beijo,
> Dum beijo esta mulher!

Na sua pretensão de um dia desposar Bibi, Patrocínio parecia enviar recados em código para a amada: sabia que o jornal também era lido no seio da família, não só porque Ferreira de Araújo era amigo do pai da moça, mas pela popularidade que alcançava em todas as classes sociais.

Usando termos usualmente difíceis para a compreensão de uma moça que entrava na adolescência, a poesia de Patrocínio visava, essencialmente, alcançar-lhe a alma, o coração, sensibilizando-a para o amor. "Fímbria" ou "ruflou" eram, isto sim, meros joguetes de linguagens, recursos estilísticos para impressionar a moça, a par dos seus dotes intelectuais.

Mas o que começou a chamar a atenção do público em relação a José do Patrocínio foi, certamente, sua produção publicada em forma de uma coluna rimada, que ele intitulou "Gazeta Métrica".[87] Este recurso teve sempre largo uso e costume nos meios jornalísticos. Alguns homens de letras ficaram famosos utilizando essa estratégia.[88]

No caso de Patrocínio, a "Gazeta Métrica" servia, acima de tudo, como um belo exercício para sua pretensão de se tornar um grande poeta nacional. Espelhado nos exemplos de Castro Alves, Gonçalves Dias ou de algum dos nossos épicos, como Gonçalves de Magalhães, a intenção, talvez, era criar volume para posteriormente publicar um livro de poemas. Isso ficaria patente na organização a que vinha se dedicando dos versos que

---

[87] Na verdade, Patrocínio escrevia também uma coluna semanal em prosa, ambas assinadas com o pseudônimo de Nemo.

[88] Sob o título de "Gazeta de Holanda", Machado de Assis publicou entre novembro de 1886 e fevereiro de 1888 uma crônica em versos na *Gazeta de Notícias*.

compunham o caprichado caderno *Ritmos selvagens*, depositado até há algum tempo no arquivo de autógrafos da Academia Brasileira de Letras, como já vimos.

De alguma maneira, essa ideia de formatar uma coluna em versos, embora não fosse original, era bastante aceita nos meios jornalísticos da Corte. Como na prática utilizada alhures por Machado de Assis, os temas eram sempre, como diria, bufo-cômicos, um misto de comédia e acontecimentos hilários ocorridos no dia a dia. Uma amostra da "Gazeta de Holanda", do velho Machado, tratava de um caso de incêndio num beco do bairro da Gamboa, região próxima ao Cais, onde nascera:

> Esse beco, o beco escuso,
> O beco que nunca vi,
> Beco de tão pouco uso
> Que nunca o nome lhe li,
>
> Chama-se do Conselheiro
> Zacarias; leiam bem,
> E vá, reflitam primeiro,
> Como eu refleti também.
>
> Ó meu douto Zacarias!
> Meu velho parlamentar!
> Ó mestre das ironias!
> Ó chefe ilustre e exemplar!

Em outro trecho, Machado de Assis – que assinou cerca de 34 croniquetas com o pseudônimo de Malvólio, lembrando um personagem da obra *A noite de reis*, de Shakespeare, autor de sua grande predileção – fala do patrono do beco, o Conselheiro Zacarias de Góes e Vasconcelos, o homem responsável, praticamente, por sua iniciação no serviço público. Lembra então Machado, na pele de Malvólio, de suas virtudes, para lamentar que um homem de sua estatura tenha tido, como glória póstuma, um insignificante beco para recordar de sua memória:

> Quantas e quantas batalhas
> Deste contra iguais varões!
> E de quantas, quantas gralhas,
> Tiraste o ar de pavões!
>
> Sólido, agudo, brilhante,
> Sincero, que vale mais,
> Depois da carreira ovante,
> Depois de glórias reais,
>
> Deram-te um beco... Olha, um beco...
> De quantas coisas que dar,
> Coube-te a ti, homem seco,
> Triste beco ao pé do mar.

E por aí vai. Após esse "homem seco", o poema que se prolonga por mais algumas quadras rimadas, sempre no mesmo estilo. Essa prática em Machado fora iniciada na *Marmota*, ao tempo de Paula Brito – o primeiro editor negro brasileiro, responsável por divulgar, através de sua loja localizada na Rua da Constituição, perto da praça do Rossio, atual praça Tiradentes, os grandes autores do século 19 –, e continuou no *Diário do Rio de Janeiro*, passando depois para a *Semana Ilustrada*.

Já Patrocínio, que deve ter se inspirado nessas fontes, prosseguida depois na tradição dos triolés, estrofes de oito versos com duas rimas, não tinha muito jeito para as crônicas rimadas. No jornal de Ferreira de Araújo publicou apenas três versões da tal "Gazeta Métrica". Logo em seguida passaria a assinar, em forma de versos, um noticiário policial denominado Ocorrência de Rua, mas sem utilizar nome ou pseudônimo.[89]

Um dos textos da "Gazeta Métrica" dizia assim:

> Devoto de gentil capoeiragem,
> O preto Fabiano,
> Fez ontem, piedoso, uma romagem,

---

[89] Raimundo Magalhães Júnior, seu biógrafo mais conhecido, atribui a Patrocínio a autoria dessa coluna, cujo teor se assemelhava ao da "Gazeta Métrica".

> Ao ventre do parceiro Caetano.
> Houve grande algazarra
> Do povo que gritava: agarra! agarra!
> Mas não se viu a sombra de um urbano!

Patrocínio abordava todo tipo de assunto para as suas "gazetas métricas". Vejamos um trecho em que comenta a polêmica questão dos bispos:

> Aviso – Leiloeiro celebrado
> Por ordem do Sr. Dom Frei Vital,
> Faz leilão do bom senso universal,
> De que não usa o ínclito prelado.

Já nas "Ocorrências de Rua", o jovem repórter cuidava dos assuntos da rotina policial e policialesca da vida carioca:

> Eram três da madrugada
> Quando os bonecos de engonço[90]
> Zé Maria e João Afonso
> Queriam rolo, talvez,
> Com todos os transeuntes
> Da Rua da Carioca,
> Vem a guarda e os dois reboca
> Para o meio do xadrez.

Nessa fase inicial de José do Patrocínio na *Gazeta de Notícias*, diria de estreia na folha do amigo Ferreira de Araújo, frequentador da casa do futuro sogro Emiliano Rosa de Sena, em São Cristóvão, o nosso personagem ficou nas versalhadas[91], ora românticas, ora cômicas, que seriam, isto sim, uma espécie de aperitivo para entrada do prato principal.

---

[90] De acordo com o *Dicionário Aurélio*, de Aurélio Buarque de Holanda Ferreira, engonço é uma espécie de dobradiça, gonzo.

[91] Mário de Alencar, filho de José de Alencar, e membro da Academia de Letras, na vaga deixada com a morte de Patrocínio, no seu discurso de posse asseverou, erroneamente, que foi como poeta que o tribuno negro ingressou para a redação da *Gazeta de Notícias*, sem contar as experiências anteriores de Patrocínio nos jornais da Corte.

A carreira jornalística

No início de fevereiro de 1877, José do Patrocínio dá os primeiros passos rumo à sua meteórica carreira de jornalista profissional na *Gazeta de Notícias*. A 26 desse mês, publica sua primeira crônica política, sob o título "Semana Política", e que traz uma assinatura que será uma verdadeira legenda no jornalismo praticado na Corte e no Brasil: Proudhomme. A escolha do nome não vinha por acaso. Patrocínio certamente o retirou do famoso autor Pierre-Joseph Proudhon, muito em voga no Brasil daquele período, cuja obra – *Qu'est-ce que la propriété?* – Patrocínio deve ter lido em algumas ocasiões. Seus laços com o escritor francês, nascido em Paris em 1809, morto em 1865, eram grandes por duas razões: primeiro porque Pierre-Joseph era filho de uma família pobre, foi pastor de um pequeno rebanho de gado quando criança; depois, porque o autor defendia algo como *l'anarchie c'est l'ordre* – a anarquia é a ordem –, que era uma espécie de lema, ou *la propriété c'est le vol* – a propriedade é um roubo –, que viraria mote dos discursos de Patrocínio, na sua adaptação, que dizia: "a escravidão é um roubo. Todo dono de escravo é ladrão". A França de Pierre-Joseph o processou por suas ideias, mas a justiça o absolveu. Já Patrocínio não era anarquista, certamente, na pura acepção da palavra (defendia claramente um regime político, o republicanismo), enquanto a anarquia, na acepção de Pierre-Joseph Proudhon, é que "é a ordem".

Pensamos que o pseudônimo utilizado por Patrocínio veio do nome do escritor e anarquista francês, conexões linguísticas percebidas nos textos utilizados nos discursos do tribuno negro; além do mais, note-se a coincidência das iniciais dos nomes: J. P.[92]

---

[92] Há a falsa ideia de que Patrocínio possa ter se inspirado no personagem M. Joseph Prudhomme, também conhecido como Monsieur Prudhomme, figura de ficção criada pelo dramaturgo e caricaturista francês Henry Monnier (1799-1877) que serviu de modelo para escritores como Eça de Queirós, como o Conselheiro Acácio e o Conde d'Abranhos, entre outros. Raimundo Magalhães Júnior assevera que Patrocínio errou na grafia do nome, colocando um "o" no Proudhomme. Para nós, o uso desse pseudônimo foi de caso pensado, assim com dez letras.

Seja como for, o certo é que, dos pseudônimos usados por Patrocínio na imprensa, este foi o que marcaria definitivamente a sua carreira de jornalista.

Cabe destacar que Patrocínio encontrou na *Gazeta de Notícias* dois esteios fundamentais que o ampararam em sua empreitada de jornalista e abolicionista. Um foi o próprio dono do jornal, Ferreira de Araújo, homem de descendência negra, como ele, que confiava no seu nascente talento. O outro foi Ferreira de Meneses, cujos dados biográficos são pouco conhecidos, também descendente de negro. Como Patrocínio, cresceu na imprensa diária e depois fundou a *Gazeta da Tarde*, baluarte do jornalismo abolicionista do final do século 19. Contista, poeta, romancista e orador, nasceu em 1845 e faleceu, subitamente, em 1881. Após a sua morte, Patrocínio, com a ajuda providencial do sogro, adquire o seu jornal.

Quando, afinal, Patrocínio entra para a redação da *Gazeta de Notícias*, juntamente com o colega do antigo *Os Ferrões*, Dermeval da Fonseca, Manuel Carneiro, que depois passaria a assinar como Emanuel Carneiro ou Karneiro, Elísio Mendes, Henrique Chaves e outros, já estava praticamente aclimatado, ou seja, está entre pares, formando na verdade um grupo coeso, uma equipe que tinha afinidades políticas e objetivos no manejo da imprensa escrita.

Surgida como um marco da história da imprensa, a *Gazeta de Notícias* apaixonava pelo ousado projeto gráfico e por sua concepção desde o primeiro número, com artigos, poesias, colunas fixas, resenhas, comentários sobre arte, autores e, sobretudo, política conservadora e liberal. O alvo dos ataques continuava a ser a Monarquia brasileira, na figura, principalmente, do imperador Pedro II. No prospecto do seu número inaugural, que circulou em 1875, informava o direcionamento que o jornal teria, numa clara ofensiva contra o já tradicional *Jornal do Commercio*. Ao contrário desse grande veículo, a *Gazeta de Notícias* era distribuída "por toda a cidade, vendendo-se nos principais quiosques, estações das barcas e em todas as estações da Estrada de Ferro D. Pedro II", segundo informações contidas no prospecto de quatro páginas lançado pela direção do jornal.

No texto da primeira edição, Lulu Sênior (Ferreira de Araújo) dizia que a pretensão do jornal que surgia era simples: "dizer o que pensamos e sentimos, ser o que somos"[93], nada mais. Foi o bastante para o rápido sucesso da folha entre a população.

Mas tudo isso foi antes de Patrocínio ingressar na folha, como já sabemos, pois quando ela surgiu ele estava redigindo *Os Ferrões* com o amigo Dermeval da Fonseca e colaborando na Vida Fluminense.

Assim que assumiu a coluna "Semana Política" na *Gazeta de Notícias*, não só o jornal, que passou a tratar de política, mas sua vida pessoal também muda de figura. Diz dele Evaristo da Veiga:

> É de crer tivesse sido assim, porque na *Gazeta de Notícias* o que Patrocínio fez, em princípio, foi, precisamente, uma croniqueta semanal em versos. Pouco depois, incumbiram-no de apanhar e resumir, para o jornal, os debates da Câmara dos Deputados. [...] Em 1879, logo após o famoso Congresso Agrícola e em plena agitação escravista, surge Patrocínio, ainda na *Gazeta de Notícias*, como cronista político, começando a celebrizar o pseudônimo Proudhomme. Sobrevém o movimento parlamentar abolicionista, com Jerônimo Sodré Pereira e Joaquim Nabuco. [...] Orienta Patrocínio, definitivamente, a sua vida, fixa a sua preocupação redentora, inicia o cumprimento da sua gloriosa missão.[94]

Aos poucos, a consciência do combate à escravidão vai tomando forma nos textos de Patrocínio. Mas sua cabeça também anda no mundo da lua, voltada para os lados da Imperial Quinta da Boa Vista, próxima à residência da família real, onde habita a singela Henriqueta Maria Rosa de Sena, a Bibi. Tanto é assim que, não só pela *Gazeta de Notícias*, mas também por outras publicações, ele lhe dedica uma poesia. No mês de abril, a 10, publica o soneto "Adormecida". É uma poesia bastante lírica ou adocicada, com

---

[93] Lulu Sênior (Ferreira de Araújo). *Gazeta de Notícias* (Folhetim), Rio de Janeiro, 2 ago. 1875.
[94] MORAES, Evaristo de, op. cit., p. 364-365.

a pretensão apenas de agradar a mulher amada, revelando-lhe, talvez, um flagrante presenciado numa das sessões do Clube Republicano, na qual ela era, unicamente, a ajudante do pai:

> Dormiu sobre a poltrona,
> Serena e langorosa,
> Qual pinta-se a formosa
> Imagem da Madona.
>
> Um sonho lhe ressona
> À boca perfumosa;
> Madeixa preguiçosa
> Ao colo se abandona.
>
> Mostra-lhe o desalinho
> Do seio um poucochinho
> E todo o níveo braço.
>
> Semelha esse portento
> Sem voz, sem movimento,
> A estátua do cansaço.

A ânsia de Patrocínio em tornar-se poeta duraria toda a sua vida, mas a sina dos poetas, quando a morte os alcançava, era deixar a família em situação dificílima, muitas vezes na miséria. Assim ocorreria com o romântico Fagundes Varela e com o simbolista Cruz e Sousa, este filho de africanos. Casos semelhantes foram revelados por Ferreira de Meneses num artigo saído na *Gazeta de Notícias* que ele intitulara "Tanta vergonha!", no qual chamava a atenção para a calamidade da falta de recursos, para o grau de dificuldade em que se encontravam as famílias dos poetas Casimiro de Abreu[95], morto prematuramente de tuberculose aos 21 anos de idade, e Gonçalves Dias, falecido em 1864 num naufrágio nas costas da província do Maranhão, onde nascera.

---

[95] Filho de pai abastado que perdera a fortuna, Casimiro de Abreu, que está enterrado na sua cidade natal, é autor de *As primaveras*.

Mesmo ante tais argumentos, ele queria ser poeta, enamorado, como todos os vates, de sua musa. Não tardou muito a escrever e publicar outro soneto, com o título de "Pensativa", dedicado à amada, que certamente suspirava toda vez que lia, pelas páginas dos jornais, as declarações de amor em forma de rimas e sentimentalismos.

> Com descuido sentada se embalança,
> Mão sob a face, olhar no firmamento;
> Frouxo raio de sol amarelento
> Vem misturar-se-lhe à dourada trança.
>
> A pontinha do pé no chão descansa,
> Imprimindo à cadeira o movimento;
> Murmura a seda, acompanhando o vento,
> Que ao vizinho pomar agita a França.
>
> Na dupla encarnação do riso ou pranto,
> A mulher que medita é sempre um canto
> De esperança ou perdão, de amor ou crença.
>
> Quando a meditação lhe inclina a fronte,
> Sua alma que tem Deus por horizonte
> No sonho e na oração fica suspensa.

Em sua coluna, no entanto, ele permanece o mesmo; é, pelo menos, menos contundente que em *Os Ferrões*. Mas essa fase é passageira, pois o próprio jornal, sob a liderança de Ferreira de Araújo, logo começou a ter um novo rumo, assumindo um posicionamento mais agressivo em relação à situação política do estado imperial brasileiro nessa década conturbada, de forte arrumação e reorganização social.

A dúvida sobre o seu talento, no entanto, ainda assolapava o seu pensamento, que se dividia entre ser poeta, jornalista ou colunista. O final dos anos de 1870, no entanto, é decisivo para a tomada de decisão de Patrocínio. De qualquer forma, já não é um total desconhecido: o meio jornalístico o aceita e acolhe bem suas produções. Assim é que, mais uma vez, um dos seus sonetos sai numa publicação amiga. E é certamente pensando na doce amada que ele escreve e divulga *Retrato*,[96] um dos poemas mais bem trabalhados dessa fase de sua produção:

> Rosto de fada, mãos de aristocrata
> Para tecer prisões em cada afago;
> Olhar de úmida luz, tristonho e vago,
> Que de paixões um torvelim desata;
>
> Lindo colo, que todo se recata,
> Impedindo de rendas sob um lago
> Indiscrições de amor; pezinho mago
> Que o chão nem roça e corações maltrata;
>
> Ajunte-se-lhe um riso esquivo e doce,
> Moroso erguer de pálpebra dormente,
> Como se a luz um peso atroz lhe fosse;
>
> Eis o todo grácil, surpreendente,
> A quem minh'alma com fervor ligou-se,
> A quem há de adorar eternamente.

---

[96] *Comédia Popular*, 7 set. 1877, p. 3. Na edição seguinte desta interessante revista, um soneto-charada, dedicado ao campista, assinado por um certo "Radical", fazia troça sobre o romantismo de Patrocínio.

O romancista

A prova do engajamento de José do Patrocínio na produção literária do seu tempo está na realização de um projeto que surgiu, ao que parece, por uma circunstância paradoxal: a revelação de que um crime, passado havia duas décadas, teria condenado um homem inocente, um fazendeiro, pai de família, na cidade de Macabu, interior da província do Rio de Janeiro. O desvendamento do assassinato de que foi acusado o fazendeiro Manuel da Mota Coqueiro, condenando-o à forca, se deu por uma reportagem do jornal *Aurora Macaense*, cujo teor foi transcrito pela *Gazeta de Notícias* a 10 de dezembro de 1877, com o título *A pena de morte*. Mota Coqueiro – que passou à história como "a fera de Macabu" –, vinte e poucos anos depois de enforcado, juntamente com seus escravos, fora inocentado pelo autor do crime, que teria confessado os assassinatos já no leito de morte, doido de remorsos, a uma padre. A execução da pena, cujos autos se encontram no Arquivo Nacional do Rio de Janeiro (Patrocínio consultou o processo detalhadamente), mostra que as penas foram aplicadas após um julgamento induzido, pré-fabricado, direcionado e sem qualquer possibilidade de absolvição dos supostos acusados pelo assassinato de Francisco Benedito da Silva e toda a sua família. Entre todos os relatos sobre aqueles acontecimentos, um dos mais chocantes diz respeito à morte, na forca, dos escravos de Manuel da Mota Coqueiro, com raro requinte de crueldade. D. Pedro II não se pronunciou a respeito quando lhe pediram sua clemência, simplesmente proferindo um "como parece". Diz-se que, após esse acontecimento, não houve mais pena de morte no Brasil.

Desse fato corriqueiro surgiu a oportunidade que Patrocínio esperava para lançar um folhetim de grande sensação para o momento, sob o título *Mota Coqueiro ou a pena de morte*. Quando encetou a publicação dos capítulos iniciais do romance, sempre aos sábados, no rodapé do jornal, o fez de maneira anônima, provavelmente com receio de não poder levar adiante tão difícil empreitada, que lhe exigiria trabalho redobrado.

A ideia de publicar os primeiros capítulos sem a revelação da autoria era, provavelmente, uma estratégia urdida de caso pensado: se não tivesse fôlego para levá-lo até o final, poderia se socorrer de algum colega de redação. Para alguns biógrafos, e Magalhães Jr. é um deles, desde o início o folhetim – não o romance, como o concebeu Patrocínio – teria sido pensado coletivamente por quatro redatores da *Gazeta de Notícias*. Mário de Alencar, sucessor de Patrocínio na cadeira 21 da Academia Brasileira de Letras, é um dos que advoga nessa linha de pensamento, para afirmar assertivamente, em 1905, ano da morte do tribuno negro: "Tocou a Patrocínio iniciar o trabalho e o fez tão bom, tão levantado, que os outros colaboradores o deixaram, antes de experimentar a prova difícil de medir-se com ele".[97]

Não há dúvidas quanto à veracidade desses fatos. Patrocínio já era um jornalista considerado na imprensa da Corte. Seu trabalho na *Gazeta de Notícias* aumentava de importância, dando-lhe a oportunidade de enveredar por diversos estilos e modalidades da escrita literária. Nas páginas amarelecidas do jornal de Ferreira de Araújo, encontramos produções de Patrocínio sob forma de poesia, conto, crônica e folhetim. Além da *Gazeta*, colaborava em outros periódicos na cidade do Rio de Janeiro.

Publicado inicialmente em fins de 1877, o material saiu em livro no início do ano seguinte, com muito reclame por parte da imprensa, sendo oferecido até na redação do jornal. Um dos textos que destacaram a importância de *Mota Coqueiro ou a pena de morte* como um romance bem urdido e inspirado foi

---

[97] Discurso de posse na Academia Brasileira de Letras, sessão de 1905.

de Joaquim Serra, que assim se expressou sobre a estreia de Patrocínio no campo da literatura:

> Jornalista incisivo e valente, poeta ameno e original, revelou-se também romancista engenhoso e conhecedor de todos os efeitos dramáticos. Patrocínio é um moço de talento *hors ligne* e que há de ocupar lugar saliente entre os nossos literatos.

Mais adiante afirma, depois de classificar José do Patrocínio na categoria de "ilustre colega":

> Para servir de libelo contra a pena de morte [mas] subordinado a certas exigências de nossa folha diária, que pretende agradar ao maior número. [...] Entretanto, Patrocínio deu-nos quadros descritivos de um colorido forte e sedutor, estudo de caracteres com grande conhecimento do coração humano, cenas sentimentais e patéticas, dialogação viva, brilhante e cheia de aticismo, e, por fim, o mais veemente protesto contra o assassinato legal, em nome da mais sã filosofia.

Finalizando a sua longa apreciação, Joaquim Serra – cuja coluna "Ao acaso" era assinada com o pseudônimo Tragaldabas – com considerações acerca do talento e da filiação literária do autor, no caso a escola realista, o articulista maranhense, ferrenho abolicionista, morto precocemente logo após a vitória do movimento, asseverava:

> Como Gaboriau, em seus romances judiciários, o autor de Mota Coqueiro teceu uma intriga que, parecendo dar razão à justiça pública, ao mesmo tempo demonstra quão falível e errado é o juízo dos homens. Acrescente-se que o estilo é sempre imaginoso e poético, e que todos os personagens falam a linguagem apropriada. Depois disso digam os leitores do curioso volume de J. do Patrocínio que não é promessa de um romancista notável e de primor. Quando ele, no silêncio do gabinete, sem a pressão da tarefa diária, imaginar, descrever e polir um trabalho nesse gênero, verão todos que o assunto será tratado com a máxima delicadeza e perfeição. É a expressão sincera do que sinto, o pouco que aí fica escrito e que resumo num aperto de mão ao ilustre colega.

O romancista estreante deve ter exultado com esse rasgo de honestidade da crítica de Joaquim Serra. Nos bastidores, tais sinceridades tinham uma razão de ser: Joaquim Serra considerava muito o trabalho de Patrocínio. Redator de *A Reforma*, foi Serra quem o acolheu naquela folha quando o campista lá atuou como conferente de revisor. O gesto de Joaquim Serra, de nobreza e amizade, foi reconhecido quando da morte do parlamentar e jornalista. Quando da fundação da Academia Brasileira de Letras, já morto Serra em outubro de 1888, Patrocínio, como membro fundador, escolheria o maranhense como patrono de sua cadeira, a de número 21.

Pode-se até dizer, para um acréscimo às palavras de Joaquim Serra, que Patrocínio errou de mão. Na verdade, o material de que dispunha, as informações dos autos, os depoimentos das testemunhas, as matérias dos jornais do interior da província, tão farto e abundante quanto sua capacidade imaginativa, daria para ele fazer uma grande reportagem, não um romance. Para o crítico literário e ensaísta Silviano Santiago, desde o título, o texto de José do Patrocínio "arvora características que o colocam dentro de categoria bem definida de obras: trata-se de romance de tese em que se pretende denunciar o processo infame que cerca a condenação à morte de um homem inocente".[98]

Na *Revista Ilustrada*, dirigida pelo ítalo-fluminense Ângelo Agostini, saiu um artigo em versos, sob forma de um anúncio assinado por pseudônimo, glosando o livro e o seu autor:

> Pobre do Mota Coqueiro,
> Pobre do triste, citado;
> Depois de preso e julgado
> E à morte condenado...
> Ser vendido – e a bom dinheiro!
> Ai, pobre dele, coitado,
> Pobre do Mota Coqueiro!

---

[98] SANTIAGO, Silviano. Desvios da ficção. Introdução. In: PATROCÍNIO, José. *Mota Coqueiro ou a pena de morte*. Rio de Janeiro: Livraria Francisco Alves/SEEC-RJ, 1977, p. 11.

Triste foi o tirocínio
Da vida do desgraçado...
Mas, depois de sepultado,
Vir às mãos do Patrocínio,
É ser mal predestinado!
Então, escrito e escarrado,
Sofre o golpe derradeiro:
Vai pr´as lojas ser vendido
E vendido a bom dinheiro!...
Pobre do Mota Coqueiro,
Coitado dele, coitado!

Depois da forca – vendido!
Depois da morte – comprado!

    Revelou Magalhães Jr., na página 55 da sua biografia de Patrocínio, que a mesma *Revista Ilustrada*, que anunciava o aparecimento do romance *Iaiá Garcia*, de Machado de Assis, nessa mesma época, misturava os nomes ao dizer que o "romance histórico", na verdade, era *Iaiá Coqueiro*, cujos autores seriam Patrocínio Coqueiro e Machado Garcia. A galhofa, assinada por um tal Frei Fidelis, o casamenteiro (talvez o nome Fidelis fizesse alusão à região de São Fidelis, no norte fluminense), era parte do fenômeno do gracejo da imprensa, que, visto por outro ângulo, embutia algum preconceito racial pelo fato de serem negros os dois autores.[99]

---

[99] Cruz e Sousa, o extraordinário poeta negro catarinense, sofreu tais agressões quando, em 1893, lançou dois dos seus mais importantes livros, *Missal*, prosa, e *Broqueis*, versos, considerados inauguradores do simbolismo no Brasil.

O caminho da militância

Ao se destacar como jornalista, romancista, poeta e articulista político, José do Patrocínio, aos poucos, tornava-se uma referência na imprensa brasileira. Na *Gazeta de Notícias*, por exemplo, seu nome já era prestigiado pelo comando da folha, que, cada vez mais, abria espaço para os textos do jovem campista. De alguma forma, ele também se convencia de que era mais prosador do que poeta. A experiência do romance *Mota Coqueiro ou a pena de morte* deu-lhe a exata noção disso, não só pelo aplauso recebido publicamente, mas pela forma como o concebeu, sem sobressaltos, estilisticamente bem orientado.

Reconhecido na redação do jornal como jornalista profissional, parte Patrocínio, a cada novo texto, para um estilo que faria dele uma das penas mais militantes do jornalismo brasileiro.

Preocupa-se cada vez mais com o destino de milhares de homens e mulheres escravizados no país, com a crueldade do sistema, com a forma como são tratados.

Talvez tenha recordações, toda vez que presencia episódios da escravidão, de seus tempos na fazenda do Padre João Carlos Monteiro em Campos dos Goytacazes. Cria cenas fortes, de uma grande plasticidade, como nesse poema, composto da lembrança gerada nesses tempos:

> E levantam-se mudos, taciturnos,
> Os mártires sombrios da avareza,
> Quando ainda no hastil dorme a bonina,
> E o passarinho dorme na deveza.
>
> E vão postar-se, em quietação de estátuas,
> Ante o feitor, submissos, alinhados,
> Os cães podem latir ante o seu dono
> Mas eles devem sempre estar calados.

Eis a revista! um ato de miséria,
De escárnio e de vileza acerbo misto,
E que termina o escravo murmurando
Junto ao senhor: "Louvado seja o Cristo".

Louvado seja o Cristo! – mas seus lábios
Ensinavam doçura e piedade;
Não mandavam que o déspota chumbasse
Uma grilheta aos pés da Humanidade.

Louvado seja o Cristo! – mas nas sombras
Daquela angústia longa e sobre-humana
Irisava-se um arco de aliança
Por todo o céu da consciência humana.

Louvado seja o Cristo! – ele era doce
Como aos domingos, o romper da aurora;
Escravo! não é ele quem sustenta
O homem torpe e vil que vos explora?

Quando se há de curar essa medonha
Chaga hedionda e fatal do cativeiro;
E há de o trabalho sacudir os braços
Lançando dos grilhões os estilhaços
Longe dos céus formosos do Cruzeiro?!

Sua consciência do processo abolicionista cresce e aparece, a todo o momento. Como repórter que cobre os trabalhos da Câmara dos Deputados, não só apreende os discursos, em geral inflamados, dos parlamentares, para compor os artigos com que alimenta o seu rodapé, intitulado "Semana Política". Faz mais que isso. Aprende as artimanhas dos políticos escravocratas, suas jogadas, suas politicagens senzalistas, suas picaretagens, inerentes àqueles que pensam em manter, de qualquer maneira, o privilégio do cativeiro.

Mas o engajamento profissional, sobretudo após a publicação do romance *Mota Coqueiro ou a pena de morte*, o encorpou para outros voos, levando a direção da *Gazeta de Notícias* a destacá-lo para funções mais ousadas.

No ano em que se dedicava de corpo e alma à escrita e à publicação do romance sobre o crime de Macabu, rebentava no Nordeste uma das suas mais terríveis secas, sendo a província do Ceará uma das mais atingidas. A fome grassava diabólica e solta, ceifando vidas inocentes, sobretudo de crianças e velhos, rachando o solo e matando as plantações e os animais de fome e sede.

O governo imperial, na figura de Pedro II, logo tomou as providências necessárias para minorar a situação daquela população. Orientado por Duque de Caxias, o ministro da Fazenda, Barão de Cotegipe, homem mulato e poderoso em todo o Império, baixou um decreto, de número 2.726, aprovando um crédito de dois mil contos de réis para socorrer as vítimas das províncias atingidas. Diz-se até que o imperador teria ordenado, num de seus arroubos tão peculiares: "Vendam-se, se necessário, os últimos brilhantes da coroa, contando que nenhum cearense morra de fome".

No exterior, uma campanha bem-sucedida também arrecadou dinheiro para as vítimas do Nordeste. Até o poeta português Guerra Junqueiro, muito lido no Brasil, resolve aderir à causa. Publicou na imprensa de Lisboa um poema que ficou famoso, transcrito por toda a imprensa brasileira, sobre as vítimas das secas. Numa das estrofes, dizia: "A miséria é um horrível sorvedouro! / Vamos! enchei-o com punhados d'ouro, / Mostrando assim aos olhos das nações / Que é impossível já hoje (e isto consola) / Morrer de fome alguém pedindo esmola / Na mesma língua em que a pediu Camões!" Foi nessa circunstância que Patrocínio foi lembrado para cobrir, como repórter, a devastação da seca. Ninguém melhor que ele para acertar de novo a mão, mandando para a *Gazeta de Notícias* as informações mais condizentes com a realidade dos fatos.

De mais a mais, Patrocínio era um homem livre. Viajar nas suas condições era coisa barata, sem peripécias familiares, sem condicionamentos com mulheres e filhos. Depois, tinha as aptidões profissionais adequadas para realizar uma tarefa bem-feita. Se o resultado de *Mota Coqueiro ou a pena de morte* fosse encarado como uma reportagem, Patrocínio estaria nas alturas pela qualidade do texto e da pesquisa.

A viagem foi intensa. Depois de zarpar do Rio de Janeiro, o navio que o transporta vai aportando em várias cidades até atingir seu destino. O resultado foi o encontro com uma realidade surpreendente, até então desconhecida para ele que, ao deixar Campos aos 13 anos, jamais poderia imaginar que chegaria tão longe em sua vida.

Pelo caminho, vai descobrindo realidades extremamente desiguais. Ao mesmo tempo que se espanta, encanta-se com as cidades. A diversidade dos mundos o surpreende. Pensar ele que a Corte, o Rio de Janeiro, era de uma maneira, de uma sofisticação europeia, enquanto as cidadezinhas provincianas dos rincões do Brasil careciam de coisas básicas, as pessoas morriam de fome, e para isso não precisavam morar no Ceará ou nos confins do Nordeste brasileiro.

Em sua passagem pela Paraíba, sente-se agredido pela realidade. Depara-se com um jovem de uns 14 anos, retirante, coberto de "andrajos sórdidos", em quem percebe uma "inchação monstruosa, dando-lhe a amarelidão da oca". Patrocínio, que publicava seus relatos na *Gazeta de Notícias* no rodapé de honra da "Semana Política", suspensa temporariamente,[100] não podia acreditar no que via, nem tampouco, seja dito, seus companheiros de jornada jornalística. O jovem, a quem aconselha se recolher a um hospital ("não há hospital para gente como eu", diz o rapaz), não deseja aceitar sequer o conselho de, ao menos, voltar para sua habitação: "É o mesmo que estar aqui; dormimos debaixo dos pés de pau. O lugar onde durmo fica distante daqui e não tenho forças para subir a ladeira. Há já quatro dias que não como".

Patrocínio informa que um dos seus acompanhantes, horrorizado com a situação de "torpor da inanição" que imobiliza o rapaz, lhe ofereceu bolachas e vinho, este misturado com água e

---

[100] No lugar habitual, Patrocínio estampava o artigo Viagem ao Norte.

açúcar, que "o mísero faminto queria engolir sofregamente, de uma só vez".[101]

A jornada de repórter de José do Patrocínio continuaria, mostrando-lhe um Brasil completamente desconhecido de suas vistas. Quando passa pelo Recife, em Pernambuco, se encanta com a cidade histórica: seu "panorama esplêndido, aprimorado por iluminação abundante, a lavorar-lhe uma bordadura labiríntica de rubis em vasta túnica negra".

O jornalista chega ao Ceará com essa impressão a cortar-lhe, como uma lâmina de navalha, a retina. Ao chegar ao porto, ao pisar na terra, aonde é levado por jangadas e botes, tudo que presencia mudará radicalmente sua concepção de vida. Na *Gazeta de Notícias*, além dos inúmeros artigos que envia por cabo, Patrocínio registra a impressão de um homem chocado com a realidade de um povo sofrido, sem qualquer amparo das autoridades. Também se transforma em fotógrafo da realidade cearense nas páginas da revista *O Besouro*, de Bordalo Pinheiro, registrando tudo por onde passa, no duplo papel de redator e repórter fotográfico, uma atitude inédita para o jornalismo brasileiro. Na pequena revista, de comum acordo com seu redator-chefe, saem duas imagens de crianças esqueléticas, famintas, nuas, abandonadas à própria sorte. Na litografia da página a que Bordalo Pinheiro dera o nome de "Páginas tristes", as imagens eram seguradas por um esqueleto de mão, com o seguinte rodapé: "Retrato da população retirante". Tanto suas matérias quanto as fotografias que envia, sem dúvida, agridem frontalmente a sociedade da Corte, mas também mostram, para a capital do Império, uma realidade escamoteada pela grande imprensa, uma realidade que não está descrita nos livros, porque não é bonita de ser vista. Como pano de fundo, Patrocínio também queria atingir a família imperial.

Sua coragem é coroada pelo êxito. As reportagens causam grande furor na capital, chamando ainda mais a atenção para o

---

[101] MAGALHÃES JÚNIOR, Raimundo, op. cit., p. 65.

jovem jornalista e escritor. Num dos textos, ainda tratando das crianças vagando nas ruas como animais abandonados, Patrocínio escreveria:

> Criancinhas nuas e seminuas, com os rostos escaveirados, cabelos emaranhados sobre crânios enegrecidos pelo pó das longas jornadas, com as omoplatas e vértebras cobertas apenas por pele ressequida, ventres desmesurados, pés inchados, cujos dedos e calcanhares foram deformados por parasitas animais, vagam sozinhas ou em grupos, tossindo a sua anemia e invocando, com voz fraquíssima, o nome de Deus em socorro da orfandade.

O cenário aterrador provoca-lhe um estado horripilante de ânimo. Segundo ele:

> Grassam intensamente as febres biliosas, perniciosas e tifoides, e as que muitos querem que se chamam beribéricas, pelo seu caráter especial. As diarreias, as inchações ou anasarcas e o beribéri assolam grandemente as classes desvalidas, vítimas, especialmente, das duas primeiras.

Num outro tópico, aborda o padecimento dos homens e das mulheres. Estas, de "colo muxibento", perambulam pelas ruas. Há revolta na escrita de Patrocínio, porque muitas dessas mulheres se prostituem para salvar da grave fome a família. Sendo que depois

> [...] a mulher, que apenas conseguiu afastar por alguns dias o espectro medonho da fome, encontra-o, de novo, em seu caminho e às vezes, um mês depois de sua profanação, tendo feito escala pelas proximidades dos quartéis, pela imundície das vielas, vê-se irremediavelmente condenada à vala do cemitério, porque a sífilis tornou-a repugnante e, agora, só lhe resta arrastar-se pelas ruas, causando a todos o asco despertado por um cão leproso.

Para Patrocínio:

O mais digno de comiseração é que a voz pública e o próprio depoimento das vítimas denunciam como violentadores muitos daqueles que são pelo governo encarregados de socorrerem os desvalidos. O espírito desprevenido não deve servir de eco a acusações que, pela sua gravidade, carecem de ser imediatamente cercadas de provas, mas o que também fica fora de dúvida é que não se levantam, sem base, semelhantes acusações. A prostituição extraordinária é um fato e, no entanto, não consta que nenhuma providência tenha sido tomada a fim de evitá-la; ao contrário, suspensas a garantias com que o Estado defende a virgindade, como que se abriram válvulas ao mais requintado cinismo.

Tal experiência de Patrocínio o guindaria ao topo do jornalismo brasileiro. Na verdade, suas matérias mais pareciam transcrições de discursos do tipo *arrebenta peito*, feitos ou escritos para empolgar públicos e plateias, contagiar, emocionar até às lágrimas.

Tudo o que presenciara lhe dera a noção de um outro Brasil, de um estado de cinismo, de desfaçatez. Depois da Guerra do Paraguai, talvez seja o lugar em que ele mais tenha visto ou ouvido falar em mortes. "A mortalidade em Fortaleza" – escrevia o repórter especial da *Gazeta de Notícias* – "e das principais cidades sobe à cifra mensal de 15 mil pessoas, e estas morrem de mau tratamento e, segundo é voz pública, dois terços de fome!"

Depois de quase quatro meses fora do Rio de Janeiro presenciando a aridez do solo e a desgraça de toda uma população, José do Patrocínio volta à capital. O que vira nessa viagem não se perderia das suas retinas; dos apontamentos que trouxe, ele escreveria outro grande romance, *Os retirantes*, também conhecido como "o romance das secas", que era, tal como o primeiro, de pura e explícita denúncia social. Num caso, do crime da pena de morte; no outro, do crime das secas, que vitimava a população sofrida de uma província que, no dia 25 de março de 1884, seria uma das primeiras a libertar todos os seus escravos, à frente mesmo da capital do Império do Brasil.

Enfim, o casamento

Parece que, pouco a pouco, José do Patrocínio consegue minar a rigidez do pai de Bibi com relação às suas pretensões matrimoniais. Pouco a pouco porque, depois da expulsão da casa dos pais da moça pela má interpretação de um dos seus gestos, o jovem campista paulatinamente foi conquistando a confiança do chefe da família, sobretudo porque, no círculo de amizades do capitão Emiliano Rosa de Sena, havia muitas pessoas que também se relacionavam com Patrocínio, fosse nos bancos escolares, como Dermeval da Fonseca e José Vilanova, ou no jornalismo, como Quintino Bocayuva, Ferreira de Araújo e Ferreira de Meneses, estes últimos, tanto quanto Patrocínio, assíduos frequentadores do Clube Republicano que funcionava, como já vimos, nos salões da ampla casa de São Cristóvão, onde o pai, grande anfitrião, era coadjuvado pela filha.

Para ela continua o poeta a enviar pelas páginas da imprensa, seja da *Gazeta de Notícias*, seja de *O Besouro*, suas mensagens em versos, com a certeza de que eram lidas pela amada. Veja-se este soneto, aliás muito bonito, que ele, assinando Zé do Pato, e assim popularizando outro pseudônimo, intitulou *Sans façon*:

> Recorda-te, Nenê, das cismas longas
> Para travarmos doce intimidade;
> Do tempo em que momentos de saudade
> Fugiam como esquivas arapongas?
>
> Isso passou; agora, sem delongas,
> Podendo-nos fitar muito à vontade,
> Fazer tranquilo câmbio de amizade
> Sem das mucamas recear candongas.
>
> Pombos em mole ninho hoje vivemos
> E arrulando a ventura sem transtornos
> A flor vermelha da paixão colhemos.

> Eu sei de cor falar nos teus contornos,
> Sabes tu que eu te adoro... ambos podemos
> Adormecer na paz dos beijos mornos.

Na entrada da década de 1880, quando a vida de Patrocínio dá uma grande guinada, são transcorridos apenas 12 anos da chegada do campista, filho de padre e de uma escrava de apenas 13 anos de idade, à grande cidade do Rio de Janeiro.

Após vencer as resistências do pai de Maria Henriqueta de Sena, a Bibi, Patrocínio não tem mais o que esperar pela frente. No campo profissional, nada e ninguém tem o que falar dele, tal o alcance da sua imagem. Se não se tornou um farmacêutico – seu diploma, certamente, estava depositado em alguma gaveta de escrivaninha de jornal –, podia orgulhar-se agora de ser um jornalista respeitado e um romancista reconhecido.

A tal ponto que determinados arroubos de exagero o compararam a Machado de Assis, já consagrado no país, e a Eça de Queirós, considerado um celebridade mundial. Tais atributos, para alguém que poucos anos antes não tinha eira nem beira e vivia, comia e dormia por força da amizade e do carinho, nunca fora atingido por muitos veteranos.

Com um suporte moral como esse, já podia, como o destino queria, desposar sua tão sonhada amada.

Conta-se a história da grande resistência do Capitão Sena, temeroso das reações preconceituosas da sociedade ante uma união de características tão diferentes. Mas não lembrava ele, obviamente, que Machado de Assis, outro homem de pele negra, como Patrocínio, também se casara com uma mulher branca, e quatro anos mais velha que ele: Coralina Augusta Xavier de Novais, filha de um simples ourives.[102]

Homem de seus 28 anos, dez a mais que a pretendente, e curtido

---

[102] Machado de Assis casou-se a 12 de setembro de 1869, sob forte resistência da família da noiva, mas não houve escândalos.

pela vida dura que sempre tivera, José do Patrocínio sabia como resistir a pressões. Conhecedor da resistência do pai de Bibi, teve paciência para, primeiro, ganhar o coração da amada. Isso seria meio caminho andado para atingir o seu objetivo, pois, com a moça envolvida pelo coração e pelo sentimento, sua mãe, a bem da filha, também entraria na corrente, apoiando-a na escolha pelo futuro de sua vida. E Patrocínio estava certo. "Bibi queria" – diria a mãe da jovem, agora com 18 anos. "Porque contrariá-la num assunto de sua exclusiva preferência? Além de tudo, ele [Patrocínio] se mostrara tão amigo da família, tão dedicado aos irmãos..."

Foi nesse clima amistoso que, certo dia, veio bater à casa de São Cristóvão, o jornalista Ferreira de Araújo, dono da Gazeta de Notícias, para pedir, em nome do amigo e protegido, a mão de Maria Henrique Rosa de Sena em casamento. Amolecido pelas investidas da mulher e pelas insistências da filha, o velho patriarca aquiesceu, já completamente desarmado de qualquer receio em relação à alta sociedade, que ele conhecia bem porque era um dos homens mais ricos do Rio de Janeiro.

O casamento, enfim, ocorreu no melhor estilo social, mas com um toque político, como era do feitio do nubente e do sogro. A cerimônia ocorreu na matriz da igreja de São Cristóvão, às cinco horas da tarde do dia 15 de janeiro de 1881, na presença do padre Luís Antônio Escobar de Araújo. Reuniu os familiares da noiva e centenas de amigos e testemunhas, entre as quais José Ferreira de Sousa Araújo com a esposa, e o professor João Pedro de Aquino, amigo de Patrocínio, que era diretor do externato onde ele estudara. Lá estavam também companheiros como Paula Nei, Dermeval da Fonseca, entre outros. A sociedade de São Cristóvão também se fez representada em grande número. Era também uma reunião de aguerridos republicanos e abolicionistas. Narra Osvaldo Orico[103] que, depois das cerimônias, celebradas com a devida solenidade, os convidados passaram à sala de jantar, onde se ostentava a profusa

---

[103] ORICO, Oswaldo, op. cit., p. 66-67.

mesa de iguarias com que iam ser obsequiados. Aí houve brindes de todo gênero, uma galeria de discursos e louvores em honra dos noivos. Patrocínio, ao lado da esposa, recebia de todos os lados cumprimentos amáveis e abraços afetuosos. Eram os convidados, eram os amigos, eram os servidores da casa que lhe vinham trazer os votos entusiásticos. A festa prolongou-se em meio da maior cordialidade, formando-se grupos de cada canto da casa. Os sócios do Clube Republicano aproveitavam o tempo para a elaboração de estupendos aplausos de campanha. Mais adiante alguns abolicionistas se distraíram a comentar o fogo das ideias de Patrocínio, que era uma grande esperança da causa. E, assim entretidos, passaram várias horas, até que se foram retirando aos poucos, só permanecendo os amigos mais íntimos da família e os colegas do noivo.

Somente às 23 horas é que os noivos partiram para a casa onde, finalmente, iam viver juntos, na rua do Riachuelo, no centro da cidade. Era a primeira vez que Bibi se afastava da casa e da companhia dos pais. Um episódio inusitado trouxe uma nota de humor à cerimônia. O poeta e jornalista Paula Nei – boêmio inveterado, grande amigo de Patrocínio desde que este começara a militar na imprensa –, a quem o noivo confiara a guarda das chaves da casa da rua do Riachuelo, talvez já nas alturas do álcool, cometeu uma gafe hilária: esqueceu as chaves da casa dos noivos em São Cristóvão. O fato é que só se deu conta disso quando o carro que os trouxera para a cidade parou para que pudessem apear. Conta-nos um pouco da história o biógrafo Osvaldo Orico.[104]

> O inveterado boêmio, cujo espírito encheu de graça e de vivacidade um belo período de nossas letras, procurou o objeto em todos os bolsos da fatiota, mexeu os esconderijos, apalpou-se – mas qual! –, a chave não aparecia. Veja-se agora o embaraço dos noivos e convivas diante da intricada situação que se lhes apresentava. Só havia um recurso: o arrombamento. Tal solução, porém, não condizia com o estado sentimental dos moradores, que prefeririam outro desfecho para o caso.

[104] Id., p. 67.

O que fez então o casal Bibi e José do Patrocínio?

Tomaram novamente as carruagens e dirigiram-se para a Rua Imperial Quinta, onde se realizara o ato nupcial. Foi uma surpresa geral, quando Patrocínio desceu do carro em companhia de Bibi. Começaram as perguntas: que foi, que não foi? E seguiu-se a explicação. O Nei perdera a chave da porta, deixando com isso os noivos na rua. Dona Henriqueta sorria com aquela indulgência tão natural e o Fernando ofereceu logo o seu quarto, que era o mais retirado da casa, para repouso do jovem par.

Segundo Osvaldo Orico, o chefe da casa, acordado até àquela hora para as tratativas inesperadas, "acompanhou o episódio com a maior solicitude, mas não escapou um comentário acidulado e irônico à imprevidência do noivo: – Eu não dizia, este meu genro começa mal..."

Paula Nei era um tipo de boêmio capaz de produzir pérolas como as que compõem os versos do seguinte triolé, que glosava dois ministros do império, João Florentino Meira de Vasconcelos e João Pereira Moura, este último ocupando, à época, a pasta da Marinha:

Mestre Meira mira o Moura
E o mestre Moura mira o Meira
Na Marinha e na salmoura,
Mestre Meira mira o Moura,
Enquanto grita a lavoura,
Saltando doida e brejeira,
Mestre Meira mira o Moura
E o mestre Moura mira o Meira!

Patrocínio teve cinco filhos no seu casamento com Bibi, duas meninas, Marieta e Maina, que morreram bem pequenas – com um ano e meio e dois anos de idade, respectivamente – e três rapazes: Timon, que faleceu na mais tenra infância, Maceu e Zeca, na verdade José do Patrocínio Filho. Este último, embora bem raquítico quando criança, sobreviveu ao pai, tornando-se uma figura proeminente no mundo do jornalismo, da diplomacia e do cinema.[105]

Casado e instalado, tudo seriam flores na vida de José do Patrocínio e sua esposa Bibi? Ledo engano. Patrocínio iria encontrar um opositor mais renitente que o capitão Emiliano Rosa de Sena. Divulgado pela imprensa, muito comentado nas rodas pela alta qualidade e o requinte da cerimônia, o enlace do jornalista da Gazeta de Notícias com a filha de um poderoso capitalista de São Cristóvão, caiu nas lábias de um desafeto sentimental, pouco dado aos apaziguamentos e muito chegado às polêmicas.

Patrocínio enfrentaria uma resistência pouco convencional, em se tratando de onde surgia. Aqui estamos falando da polêmica criada pelo jornalista Apulcro de Castro, homem negro, dono de jornal – se é que O Corsário devesse ter esse nome tão pomposo e acachapante. Tratava-se de uma folha que buscava ser conhecida pelas brigas que comprava e pelos inimigos que arregimentava província afora.

Com Patrocínio não seria diferente. Não se sabe exatamente o motivo, mas passadas algumas semanas, O Corsário traz um artigo, intitulado "Casamento de um tipo", que destrata frontalmente o jornalista negro. A agressão, bastante gratuita, ofendia a raça e o caráter do articulista da Gazeta de Notícias, naquele momento ainda curtindo as delícias de sua lua de mel. Eis alguns trechos, que retiramos da obra A vida turbulenta de José do Patrocínio: "Casou-se o Preto Cínico da Gazeta e está muito ancho com a lança que meteu em África. Em África não, e aí é que está o mal".[106]

Em outro tópico, continua:

---

[105] Ler a respeito em MAGALHÃES JÚNIOR, Raimundo. *A fabulosa vida de Patrocínio Filho*, op. cit.
[106] MAGALHÃES JÚNIOR, Raimundo, op. cit., p. 94.

> Ah, bom maganão! Casou-se! Mas com quem foi casar-se o imaculado apóstolo dos negros seus parceiros? Procurou, porventura, fazer a felicidade de uma pretinha sua parenta? Escolheu alguma dona da sua própria raça, de polpa planturosa e catinguenta a valer? Pois não! Nessa não caiu o nosso moleque. Isso é bom para tolos, para os boçais parceiros, não para os quilombolas na grande imprensa moralizadora da Corte, não para o espertalhão jornalista ganhador. O negrinho quis por força moça bonita, dengosa e... branca. O fato é que alcançou o *desideratum* à medida de seus mais atrevidos sonhos.

Como negro que era, Apulcro de Castro, ao atacar Patrocínio sabia atingi-lo no seu ponto fraco, que era a questão racial. Mas, ao mesmo tempo, se arriscava, pois tais críticas não eram vistas com bons olhos por outros negros, que também esposaram mulheres brancas. E aqui já citamos o caso de Machado de Assis.

Depois de ter Patrocínio como alvo, o agressor incluía na roda a esposa do jornalista, a quem pedia "desculpas pela franqueza" – que na verdade era puro ato de cinismo:

> Temos pena da Exma. Noiva, a quem pedimos desculpas pela franqueza; mas... não lhe gabamos o gosto. São admiráveis os tais apóstolos, sobretudo os negros que se arvoram em extremos advogados da santa causa da abolição e da igualdade dos parceiros. Querem, sim, a igualdade de si para cima, mas de si para baixo (ou o que eles assim julgam), isso não. Um, apesar do seu apostolado, e de ser dos mais hediondos da espécie, despreza as parceiras, ainda as mais formosas – dizem que as há, e muitas, e honestas e virtuosas – e lá foi à procura de branca com quem procriar uma ninhada deveras diversa da sua grei.

O Corsário acusava ainda José do Patrocínio de ser um filho que desprezava a mãe, dizendo:

> abandonara a velha mãe, entrevada, ao desamparo, em Campos, vivendo separado de quem lhe deu o ser e se fartando, longe dela, com cocotes de baixo preço.

As acusações desmedidas de Apulcro de Castro, fazendo falsas ilações sobre as condições de vida de dona Justina Maria do Espírito Santo, mais pareciam um gesto de despeito, de inveja, rasteiro demais para se sustentar apenas em argumentos difamatórios. Mais adiante, mantinha acionada sua metralhadora giratória, afirmando que o articulista da "Semana Política" poderia

> ter-se ligado em matrimônio com uma malunga de bons sentimentos e caridosa, que o fosse substituir junto da pobre aleijada, a fim de, com carinhos filiais, suavizar as pungentes amarguras e as misérias da desditosa abandonada de Campos.

E para finalizar tais trechos, sustentava:

> Mas qual! Prefere a pândega da *Gazeta,* prefere moça branca com quem possa fruir as delícias da Corte, sem se importar com o que vai por este mundo de Cristo, de desgraças para os mais chegados parentes e parceiros.

Talvez não satisfeito com as acusações pessoais e à família de Patrocínio, incluindo sua mãe, dona Justina, que tinha uma quitanda em Campos, onde era muito popular, o dono de *O Corsário*, que continuava a tratar o campista de "Preto Cínico", continuava nas suas diatribes ironizando o mais novo consorciado na Corte imperial:

> Voltando, porém, ao noivado do Preto Cínico, não podemos deixar de dar os emboras ao feliz noivo, pela coragem com que se foi meter em camisa de onze varas. Para tais casos consta que sempre é essa a medida. E quanto à Exma. Consorte do ilustre literato-panfletário da *Gazeta*, a maior felicidade que como bons cristãos lhe podemos desejar, como presente de bodas – em tão lamentável circunstância –, é que Deus lhe "proteja" com uma permanente esterilidade, a fim de evitar-lhe cruéis vexames e inevitáveis remorsos.

Em outra parte do longo artigo, continuava a crocitar, como uma gralha:

> Esses votos são, acredite, de quem não lhe quer mal. Compreendemos a glória de ser mãe dos Gracos e, mesmo, dos Dupin; compreendemos a tranquila e natural felicidade de uma senhora, branca ou de cor, ser mãe de filhos de sua casta; compreendemos até o orgulho de uma pobre senhora de cor poder chamar de seu filho um José do Patrocínio, mas o que não compreendemos é nem a glória, nem a felicidade, nem o orgulho – sendo uma moça branca – de vir a ser mãe dos molequinhos filhos de um Preto Cínico por excelência. Abrenúncio! O demo leve semelhante apostolado que faz com que os negrinhos desprezem as negrinhas, e só queiram sacrificar-se... casando com brancas!

Após essa referência à "mãe dos Gracos", que era uma antiga família da república romana cuja matriarca, Cornélia, depois de viúva, rejeitou proposta de casamento de Ptolomeu para dedicar-se inteiramente à educação dos filhos, não se poderia esperar nada mais sensato e menos pernicioso saindo da pena do jornalista baiano. Os tópicos finais do seu artigo, endereçado, instintivamente, a um público ávido de escândalos e fofocas, mas que não atingia os lares das boas famílias, e sim as confeitarias, os cafés, os saguões dos hotéis baratos, frequentados pela populaça, tinham este teor melancólico:

> Será crueldade nossa virmos assim perturbar os devaneios de tão negregada lua-de-mel? Talvez. Mas o nosso intrometimento tem uma grande escusa, a qual é formular, alto e bom som, solene protesto contra mais esse exemplo de elevada moral, que não desejamos, de modo algum, ver seguido, nem vulgarizado pelas filhas-famílias, nossas patrícias. [...] Que um branco case-se com uma negra, vá; lá se avenham. Deve saber o que faz; sua alma, sua palma. Mas que uma jovem e inexperiente menina branca seja vítima de... uma dessas alucinações passageiras é coisa de lastimar-se e que não se deve consentir de forma alguma. As veleidades da mocidade cedo desaparecem para dar lugar às eternas leis da natureza e da sociedade humana, que relativamente aos casos de que tratamos são: o arrependimento e a desgraça sem lenitivo. Bastam os escândalos de brancos entre

si, e os da gente de cor uns com os outros. Nada de animar essas monstruosas e repelentes mesclas, que à sorrelfa vão se introduzindo entre nós, ainda mais depravando os nossos costumes, já assaz relaxados. Bastam as que não podemos evitar e as que se podem disfarçar; não venhamos, porém, acoroçoar com o nosso culposo silêncio de cúmplice a vulgarização do consórcio claro e patente de um negro com uma branca – indiscutíveis.

E para terminar, escrevia preconceituosamente: "Quem lhe mandou meter-se em calças pardas, Sr. Patrocínio"?

A transcrição de trechos deste longo artigo de Apulcro de Castro serve, afinal, para termos uma ideia do ódio vigente, tanto por negro, quanto por brancos – entre negros contra negros, entre brancos contra negros, e até entre brancos contra brancos. Não era uma coisa aleatória. Outros, na história do século 19, também passariam por isso. Foi o caso de Machado de Assis, atacado por Hemetério dos Santos[107], famoso gramático negro, catedrático do Colégio Pedro II; foi o caso de Cruz e Sousa, acusado por louvar em seus versos mulheres brancas, "nórdicas", "catedralescas", embora se tenha casado com uma negra, Gavita, com quem teve quatro filhos.

Sem discutir os méritos da matéria, pois ela fala por si só, o que se pode dizer é que Apulcro de Castro não tinha grandes afeições nos meios jornalísticos da Corte, não era bem-visto por ninguém. Não que ele tivesse alguma diferença com José do Patrocínio, porque isso, de diferenças, poderia ser chover no molhado; não, não seria isso. O fato é que Apulcro de Castro não poupava ninguém em seu *O Corsário*. As acusações, em geral, não tinham sustentação, o que só aumentava o número daqueles que prefeririam vê-lo morto, estirado numa mesa fria, do que numa mesa de confeitaria a palestrar com seus pares. Afora as acusações de "golpe do baú", o jornalista de *O Corsário* ainda

---

[107] Hemetério dos Santos ofendeu Machado de Assis logo após a morte deste, em 1908, pela *Gazeta de Notícias* (16 nov. 1908), além de acusá-lo de ter abandonado a madrasta. Um artigo do mesmo autor saiu na revista *Renascença*, em 1908.

fazia insinuações de que Patrocínio era um empregado da polícia, isto é, alcaguete.[108] Enchia as páginas de seu jornal com versos ou triolés para atiçar a ira do campista, que, por uma razão lógica, não aceitava as provocações. Em algumas versalhadas, chamava-o de "burro malcriado", piolho da imprensa, além do já mencionado "Preto Cínico". Num dos triolés, critica a falta de reação de Patrocínio diante de tanta investida sua contra a sua honra:

> Fugiu-me, fazem dois meses,
> O meu moleque Proudhomme.
> Tem fugido muitas vezes...
> Fugiu-me, fazem dois meses.
> Quando o comprei aos ingleses
> Não era esse o seu nome...
> Fugiu-me, fazem dois meses,
> O meu moleque Proudhomme!
>
> O moleque de que trato
> É o meu crioulo José;
> Também se diz Zé do Pato
> O moleque de que trato...
> Vive como cão com gato
> Mordendo no rodapé!
> O moleque de que trato
> É o meu crioulo José!
>
> Tem sinais particulares
> O meu crioulo fujão,
> Desde a cara aos calcanhares
> Tem sinais particulares!
> Tem do macaco os esgares
> E as vilanias do cão!
> Tem sinais particulares
> O meu moleque fujão!

Em outro trecho da versalhada, estocava Apulcro de Castro:

---

[108] CASTRO, Apulcro de. *O Corsário*, maio 1881.

Este moleque não dorme
E passa o dia a vadiar...
Caso estupendo – é enorme!
Este moleque não dorme!
Pelo que vejo o uniforme
De urbano vai-lhe a matar.
Este moleque não dorme
E passa o dia a vadiar.

O uniforme é de couro
Rabo de boi bem trançado!
Não o julguem feito de ouro;
O uniforme é de couro!
O meu moleque é calouro
– Notem bem – e malcriado...
O uniforme é de couro,
Rabo de boi bem trançado!

E continuaria por aí *O Corsário* se a vida de Apulcro de Castro já não estivesse por um fio. Movido pelo ódio que gerava o jornal, seu mentor era visado pelas pessoas mais diversificadas, ávidas por agarrá-lo na próxima esquina. Diz Fernando Monteiro[109] que *O Corsário* tinha uma linguagem debochada, superando as doses de afoiteza de *O Carbonário*, *O Tagarela* e *O Diatribe* juntos. Era um jornal que tratava o imperador de Pedro II de "o rei Bobeche", sendo, ao mesmo tempo, antiabolicionista e republicano. Tratado por muitos como "o lixo de Apulcro", *O Corsário*, que fez escola,[110] não perdoava ninguém. Trigo de Loureiro, desembargador e chefe de Polícia, era classificado por Apulcro de Castro como "bêbado, burro, venal, ladrão, safado, brejeiro". O jornal não tinha escrúpulos em atacar intelectuais do porte de Machado de Assis e Capistrano de Abreu; a este último, crítico cearense, dedicou esta quadrinha maldosa:

---

[109] MONTEIRO, Fernando. *A história marrom do Corsário*. s.d.
[110] Em 1882, o jornalista Cabral Pinheiro fundaria *O Corsário Júnior*, que visava as mesmas polêmicas do patrono inspirador.

> Casou uma preta da Costa
> Com um idiota sandeu,
> E saiu deste consórcio,
> João Capistrano de Abreu.[111]

A voz de Apulcro de Castro se calou por uma circunstância trágica. O jornal já havia sido empastelado e o jornalista ameaçado de morte. Mas isso não parecia amedrontar o jornalista baiano. Odiado por todos, uma nota estampada numa das edições do jornal fez a teoria ser levada à prática em poucos minutos. A nota foi posta na seção "a pedidos" pelo dono de um botequim da rua da Quitanda – incentivado, certamente por Apulcro –, cobrando um débito de certo oficial do 1º Regimento de Cavalaria Ligeira. O devedor não apareceu para saldar a dívida e *O Corsário* repetiu a notícia no dia seguinte, neste tom:

> 1º Regimento de Cavalaria – O safardana do oficial desse corpo ainda não se moveu a fim de pagar ao taverneiro da rua da Quitanda. Nem o Sr. Comandante, para quem apelou o credor, dignou-se de dar qualquer providência a fim de salvaguardar a dignidade da corporação de que é chefe. O Sr. Ajudante-general também não procurou saber qual é o oficial do 1º Regimento de Cavalaria Ligeira que caloteia taverneiros...[112]

Essa nota provocou a ira do regimento inteiro. Atemorizado, o até então tão corajoso panfletário Apulcro de Castro procurou socorro na Chefatura de Polícia, na rua do Lavradio, sob o comando do delegado Dr. Macedo de Aguiar. Este, diante de cena tão inusitada, não teve papas na língua:

> – O que quer o senhor que eu faça? – disse-lhe o delegado. Posso mandar guardá-lo por um ou dois homens... mas será o bastante? Creio que não, pois o senhor mesmo diz que é ameaçado por um regimento inteiro.

---

[111] JORGE, Fernando Jorge. *Cala a boca, jornalista*. Rio de Janeiro: Vozes, 1992, p. 34.
[112] MONTEIRO, Fernando, op. cit.

De nada adiantou a proteção policial. Ao voltar da Chefatura de Polícia em companhia do capitão Ávila (ajudante de ordens de Manoel da Fonseca Costa, o Visconde da Gávea), disposto a protegê-lo, foi violentamente atacado até a morte. Fernando Jorge narra o fato nos seus detalhes:

> No dia 25 de outubro de 1883, às quatro e pouco da tarde, na rua do Lavradio da capital do Império, a pouca distância da Repartição Central de Polícia, quando viajava num carro, ele se viu atacado por um grupo de indivíduos portadores de barbas postiças, que o crivaram de tiros e de punhaladas. Os agressores sumiram. Teriam sido – ninguém os identificou – oficiais do 1º Regimento de Cavalaria Ligeira. Apulcro entrou em agonia, logo faleceu. Fecharam o cadáver num rabecão e o enviaram para o necrotério, onde, procedida a autópsia, o laudo constatou "sete ferimentos nas costas, um tiro na boca e outro do lado, na ilharga".

Depois, conta ainda, um processo foi instaurado, sendo "denunciados quatro militares sem maiores consequências: um tenente, dois alferes e um capitão. O capitão se chamava Antônio Moreira César, personagem descrito por Euclides da Cunha em *Os Sertões*".

Euclides, que também morreu assassinado em 1909, no bairro da Piedade, subúrbio do Rio de Janeiro, perto de onde morreria Patrocínio, diz que Moreira César[113] "foi o mais afoito, o mais impiedoso, o primeiro talvez no esfaquear pelas costas a vítima".

Depois de Apulcro de Castro, Patrocínio, certamente, ainda enfrentaria outros reveses, não só pela situação social que alcançara, mas por suas posições em defesa da abolição da escravatura e outras opiniões políticas que o fariam, como ele mesmo disse, se divorciar "de todos os partidos", da mesma maneira que seu caráter o afastaria "da maioria das sumidades políticas do País".[114]

---

[113] Depois de comandar atrocidades em Santa Catarina a mando do presidente Floriano Peixoto, Moreira César morreria em Canudos, onde sua cabeça teria sido cortada e enviada para o Rio de Janeiro.

[114] Artigo A emboscada, *Gazeta da Tarde*, Rio de Janeiro, 4 jun. 1883.

A garra do tribuno

A entrada dos anos 1880, como já vimos, foi de extrema importância para a vida e a maturidade profissional e política de José do Patrocínio. É exatamente nesse período que ele intensifica os ataques ao sistema que mantinha, a qualquer custo, a escravatura no país. Sua coluna semanal "Semana Política", assinada por Proudhomme, se tornava cada vez mais aguerrida, mordendo os calcanhares de uma legião representativa que se mantinha no poder à custa do braço escravo. A década de 1880 também trouxe, do ponto de vista da militância propriamente dita, a fundação da Sociedade Brasileira Contra a Escravidão, que passou a editar um órgão, *O Abolicionismo*, impresso nas oficinas gráficas da própria *Gazeta de Notícias*. O manifesto da Sociedade, que tinha sede na casa de Joaquim Nabuco, no bairro do Catete, foi redigido pelo próprio, tendo o engenheiro André Rebouças como membro da Comissão de Estatutos da entidade.

Com os ânimos se acirrando, os folhetins de Proudhomme, isto é, de José do Patrocínio, iam cada vez mais fundo nas feridas, ora abertas pela questão política, os escândalos, a crise de identidade do país, ora abertas em função dos embates ideológicos em torno da abolição e da República, dilemas que não vinham necessariamente nessa ordem. Para os seguidores da República, esta teria que ser decretada para só então se fazer a abolição; e para um grupo restrito de abolicionistas, primeiro deveria vir a abolição, para só então se pensar em um outro regime, que poderia ser ou não um regime republicano.

A bem da verdade, Patrocínio tinha o pensamento voltado para os dois regimes ao mesmo tempo – queria a queda da Monarquia, com a destituição da Casa de Bragança, bem como a extinção do trabalho escravo no país. A questão que sempre atirava à testa dos opositores ao perguntar seus posicionamentos perante a questão era "escravidão ou abolição?", ou então "república ou monarquia?"

Quem já o acompanhava desde os primeiros anos da militância jornalística, ou nos momentos de eloquência em que sua voz ecoava alta e profunda, sabia de seus posicionamentos radicais.

Entrando num processo de engajamento sem retorno, Patrocínio tinha como principal trincheira de combate o jornal *Gazeta de Notícias*. Em todo o país crescia intensamente o grito pela abolição da escravatura, com o surgimento de lideranças e entidades por toda parte. Em São Paulo, um dos que mais se dedicariam à causa seria o advogado e poeta Luís Gama. Curiosa a vida do poeta autor de *A bodarrada*: filho da legendária militante Luiza Mahim, aos dez de idade foi vendido pelo pai, um fidalgo português sufocado por dívidas de jogo e, depois de passar pelo Rio de Janeiro, foi adquirido por uma família de São Paulo, onde conquistou as glórias de sua vida: tornou-se rábula para requerer a liberdade das pessoas mantidas na escravidão ilegal, tendo obtido a alforria de mais de quinhentas delas.[115] Defendeu a tese da presunção de legítima defesa nos assassinatos de senhores, o que ajudou a projetá-lo nacionalmente, conquistando o respeito do movimento abolicionista. No entanto, sua luta não o levou a ver a obra terminada: morreu precocemente, em 1882, doente e praticamente falido financeiramente.

Outras províncias, como as de Pernambuco, terra de Joaquim Nabuco, e da Bahia, berço de Castro Alves e Rui Barbosa, também se agitavam. Destacando-se do cenário nacional, a província do Ceará – terra de José de Alencar, defensor da escravidão até a morte – despontava com a liderança do pescador Francisco Nascimento, que se tornaria conhecido nacionalmente pelo epíteto de "dragão do mar".

Nesse período, que chamaríamos de fase de formação da sua consciência, os textos da "Semana Política" escritos por José do

---

[115] LOPES, Nei, op. cit., p. 291.

Patrocínio são estabelecidos de forma quase didática, numa espécie de aula em que se destacavam números e cifras sobre a escravidão. Num artigo de 6 de setembro, por exemplo, ele citava, com base na coleção de Tratados do Dr. Pereira Pinto, que entre 1845 a 1850 haviam entrado no Brasil 262.949 escravos. E dizia:

> Este enorme algarismo de africanos é, porém, para seis anos, e sabemos que durante vinte e três anos certos, ainda que haja quem afirme que só em 1856 acabou definitivamente o tráfico; durante vinte e três anos deu-se o infame comércio. Não é muito, pois, calcular a média dos outros anos em 20.000 homens entrados no país, o que dá 340.000, ou de 1831 a 1854... 602.949.

Num outro parágrafo, Patrocínio relatava:

> Calculando que a terça parte desses infelizes eram mulheres, e calculando a geração por elas dada aos seus criminosos exploradores em três filhos, o número de homens livres reduzidos à escravidão, provenientes desta fonte, é de 600.000.
>
> Ora, pelas estatísticas atuais, criminosamente tolerados pelo Governo, que tem na matrícula a confissão do crime dos proprietários, o número dos africanos escravos sobe no Brasil a 200.000. Supondo que metade deste número é tirado dos importados depois do tráfico, temos que o número das pessoas livres reduzidas à escravidão é no Brasil nada menos de 700.000.

O artigo leva o assunto para a trincheira do embate de ideias, nada mais, pois também não podia ir muito longe pela lógica do jornal de Ferreira de Araújo – não por este, verdade seja dita, e sim mais pelos seus sócios brancos, muitos dos quais possivelmente escravocratas.

Patrocínio visava mostrar, com esses números e essas estatísticas, o volume de massa humana entrada no país ilegalmente ou de forma cruel. Para ele, os senhores, para tirar todo o proveito do "gado humano", ávidos pelo lucro "da pirataria à roda do berço" (expressão comumente empregada por Sales Torres Homem, outro grande tribuno negro do século 19), "expunham as mulheres desde os treze e quatorze anos à procriação". Nesse ponto deve ter lembrado da própria história, pois sua mãe, quando ele nasceu na cidade de Campos dos Goitacazes, tinha apenas 13 anos de idade. Mais adiante, Patrocínio teorizava sobre cada lado da situação:

> Nestas circunstâncias, parece que o melhor caminho que pode ser dado à questão da escravatura não é a dos engenhos fazendeiros, mas a do parlamento. Aí se verificaria como a escravatura, longe de ser uma garantia da produção, é hoje uma grande ameaça ao seu desenvolvimento.
>
> Hoje ninguém mais pode impedir que haja entre o senhor e o escravo uma suspeição, que só há de aumentar dia a dia. O senhor, pelo temor da abolição, o escravo pela convicção de que a sua posição não tem base nem na lei, nem na natureza; tratarão ambos de se prejudicar o mais possível. O senhor buscará extrair da mina negra todo o ouro possível, sem pensar no prejuízo que resultará de extraí-la. O escravo buscará por todos os meios produzir o menos que lhe for possível.
>
> O prejuízo de tal luta não será, porém, sofrido unicamente pelos dois lutadores, mas pela sociedade inteira. O resultado será em definitivo o fenômeno que querem conjurar pela inércia – a diminuição da produção. A este fenômeno deve-se acrescentar que a diminuição não traz nenhum proveito para o país; porque não é a iniciação de uma época nova, mas o gasto imprevidente do sistema de trabalho.

Argumentava o articulista que seria bom ficar claro que, na lógica geral, não era a sociedade que devia ao fazendeiro e ao proprietário de escravo, "são eles que devem à sociedade". Considerava que se devia intervir para a formação de pequenas propriedades, criando, com isso, colonos no seio dos trabalhadores atuais, ou seja, dos escravos. Para Patrocínio, ao observar tal mudança, estes estariam na responsabilidade de olhar igualmente "para a pátria e não somente para o fazendeiro".[116]

Quando se refere à morte do Visconde de Rio Branco, parece se emocionar, como se retivesse na retina a imagem do homem

---

[116] Proudhomme (José do Patrocínio). *Gazeta de Notícias*, Rio de Janeiro, 6 set. 1880.

responsável pela Lei do Ventre Livre, publicada na *Revista Ilustrada* de nº 516, do ano de 1888: numa litografia de Ângelo Agostini se vê um busto do Visconde sobre um pedestal, rodeado de crianças negras. E Patrocínio pranteia a sua alma.

> Dentro em poucos anos a geração emancipada pelo visconde de Rio Branco sairá das senzalas para a casa do homem livre. Trará no coração a dolorosa lembrança do cativeiro. Sentirá a sensação inexplicável de quem sai da desgraça para entrar logo na ventura, na maior das venturas: a liberdade.

Não deixava também de responder a acusações e comprar polêmicas. Uma das mais célebres desse período foi a que envolveu o nome do crítico Sílvio Romero. Até então passando-se por aliado da causa abolicionista, do dia para noite Romero mudou de lado e de opinião, mostrando-se, além de racista, bastante agressivo. Em um trecho do artigo "A questão do dia: a emancipação dos escravos", publicado na *Revista Brasileira* em 1881, chegou a chamar Patrocínio e Ferreira de Meneses, ambos negros, de *sang-mêlé*, ou seja, sangue misturado, conferindo o mesmo estigma a Joaquim Nabuco.

Outro homem de cor atacado por Sílvio Romero foi o Dr. Vicente de Souza, que também se destacaria na imprensa do final do século 19. Nascido na Bahia, formou-se pela Faculdade de Medicina da Bahia e era também latinista emérito, tendo lecionado a disciplina no Colégio Pedro II, no Rio de Janeiro. Famoso conferencista, nos anos 1890 e 1891, funda dois jornais *A Democracia* (1890) e *A União Federal* (1890-1891).[117] Patrocínio, não querendo deixar a coisa barata, revida o crítico sergipano, enfrentando-o ponto por ponto.

Ora fala dos artigos que o crítico publica, ora das posições sectárias que este defende. No texto "Ajustando contas", publicado na *Gazeta de Notícias*, o jornalista campista refuta outra acusação lançada por Sílvio Romero mencionando as obras de

---

[117] SILVA, Eduardo. *Resistência negra, teatro e abolição da escravatura*. 26ª Reunião da SBPH (Sociedade Brasileira de Pesquisa Histórica), Rio de Janeiro, 2006.

que era autor, como os romances *Mota Coqueiro, Os retirantes*, além de famosa coluna "Semana Política":

> Chamou-me de ignorante, porque não tenho o hábito de andar citando nomes alemães, porque não tenho o desplante dos *parvenus* que gostam de ornatos que façam vista. O que hei eu de discutir com o Sr. Sílvio? Falou desdenhosamente no que tenho escrito: no *Mota Coqueiro*, nos *Retirantes*, nas Semanas Políticas; e, apesar de ter tomado para si a coroa de crítico-rei, não desfez com o assopro de sua ciência esses partos monstros da minha mediocridade. Limitou-se a dizer que nada sei, que não me matriculei na Escola de Medicina por não saber preparatórios. Convida-me a fazer exame de Inglês no Colégio Pedro II e promete ser benévolo comigo... Eu, se não tivesse tirado distinção nesse preparatório, aceitava o convite, não para merecer a benevolência do Spencer de cabeça chata, mas para demonstrar mais uma vez a fofa ciência do macaco de Tobias Barreto.

A polêmica com Sílvio Romero se prolongaria por várias edições. De alguma forma, o crítico sergipano, que trocara de nome quando chegou ao Rio de Janeiro em 1868,[118] faz jus a tais críticas e ataques, pois seus alvos eram sempre grandes homens. Muitas vezes foi chamado de o ex-Ramos, numa alusão à mudança do seu sobrenome.

Com polêmica ou sem polêmica, a fase de Patrocínio na *Gazeta de Notícias* foi chegando ao fim. Fizera uma carreira saliente na folha de Ferreira de Araújo, mas, cada vez mais ácido e contundente, a resistência aos seus artigos começou a incomodá-lo. O que o fazia suportar tais injunções era apenas o sustento de Bibi e sua posição perante a família da mulher com quem acabara de se casar.

Mas, embora resistisse violenta e cinicamente, tinha sido praticamente demitido do jornal: sua missão de cobrir a atividade da Câmara dos Deputados fora delegada a Demerval da Fonseca, que já começava a se distanciar das posições que defendia com Patrocínio desde os bancos escolares, sobretudo em *Os Ferrões*.

---

[118] Chama-se, em 1868, Sílvio Vasconcelos da Silveira Ramos, trocando depois este último nome por Romero.

Sem emprego, sem um real, sem saída, afinal recorre ao sogro, como já vimos, para comprar a *Gazeta da Tarde* de Ferreira de Menezes, que acabara de falecer em 6 de junho de 1881.

Em seu livro sobre Patrocínio, Jorge Renato Pereira Pinto narra o seguinte ao referir-se a esse acontecimento, mostrando a oportunidade bater à porta do jornalista negro:

> Uma pequena carruagem entra na chácara do Capitão Sena e, parando junto à escada, Patrocínio e o sogro veem descer Vicente de Sousa, mulato entusiasta do abolicionismo e sócio de Ferreira de Meneses na *Gazeta da Tarde*.
> – É o Vicente, meu caro sogro.
> – Como vai Sr. Capitão Sena e meu caro Patrocínio?
> – Tudo bem. Que o traz aqui nestas horas quase tardias?
> – Notícias ruins, meu caro Patrocínio, mas que podem ser boas também. Por isso vim logo te falar.
> – Pois fale logo, homem.
> – Ferreira de Meneses faleceu e o jornal vai ficar sem dono. Pelo que luta e com o entusiasmo com que é lido, lembrei-me de ti. É tua hora.
> – Coitado do Ferreira. Que Deus o recolha em paz. Este homem vai fazer falta à causa. Obrigado pela lembrança, Vicente, mas não tenho o dinheiro.
>
> O Capitão Emiliano Sena olhou o genro, pensou nas netas, na Bibi, na causa contra a escravidão que seu genro e amigo desenvolvia, e não deixou a conversa cair no esquecimento.
> – Coloco à sua disposição quinze contos de réis. Passado o luto oficial, entre na negociação. Eu garanto.
>
> José do Patrocínio, envolvido até então nas cinzas de seus desgostos íntimos, mudou de fisionomia, estampou alegria e gritou em triunfo: "Quinze contos de réis, meu sogro, vai ser o preço da abolição dos escravos". Dias depois estava Patrocínio instalado na sala da Rua Uruguaiana.[119]

Ao depor sobre o ocorrido, confessaria: "O meu desastre parecia infalível e sê-lo-ia se meu sogro não viesse em auxílio de minha coragem". *A Gazeta da Tarde* era um bastião abolicionista

---

[119] PEREIRA PINTO, Jorge Renato. *José do Patrocínio, o herói esquecido*. Campos dos Goitacazes: Daiamá, 2003, p. 73-74.

onde Patrocínio já se ancorava vez e outra, juntamente com André Rebouças. Agora saía de uma folha gigantesca, que crescia enormemente a cada ano, para ingressar, como proprietário, em um jornal semifalido, endividado, cuja tiragem não passava de dois mil exemplares.

A tarefa seria difícil, mas Bibi iria entender, como o seu pai entendera prontamente e liberara o dinheiro. Ouçamos a história pela boca do próprio Patrocínio, transcrita de um artigo de memórias, muito oportuno por sinal, para reconstituição deste episódio extremamente importante para a sua vida:

> Em 1877, entrei para um jornal [*Gazeta de Notícias*] que há na rua do Ouvidor, em frente a Rua Nova do Ouvidor. Se o ódio pode dar lugar à justiça, daí, desse ninho de inimigos meus, podem sair as palavras de justiça pelo trabalho de um rapaz que, enquanto foi aí empregado, nunca recebeu advertências dos seus patrões, foi honrado com a máxima confiança de um deles, merecendo até a distinção de ensinar pelo método João de Deus à sua inocente filhinha. Em 1881 deixei este jornal. Por quê? O momento não é oportuno, mas esta história será publicada, com os documentos necessários. Eu já era casado e meu sogro, o Capitão Emiliano Rosa de Sena, proprietário da face edificada da rua Imperial Quinta, em São Cristóvão, proprietário de prédios e terrenos na Praia Formosa, pôs à minha disposição a quantia de 15:000#000 para comprar a *Gazeta da Tarde*, que acabava de perder um dos seus proprietários, Ferreira de Meneses. Devo confessar que encontrei a empresa no maior grau de depressão financeira. A tiragem real era de 1.900 exemplares.

A *Gazeta de Tarde* toma impulso nas mãos de seu novo dono. José do Patrocínio assume o jornal com as energias completamente renovadas. Não poderia falhar desta vez. O dinheiro dado pelo sogro tinha um peso todo especial: era uma mostra de que o sogro apostava nele, porque por trás do seu sucesso profissional e empresarial estava a felicidade da filha, o futuro da família dela.

Imediatamente a folha se tornaria uma trincheira ferrenha contra a escravatura. E era uma publicação que congregava uma infinidade de homens negros, a maioria com certa notoriedade na praça. Ali escreviam o poeta B. Lopes, o engenheiro André Rebouças, o ator cômico Francisco Correia Vasques, o gramático Hemetério dos Santos, o advogado Evaristo de Moraes, entre outros. Como disse, era uma trincheira. Segundo Nei Lopes,[120] a *Gazeta da Tarde* era "o órgão abolicionista mais radical e descomprometido da capital do Império". Esses homens colocariam toda a energia no combate à escravidão e fariam propaganda acirrada em favor da República, sem que isso implicasse, paradoxalmente, a queda da monarquia ou a deposição do imperador Pedro II, até porque, como no caso específico de André Rebouças, alguns deles eram monarquistas de carteirinha, frequentando a Quinta da Boa Vista ou o Palácio Imperial de Petrópolis.

De fato, a vida financeira e social de Patrocínio muda da água para o vinho, e do dia para noite. Ele carregou todo o ímpeto empregado na *Gazeta de Notícias* para o novo periódico. Abocanhando a experiência do jornal de Ferreira de Araújo, logo a folha comandada por Patrocínio, a *Gazeta da Tarde*, saía da minguada tiragem de pouco menos de dois mil exemplares para chegar a cerca de 12 mil. Tudo isso ancorado em trabalho duro e ideias inovadoras. No início da fase em que abrilhantou o expediente do jornal com a firma "José do Patrocínio & Cia.", em substituição à outra, "Meneses & Ribeiro", o agora empresário fazia um tributo ao seu antigo dono, fiel amigo e escudeiro na luta abolicionista, Ferreira de Meneses, morto tão subitamente.[121]

> Por um lado, de cada letra destas colunas, espia-me a tradição vivaz dos triunfos conquistados pelo ousado trabalhador, que, se desfechava golpes rudes em defesa do direito, aureolava o justo e o belo com os sorrisos e galanteios do poeta. Por outro lado, fitam-me, com o sobrecenho do atleta a entrar em luta, os velhos elementos reacionários.

---

[120] LOPES, Nei. *Enciclopédia brasileira de diáspora africana*, op. cit., p. 275.
[121] Ferreira de Meneses, segundo informações, morreu repentinamente de desgosto, abalado pelo falecimento da mulher, vítima da tuberculose, a 23 de maio de 1881.

Com o intuito de seguir o caminho aberto por Ferreira de Meneses, Patrocínio mantém o jornal na mesma linha de defesa das liberdades, tanto no que concerne à defesa de suas ideias quanto na aceitação de propostas e projetos inovadores. A mágoa por sua saída não muito pacífica da *Gazeta de Notícias* o levava a destilar certos venenos, exceder nos rancores, sempre dando alfinetadas e "ferroadas" à moda da época de *Os Ferrões*, com Demerval da Fonseca – que, aliás, o substituiu na *Gazeta de Notícias*, apoiando a manobra dos portugueses conservadores que também sustentavam o jornal. É o que ele classificaria de "fase conservadora da *Gazeta*", nomeando seus principais representantes: Henrique Chaves, Demerval da Fonseca, Elísio Mendes e Ramos da Paz.

Patrocínio havia passado por todas as etapas de concepção da *Gazeta de Notícias*: quando entrou, em 1877, o veículo ainda estava com uma vida recente. Ali adquiriu experiência, acumulou prática, incorporou lastros administrativos, empresariais e jornalísticos. Dizia-se que Alcindo Guanabara, outro homem negro da imprensa brasileira, fundador do jornal *Novidades* (1887-1892), após uma paralisação de funcionários que reclamavam pagamento de salário, conseguiu escrever o seu jornal sozinho. Patrocínio estava nessa mesma linha empreendedora, desempenhando funções que iam de conferente de redação à contabilidade da empresa jornalística.

A campanha abolicionista

Mas nem tudo eram flores para Patrocínio. Sanear a *Gazeta da Tarde* estava lhe tirando verdadeiramente o sono. A publicação vazava dívidas por todos os lados, como se o dinheiro ali empregado se transformasse em líquido e escorresse pelos ralos ou pelos dedos. Embora a tiragem subisse a cada ano, a *Gazeta da Tarde*, historicamente, acumulava *deficit* sobre *deficit*. Foram muitas as pessoas amigas a que Patrocínio recorreu para manter os compromissos do jornal abolicionista, evitar que lhe desse a bancarrota de vez e parecesse um perdedor aos olhos da família. O jornalista registra que, nas horas de aperto, recorreu aos amigos Dr. José Américo dos Santos, Manuel Ribeiro, Antônio Justiniano Esteves Júnior, Dr. André Rebouças, Dr. Ubaldino do Amaral, comendadores Abílio Moreira Filho, Martins Pinho, João José Reis & Comp., Luís Ribeiro Gomes, Visconde de Figueiredo, Luís A. F. de Almeida e a diretoria do Banco do Comércio. "Além disso" – escrevia – "tenho relações com diversos negociantes desta praça, e todos sabem que tenho sabido honrar o meu crédito".

Mas, em última instância, quem o socorria de fato era o sogro, Capitão Emiliano.[122] Foi assim que, pensando em dar uma arrumada estratégica na empresa, recorreu a uma capitalista – isso mesmo: Dona Francisca de Oliveira. Conta ele:

> Providencialmente, a tiragem da *Gazeta* começava a subir. Fiado nesta ascensão gradual, que em janeiro já dava o algarismo de 4.000 exemplares, eu comecei a querer dar maior desenvolvimento à folha. Para isso, porém, era preciso um sócio, que não

---

[122] Capitão do Exército, faleceu no dia 25.10.1896, segundo o jornal *Cidade do Rio*, em edição de 26 out. 1896, publicada na p. 1. Ferrenho abolicionista, foi braço direito de Patrocínio. Morador de São Cristóvão, sua casa serviu de "asilo seguro para cativos". O próprio Imperador, seu vizinho, lhe "enviava os escravos foragidos que lhe iam pedir amparo". Ver sobre Capitão Senna, notícia biográfica em *Cidade do Rio*, de 30 ago. 1896, p. 1, a qual descreve a sua trajetória.

impossibilitasse o desenvolvimento que eu pretendia dar-lhe. Aceitei, pois, o oferecimento da Exma. Sra. D. Francisca de Oliveira e recebi de suas mãos cinco contos de réis com que reformei em parte as máquinas da tipografia. A sociedade não se realizou, porém, e eu assinei uma letra daquela quantia, que foi paga, no dia do seu vencimento, por meu sogro, que para isso retirou do Banco do Brasil a quantia necessária.

Patrocínio tinha fartas razões para venerar o sogro, que lhe foi mais útil que seu pai, já falecido, que, além de não ter lhe dado qualquer auxilio, não lhe deixara sequer parte da herança, na qual se incluía a Fazenda do Imbé, na Lagoa de Cima. Noutra ocasião, dizia ele: "Meu sogro deu-me o necessário para pagar as minhas dívidas, fazendo transações com o nosso amigo Galdino José de Bessa".[123]

Em seu trabalho sobre José do Patrocínio, Ana Carolina Feracin da Silva[124] relata que teve acesso ao processo judicial envolvendo a compra da *Gazeta da Tarde*. Ali se vê que Patrocínio se envolveu numa série de transações financeiras, conseguindo cartas de créditos no comércio e recorrendo a terceiros, mas suas dificuldades não mudaram de figura. É que, em dezembro de 1881, falecera o seu sócio comanditário, Augusto José Ribeiro e, por força do contrato social assinado pelos dois, o sócio "sobrevivente teria o direito de guardar o estabelecimento só para si pagando aos herdeiros ou representantes do finado a parte que lhes pertence, conforme o último balanço, em prestações iguais, a prazo determinado e garantias aceitas".[125]

O processo foi aberto porque Patrocínio não havia "honrado" o compromisso com os herdeiros do finado, embora demonstrasse empenho em fazê-lo. Em fevereiro de 1882, foi convocado ao juizado para assinar o termo de liquidação judicial,

---

[123] Trechos do artigo "*Chez Maman*", *Cidade do Rio*, 7 ago. 1895.
[124] FERACIN SILVA, Ana Carolina, op. cit., p. 133.
[125] Processo de Liquidação: Maria Isabel Gonçalves Ribeiro x José Carlos do Patrocínio, 1882. 2ª Vara do Juízo Especial do Comércio. Arquivo Nacional, Coleção de Varas Cíveis – processo nº 2.609, mar. 344.

caso contrário a herdeira Maria Isabel Gonçalves Ribeiro teria o direito de apresentar como liquidante "uma pessoa estranha à sociedade".[126]

De acordo com Ana Carolina:

> José do Patrocínio compareceu à Vara Comercial na qual corria a ação conforme ordenava a intimação, mas não apresentou o último balanço social da empresa que deveria servir para calcular o capital e os lucros que eram de direito aos herdeiros de Ribeiro. Protelando o quanto foi possível seu acerto de contas com D. Isabel, Patrocínio esquivou-se da justiça por alguns meses. Finalmente, em maio de 1882, sob pena de destituição total do jornal, ele apresentou em juízo o "inventário do estabelecimento tipográfico denominado *Gazeta da Tarde*".

Entre outros detalhes, o que se verificava é que a empresa andava mal das pernas: além dos ordenados atrasados dos funcionários, havia também, pendentes, despesas a quitar com várias casas comerciais. Patrocínio devia, ou melhor, a *Gazeta* devia 11 contos 517 mil e 538 réis na praça.

Voltando ao excelente trabalho da professora Ana Carolina, baseado no processo judicial impetrado pelos herdeiros:

> Apesar das dívidas e para evitar a total "falência da empresa", Patrocínio encaminhou uma petição propondo pagar "três contos de réis" pela parte de seu finado sócio, além de arcar com todas as dívidas que assolavam a *Gazeta da Tarde*. Com o acordo dos advogados de D. Isabel e do curador legal de seus filhos, a liquidação da firma "José do Patrocínio & Companhia", da qual fora sócio Augusto José Ribeiro, efetuou-se em 30 de junho de 1882, com sentença favorável do juiz em 30 de agosto do mesmo ano.

Passadas as primeiras tempestades, logo Patrocínio se recolocaria na frente de batalha, desta vez com a barricada reforçada, fortificada e renovada. Tinha adquirido sangue novo ou certo fôlego.

---

[126] FERACIN SILVA, Ana Carolina, op. cit., p. 132.

Seus primeiros artigos publicados na *Gazeta da Tarde*, assinados na "Semana Política" com o pseudônimo já tradicional de Proudhomme, demonstraram, logo de cara, para o que viera. Seu alvo continuava sendo a Câmara dos Deputados ou a ação do Parlamento ou, ainda, a vontade dos que detinham o poder. A 19 de junho de 1882, sempre truculento e radical, ataca a Câmara por não apreciar uma matéria "proibindo o tráfico interprovincial":

> O voto da Câmara não nos surpreendeu, portanto. Foi para nós uma simples afirmação do que pensávamos a respeito desse conluio indecente, presidido pelo bacalhau de Cebolas e o anjinho de Macuco.
>
> Seria fenomenal obter duma casa de tolerância o sufrágio do pudor nacional. O que ali tem valor é a mesa de tavolagem em que se jogam garantias de juros, subvenções, empregos e candidaturas.
>
> Pouco se importa o sr. Prado Pimentel, por exemplo, que a escravidão seja uma tremenda mancha para o país.
>
> S. Exª, bela peça, um bom mulato, sabe somente que a pele dos africanos, seus ascendentes, pode servir de pergaminho a diplomas de deputados de sua laia.
>
> No caso do Sr. mulato Prado Pimentel está a maioria da Câmara. Nós os conhecemos. Eram uns vadios sem eira nem beira, uns bacharéis escrevinhadores que formigavam na oposição, como vermes, em torno de uns homens de nome feito.

A menção no texto ao "Cebolas" era em referência a Martinho Álvares da Silva Campos, então um dos maiores representantes da política escravista, e "anjinho de Macuco aludia a Paulino José Soares de Sousa. Já o "mulato Prado Pimentel" parece tratar-se, salvo engano meu, do político Graciliano Aristides do Prado Pimentel, nascido em Sergipe e que, além de membro da Câmara dos Deputados, fora presidente da Província do Maranhão.

Em outro tópico do seu artigo da "Semana Política", José do Patrocínio volta a comentar o "voto da Câmara", concluindo que não podia ser outro – "devia ser este mesmo: negar-se à discussão". E reafirmava:

> Nós que escrevemos por inspiração da honra do país para o mundo civilizado; nós que temos a responsabilidade do futuro, que não engordamos à custa das privações das senzalas para acabar estupidamente na administração por uma degenerescência gordurosa da probidade individual e do civismo, temos o direito de desprezar o voto da Câmara para interrogar o imperador.

Mais adiante:

> O que conclui Sua Majestade dos fenômenos a que assiste? Enquanto a Câmara dos seus representantes se nega a discutir, enquanto o sr. Martinho Campos, agente do Poder Executivo, celebra pactos monstruosos com o sr. Paulino de Sousa, o Machiavel fanhoso, enquanto os presidentes de província como o sr. Gavião do Marmeleiro e o sr. Sancho-Pança de Sergipe suprimem ou ameaçam associações, o sentimento abolicionista revivesce.

Volta aqui a fazer alusões a políticos usando de seus apelidos e mostrando as fraquezas de cada um. A fala fanhosa de Paulino de Sousa, que ele chamava de Machiavel, veio à baila, enquanto Bernardo Avelino Gavião Peixoto era chamado por Patrocínio de "sr. Gavião do Marmeleiro" e o presidente da província do Sergipe, José Alves do Nascimento, era tratado de "sr. Sancho-Pança do Sergipe". Patrocínio passa então a enumerar as associações que trabalham nas províncias pela causa dos escravos, mostrando que, na contramão da política que as combatia, elas cresciam cada vez mais.

> Na capital, quinze associações disputam-se a primazia na coragem cívica e na dedicação pela sorte dos cativos; em S. Paulo desabrocha o sentimento abolicionista em clubes nos principais órgãos da sua imprensa; no Rio Grande do Sul a propaganda assoberba todas as dificuldades, coroando-se com o prestígio do nome de Silveira Martins; no Ceará dão-se as mãos todos os grandes elementos das grandes transformações. Desde a vela branca da jangada até o sorriso da mulher, desde a dedicação dos homens eminentes até a greve dos artistas, tudo é esperança para os cativos naquela província, sobre a qual se curva, como auréola inextinguível, a luz equatorial.

Depois de fazer indagações, José do Patrocínio sugeria ameaças ao trono imperial; chegou a estampar em letra de forma: "A luta que se travar não ficará no terreno estreito das discussões do Segundo Reinado", como que fazendo um alerta à pessoa de Pedro II. Para ele, a sorte da Monarquia brasileira seria aí decidida. Na edição 28 de agosto, recorda Luís Gama, morto quatro dias antes em São Paulo. Para Patrocínio, aquela perda abalava os alicerces da luta abolicionista. "A legião viva da justiça caiu de súbito, e o ruído da sua queda espalhou nos corações de seus companheiros o temor supersticioso dos que são perseguidos por uma fatalidade!"

O poeta baiano foi autor dos versos famosos da *Bodarrada* ("Amo o pobre, deixo o rico, / Vivo como o Tico-tico; / Não me envolvo em torvelinho, / Vivo só no meu cantinho") e festejado por toda a imprensa, inclusive a *Revista Ilustrada*, de Ângelo Agostini, que lhe dedicou, em sua edição de número 311, uma bela litografia. Ainda sobre sua morte, diz Patrocínio:

> Na hora em que o Parlamento premeditava mais uma vergonha para o país; na hora em que para iludir a opinião ele se divertia em discutir às pressas, para logo passar para o fim da ordem do dia o projeto proibindo o tráfico internacional de escravos, caía Luís Gama para não mais se levantar. À sua palavra fulminante substituía a tremenda afonia do túmulo; o seu heroísmo inimitável cedia o passo à inércia absoluta.

Cutucando a Monarquia, Patrocínio homenageava o amigo morto, cuja ação de advogado legou cerca de mais de quinhentas libertações ou mais de homens escravizados em São Paulo, apenas por força da lei, feito que o transformou numa celebridade na capital paulista, fazendo seu enterro ser um dos mais concorridos da época, na história daquela província.

Além dos inúmeros artigos na *Gazeta da Tarde*, Patrocínio também dava palestras e conferências. Desde o final de 1879, essa atividade começava a proliferar nos meios do movimento abolicionista e republicano. Os mais entusiasmados conferencistas eram, então, Vicente de Sousa e Ferreira de Meneses. O primeiro, formado em medicina, mas que se enfurnara, desde cedo, pela trincheira do jornalismo – chegou a fundar dois jornais –, proferiu nos palcos do Teatro São Luiz, no dia 23 de março de 1879, uma palestra que ficou na história, sobre o tema "O Império e a Escravidão". Essa palestra inspirou uma série de outras. Nas "conferências abolicionistas" apresentavam-se também artistas consagrados do teatro e da música. Poetas recitavam versos. Dona Cacilda de Sousa, esposa de Vicente de Sousa, tida como a "primeira mulher negra a participar abertamente das conferências",[127] cantava ao piano, enquanto outros militantes tocavam seus instrumentos e muitos deles "cedo demonstravam os seus sentimentos abolicionistas". Ouvia-se boa música popular e erudita, instrumentistas legendários como Arthur Camilo, J, P. Normandia, J. B. Martini, o flautista Couto, Aliverti, Horácio Fluminense, Viriato Figueira da Silva, Gustavo Faler e Lopes de Oliveira, entre outros. Quase toda a propaganda do movimento era feita pela Confederação Abolicionista, dirigida por José do Patrocínio, João Clapp, Domingos Gomes dos Santos e Serpa Júnior. Promovia a Confederação Abolicionista conferências, quermesses, benefícios teatrais, concertos a favor da libertação dos escravos. Conforme nos diz Evaristo de Moraes, "era ela que, junto aos poderes públicos, reclamava contra os abusos do cativeiro e, perante a Justiça, pleiteava ou protegia a causa dos escravos".[128]

Foi com essas atividades – sobretudo as chamadas conferências – que se lançou o movimento popular abolicionista. Realizadas nos finais de semana, elas arregimentavam uma multidão. Só no período de 25 de julho de 1880 a 24 de julho de 1881, foram

---

[127] SILVA, Eduardo, op. cit.
[128] MORAES, Evaristo de, op. cit., p. 36.

realizadas um total de 43 conferências, proferidas geralmente por ativistas negros. Patrocínio foi o líder no número de conferências realizadas. Nesse período, proferiu 18 delas, enquanto o médico e jornalista negro Vicente de Sousa fez 17. Outro conferencista ilustre, cuja vida reclama uma biografia de peso, foi o professor Hemetério José dos Santos, catedrático do Colégio Pedro II, que participou de uma das sessões, no dia 3 de abril de 1881, conforme registro feito pelo jornal *O Abolicionista* na edição de 1º de agosto de 1881.[129]

A repercussão das conferências era enorme. Tanto que seus organizadores passaram a ter dificuldade em encontrar local para realizá-las. Os donos das casas teatrais constantemente sofriam pressão firme do governo, obrigando, muitas vezes, os organizadores a mudar de local em cima da hora. Do Teatro São Luiz, as conferências vão migrando de espaço, às vezes, sem aviso prévio ao público. As casas usadas foram muitas, passando pelo Teatro Dom Pedro II, o Teatro Ginásio, o Teatro Santana, o Teatro Recreio Dramático, até voltar ao Teatro São Luiz. Mais tarde os organizadores começaram a mobilizar o público para as *"matinnées* abolicionistas".

Lembra com propriedade André Rebouças, genial engenheiro que junto com Patrocínio muito se dedicou à grande luta abolicionista, que as dificuldades eram tantas que muitas vezes, mesmo quebrando as recusas e a má vontade dos donos de teatros, nem tudo estava ajeitado. Registra ele no seu oportuno *Diário*: "A 36ª [conferência] só pôde realizar-se no Teatro Ginásio, varrendo-o eu e o José do Patrocínio, à última hora, com o público à espera na porta".[130]

André Rebouças, que em 1898, após uma forte depressão, morreria na África do Sul com a suspeita de suicídio, era considerado um dos homens mais preparados na engenharia nacional.

---

[129] SILVA, Eduardo, op. cit.
[130] REBOUÇAS, André. *Diário e notas autobiográficas*. Rio de Janeiro: José Olímpio, 1938, p. 293.

Como imaginar então, como observa muito sabiamente Magalhães Jr., que esse extraordinário personagem de nossa história, que tinha as insígnias de major de engenheiros do Exército, veterano da Guerra do Paraguai e professor da Escola Politécnica, se pusesse de vassoura na mão a varrer um teatro, única e exclusivamente para pregar a libertação de homens de cor.

Não foi à toa que sobre ele o insuspeito Joaquim Nabuco deixou esse depoimento, na sua obra *Minha formação*:

> Rebouças encarnou, como nenhum outro de nós, o espírito antiescravista; o espírito inteiro, sistemático, absoluto, não se contentando de tomar a questão por um só lado, olhando-a por todos, triangulando-a, por assim dizer – era uma das suas expressões favoritas – socialmente, moralmente, economicamente. Ele não tinha, para o público, nem a palavra, nem o estilo, nem a ação; dir-se-ia assim que em um movimento dirigido por oradores, jornalistas, agitadores populares, não lhe podia caber papel algum saliente; no entanto, ele teve o mais belo de todos, e calculado por medidas estritamente interiores, psicológicas, o maior, o papel primário, ainda que oculto, do motor, da inspiração que se repartia por todos...

Assim prosseguia a campanha abolicionista, sem medo das contraditas dos poderosos, atrás apenas do seu ideal de liberdade, que era, a todo custo, a abolição da escravatura. Na medição de forças, tudo precisava ser feito. E não havia, do lado de cá da causa libertadora, quem não tivesse dentro de si o sonho da vitória.

Tempos de conquistas

Em meio aos embates antiescravistas travados em todas as trincheiras por Patrocínio, Rebouças e um grande número de idealistas se dá uma segunda viagem de Patrocínio ao Ceará. Havia um certo desânimo no ar, a luta abolicionista, ao mesmo tempo que ganhava força, era violentamente atacada de todos os lados, como numa emboscada, o que fazia com que muitas vezes seus lutadores voltassem praticamente à estaca zero. A imprensa marrom, totalmente escravista, como *O Corsário*, continuava a alvejar os seus principais líderes. Na edição de 20 de novembro de 1881, Apulcro de Castro, respondendo a uma fala mais ríspida de Patrocínio, revidou no bom estilo:

> Deixe-se de bravatas, Sr. Patrocínio, que não intimida-nos; porque para o chicote, em que tanto fala, possuímos um instrumento correspondente, com que marcamos as faces dos canalhas que injuriam-nos, e por velhacada ou idiotismo deixam-se manobrar pelos monarquistas. Não distraia a atenção do povo com descomposturas de garoto cobarde e prosa, que tornam-no ridículo aos olhos de quem ouve-o. Desprezamos a vaidade dos tolos, que pretendem importar-se como glórias da nação, por causa de folhetins sem critério de seis palavras mal alinhadas, que meia dúzia de amigos aplaude. A questão que o Sr. Patrocínio tem a responder é esta: "Como o Sr. Patrocínio, que defende os lavradores por querer a abolição em massa, pode fazer parte de uma redação que, para cortejar os fazendeiros, já considera a abolição do Sr. Patrocínio uma loucura?" – Responda e não bufe.

No entrar do ano de 1882, a cabeça de José do Patrocínio martelava bastante com toda essa questão. Ainda estava às voltas com as dívidas da *Gazeta da Tarde*, embora a tiragem do jornal crescesse a cada mês e as assinaturas se multiplicassem da mesma forma. Em completo desalento, André Rebouças preparava-se para sair do país, numa viagem à Inglaterra, declarando que se por acaso pudesse ganhar dinheiro na Europa não voltaria ao Brasil. Imbuído do mesmo pensamento, em dezembro viajou Joaquim Nabuco. Estava tudo perdido? Era difícil responder.

Foi nessa conjuntura que Patrocínio quis viajar para o Ceará, em 1882. Era de lá que estavam chegando as boas notícias da campanha abolicionista. Exatamente da região mais atrasada do país, local já visitado por ele e que lhe inspirou o romance *Os retirantes*.

Desde o ano anterior, o movimento abolicionista no Ceará vinha tomando uma força extraordinária. Nem parecia a terra de José de Alencar, o romancista famoso que, em suas *Cartas de Erasmo*, sempre endereçadas ao Imperador Pedro II, pregava a manutenção do cativeiro. Numa delas, datada de 27 de junho de 1867, era capaz de dirigir-se ao monarca da seguinte forma:

> Confesso-vos que essas profundezas do futuro me causam vertigens.
> A única transição possível entre a escravidão e a liberdade é aquela que se opera nos costumes e na índole da sociedade. Esta produz efeitos salutares: adoça o cativeiro; vai lentamente transformando-o em mera servidão, até que chega a uma espécie de orfandade. O domínio do senhor se reduz então a uma tutela benéfica.
> Esta transição, fora preciso cegueira para não observá-la em nosso país...[131]

Agora era exatamente o Ceará que despontava na vanguarda do movimento abolicionista. Homens comuns, pescadores e jangadeiros eram os seus principais líderes. Patrocínio, certamente, estava fascinado com a situação. Em pouco tempo presenciaria algo que era, na verdade, uma mudança de paradigmas: uma população saía da pobreza extrema (que, de certa forma, ainda a atingia) e alcançava destaque por ser protagonista em uma ação

---

[131] ALENCAR, José de. *Cartas a favor da escravidão*. São Paulo: Hedra, 2008, p. 113.

que a Corte, ou o centro nervoso do país, não conseguia resolver ou encaminhar a contento.

Para vencer o marasmo da cidade grande, as mesmices da imprensa, cujos assuntos iam e viam tal qual um bumerangue que não atingia o alvo, o dono da *Gazeta da Tarde* resolveu viajar. No momento, estava abordando um assunto bem banal, na verdade participava da feitura de um texto cômico que tratava, afinal, dos roubos das joias da Coroa. Ora essa, que assunto mais picante... Patrocínio, neste caso, entrou na onda de dois amigos muito diletos: Raul Pompeia e Artur Azevedo. Na verdade, toda a imprensa usou o incidente para zurzir contra o imperador. Num protesto lacônico, Melo de Morais reclamava da falta de sentido dos ataques a D. Pedro II:

> É já a segunda vez que o Brazil Histórico reclama em nome da nacionalidade ofendida, protestando contra a caluniosa insinuação que a imprensa chamada séria busca lançar na pessoa do Sr. D. Pedro II, enxergando no roubo das joias da Imperatriz um manejo torpe, para difamação do Imperador".[132]

Quando entrou na brincadeira, José do Patrocínio queria apenas fazer graça. Mas dessa brincadeira resultaram criações literárias de cada um dos envolvidos: Raul Pompeia, aos 19 anos, assinou com pseudônimo uns folhetins que a *Gazeta de Notícias* começou a publicar a 30 de março e só terminou a 1º de maio de 1882, a que deu o título de *As joias da coroa*. Somente anos depois Capistrano de Abreu, com sua lupa de historiador, identificou sua autoria. Já Artur Azevedo produziu *Um roubo no Olimpo*, uma peça de teatro que saiu nas páginas da *Gazetinha*, de propriedade e totalmente redigida pelo escritor e teatrólogo maranhense, entre 31 de março e 5 de abril do mesmo ano. O texto de Patrocínio, intitulado A ponte do Catete, apareceu de forma irregular na *Gazeta da Tarde*, de 30 de março a 12 de outubro, e ao contrário

---

[132] MELO MORAIS, *Brazil Histórico*, 5 abr. 1882.

dos outros dois textos ficou incompleto pelo autor, que se assinava com as iniciais G. P., ou seja, Giuseppe do Patrocínio.[133] Por sua curiosidade, reproduzimos um dos trechos dos primeiros capítulos, que traz este interessante tópico sobre a vida da realeza:

– Oh! se ele fosse como o pai, a relação de bastardos era enorme... Nos bailes o imperador como que se desforrava da vida de isolamento a que se condenou. Humanizava-se, passeava, encostava às colunas, ouvia opiniões de ministros e de comerciantes, acompanhava com o olhar os pares, que desfilavam; as mulheres com uma oleosidade de onda, os homens muito tesos, negros como postes de gás.

Quando Marieta penetrou no salão, depois de ter estado na *toilette* e de haver corrido com um olhar a onda de seda *paille*, encadeada aqui e ali por musgo e rosas escarlates, houve um sussurro apoteótico.

Diante disso, que restaria a Patrocínio senão uma viagem de reconhecimento a uma província que dava um passo importante para o progresso da humanidade? Dominado pelo espírito aventureiro, que, aliás, sempre aqueceu o seu sangue, em fins de 1882 ele partiu do Rio de Janeiro em companhia de um representante comercial da *Gazeta da Tarde*, de nome Alípio Teixeira.[134] A viagem de Patrocínio teve paradas em Salvador, em Maceió e no Recife. Nas três cidades, a recepção a Patrocínio teve uma força avassaladora, como um verdadeiro triunfo. Patrocínio faz conferências abolicionistas no Liceu de Artes e Ofícios de Salvador, com grande repercussão junto ao público. Outra em Maceió, também com muito boa acolhida. Os intelectuais locais, jornalistas, propagandistas da abolição, são os que mais afoitamente cercam

---

[133] PATROCÍNIO, José do, AZEVEDO, Artur e POMPEIA, Raul, op. cit. *Um monarca da fuzarca, três versões para um escândalo na corte*. Em que o organizador Sérgio Góes de Paula refaz a história da construção dos textos dos três autores.

[134] Ao contrário do que afirmam Osvaldo Orico, em *O tigre da abolição* (op. cit., p. 97) e Raimundo de Meneses, em *A vida boêmia de Paula Nei*. São Paulo: Livraria Martins, Paula Nei não acompanhou Patrocínio. Raimundo Magalhães Júnior foi o único que, com acerto, corrigiu a informação.

o visitante para homenageá-lo. Da cidade do Recife, sempre em companhia de Alípio Teixeira, segue a bordo do navio Ceará rumo a Fortaleza, onde chegam na manhã do dia 30 de novembro de 1882. Uma recepção *sui generis* o esperava à saída do porto.

> Quando ele pulou na ponte – recorda Alvira Pinho – um escravo o beijou e nós lhe cobrimos a cabeça de rosas, o que havia de melhor nos jardins da cidade. Chamaram-lhe de Marechal Negro. Lembro-me do seu encontro com Chico da Matilde.[135] Os dois tinham quase a mesma estatura, sendo que a barba de Patrocínio era mais fechada. O tribuno conheceu o chefe dos jangadeiros na sede da Libertadora – "Então, companheiro, o porto está mesmo bloqueado"? Nascimento responde com firmeza: " – Não há força neste mundo que o faça reabrir ao tráfico negreiro"![136]

No Hotel do Norte – hoje sede da Companhia de Eletrificação do Ceará –, em frente ao Passeio Público, ao som da banda da polícia, a recepção é fremente. Durante o almoço que lhe foi oferecido, com a solenidade de um banquete, Patrocínio é saudado por Frederico Borges, Almino Álvares Afonso, Lourenço Pessoa e pelo médico João da Rocha Moreira, todos com rasgados elogios. O Dr. Moreira, dando o cunho simbólico da festa, alforriou o seu escravo Antônio. O jornal *Libertador*, órgão de propaganda abolicionista local, informou que em seguida "o nosso ilustre amigo, acompanhado pelas sociedades Cearense Libertadora e Clube dos Libertos, [...] dirigiu-se ao nosso escritório, onde foram, uma e muitas vezes, levantados vivas – calorosos e entusiásticos – à abolição da escravatura, à Cearense Libertadora, ao Clube dos Libertos, ao povo de Aracape, a José do Patrocínio".

Aproveitando as circunstâncias, talvez verdadeiramente emocionado com o calor da recepção, José do Patrocínio resolveu escrever um soneto, depois publicado em *Libertador*:

---

[135] Francisco Nascimento, líder dos jangadeiros locais, era conhecido como Chico da Matilde por ser filho de Matilde Marques da Conceição.

[136] CAMPOS, Eduardo (org.). *Da senzala para os salões*. Fortaleza: Secretaria de Cultura do Ceará, 1988, p. 133 (capítulo José do Patrocínio no Ceará).

Estávamos em festa. O riso, as expressões,
D'entusiasmo e fé queimavam corações,
A vanguarda da luz, brilhante como aurora,
Era a um tempo águia e pomba gemedora.

Tinha a expressão gentil de uma paixão que chora:
Do moço Desmoulins a frase atroadora.
E a Marselhesa, a voz das grandes revoluções,
Ribombava ideias em meio à explosões.

Nisto apareceu: Modesto companheiro,
O filho do Equador, no lábio hospitaleiro
Tinha um quê de alvoradas; e ele assim falou:

"Por vós e pelos meus, na festa da igualdade
compareço também – e inteira liberdade
a um que foi escravo, ao pobre Antônio dou!"

Logo apareceu um soneto em homenagem ao visitante ilustre. A composição, de autor desconhecido – talvez o próprio Dr. João Moreira -, publicada a 2 de dezembro, não primava pela qualidade, mas ainda assim era bem melhor do que o escrito pelo homenageado:

Quando ele apareceu no campo das batalhas,
Saíram dos covis, das lúgubres sentinas,
Os negreiros cruéis, os trépidos canalhas
E armaram contra este as "cóleras divinas".

- Aos fanchalhos do rir, às faces dos sicários
Opôs o peito nu, intrépido, valente,
E sem ouvir sequer os torpes mercenários
Foi vergastando a cara à fina flor da gente.

- Da pena fez um gládio um rígido montante
Para quebrar do escravo as gargalhadas vis,
E do verbo eloquente a clava flamejante
Com que vai esmagando a turba dos servis.

- E quando ele aparece, as multidões da praça
Se curvam com respeito, admiração e amor,
José do Patrocínio – o novo redentor.

A jornada de Patrocínio continuaria com uma série de conferências no pequeno Teatro São Luís, que regurgitava de gente que pagara para ouvir a força do verbo incandescente do tribuno, reunindo uma quantia destinada às indenizações dos últimos escravos da cidade de Aracape.

Sobre ele, publicaria *O Libertador*: "sua palavra ora causticava, com ferro em brasa, às consciências fomentadas, ora subia as regiões do belo e encantava como uma música desconhecida e doce".[137] Na saída do Teatro, uma grande massa humana seguiu o conferencista até o hotel, acompanhada pela banda do 15º Batalhão. Dias depois, a 13 de dezembro, chega a Fortaleza o general Tibúrcio Ferreira de Sousa, também abolicionista, impulsionando ainda mais o entusiasmo do povo. Enquanto isso, a Sociedade Libertadora Cearense organiza uma solenidade em Aracape, onde Patrocínio é esperado.

O Libertador, sempre entusiástico, publica uma nota solicitando ajuda dos "concidadãos de Aracape" para libertar os 32 escravos restantes na região:

> Para auxiliar o generoso e nobilíssimo movimento dos ilustres concidadãos de Aracape, abrimos hoje neste diário uma subscrição em favor da liberdade dos escravos que restam naquela florescente vila, destinado a ser o primeiro município livre da Província e do Império. Apelamos para a grandeza do povo cearense e muito confiamos que a sua generosidade se faça admirar neste cometimento que será a maior das glórias para o Ceará que, segundo reconhece toda a imprensa do Sul e do Norte, é a primeira província abolicionista do Brasil. Aceitamos com prazer e reconhecimento qualquer óbolo, que registraremos com a maior satisfação em homenagem ao nome cearense. A subscrição é de todos e só não contribuirá o desgraçado, cuja sorte é ser insensível a todo o sentido bom e humanitário em favor de uma ideia que não conta um só inimigo.

---

[137] CAMPOS, Eduardo (org.), op. cit., p. 141.

A subscrição foi um verdadeiro sucesso. O próprio jornal, com 200$000, e o Clube dos Libertos, com 100$000, abriram as contribuições. Entre os doadores, destacamos os nomes de Geminiano Maia, futuro barão de Camucim, com 50$000, José Barbosa, Domingos de Bento Abreu, Vitoriano A. Borges, Cândido Maia e Sebastião Mestrinho, cada um com 10$000. A vila de Aracape enviou 300$000. As conferências abolicionistas proferidas por Patrocínio renderam 260$000. A lista é extensa, envolvendo praticamente toda a população.

Em Arapace, para onde Patrocínio se deslocara a 1º de janeiro de 1883, em companhia de uma comitiva de abolicionistas, se realiza um banquete em que vários discursos são proferidos. Patrocínio faz uma saudação à Sociedade Cearense Libertadora, referindo-se a João Cordeiro, José do Amaral, Frederico Borges, Antônio Bezerra, Pedro Borges, Antônio Martins, José Marrocos, Felipe Sampaio, Martinho Rodrigues e Justiniano de Serpa, que também já o havia saudado.

Foi ainda a Pacatuba e outras cidadezinhas do interior cearense. Na volta, um incidente. Chico da Matilde havia sido demitido do cargo de prático da barra, por sua atividade abolicionista, no dia 30 de agosto de 1881. Agora, no calor dos acontecimentos, sob a pressão do povo e do grande movimento que a presença do jornalista e tribuno provocava na província, foi readmitido no cargo, sofrendo porém uma punição por ter acompanhado Patrocínio ao interior. Num documento divulgado pela imprensa, reclama publicamente dessa punição: "Ontem fui à Vila de Pacatuba e hoje recebi uma suspensão por 15 dias do lugar de prático da barra! A minha dignidade impõe-me a obrigação de recusar-me a aceitar essa ordem, porque ela não assenta em lei, nem em razão plausível".[138]

Não se demora mais no Ceará: a 10 de fevereiro parte de volta para o Rio de Janeiro, aonde chega no dia 21 do mesmo mês,

---

[138] GIRÃO, Raimundo apud MAGALHÃES JÚNIOR, Raimundo, op. cit., p. 128.

recepcionado pelos companheiros da *Gazeta da Tarde*, tendo à frente Serpa Júnior e João Clapp. Volta à sua coluna, onde Proudhomme reaparece em alto e bom estilo. Logo que reassume o seu lugar na redação, recebe uma notícia auspiciosa: mais dois municípios do Ceará haviam libertado seus escravos, Baturité e São Francisco. Patrocínio sabe que parte desse mérito se deve a ele, por sua passagem por aquelas regiões. Pela própria *Gazeta da Tarde*, ele saúda os cearenses, afirmando:

> Não há coração verdadeiramente brasileiro que não estremeça orgulhoso ao ler estas notícias, que dão a medida do quanto podemos fazer na hora em que for tomada seriamente a resolução de dar à nossa pátria a posição que ela merece entre os povos civilizados. [...] A Redenção dos dois municípios riquíssimos, ontem entrados na civilização moderna, é um desmentido solene aos que dizem que o braço escravo é indispensável à agricultura. Baturité é um município agrícola; o café é a riqueza. Não obstante, pode dispensar o escravo, do mesmo modo que São Francisco, o município algodoeiro, já o havia dispensado antes. A confusão dos nossos adversários é, pois, completa. Ao Ceará ficará eternamente a glória de os haver desmascarado perante o mundo civilizado. Honra ao punhado de heróis que assim sabe engrandecer a pátria e a humanidade. Hurra! aos novos municípios livres.[139]

---

[139] *Gazeta da Tarde*, Rio de Janeiro, 26 mar. 1883.

Viagem a Paris e carta de Victor Hugo

Patrocínio não descansava um só minuto. Depois do retorno da cansativa excursão ao Ceará, onde percorreu todo o interior (chegando a viajar até três horas a cavalo de uma região para outra), o tribuno se preparava agora para enfrentar sua primeira viagem à Europa, especialmente à cidade de Paris. Em verdade, três motivações o empurravam a essa viagem: a pesquisa para o seu mais novo romance, *Pedro Hespanhol*, a possibilidade de planejar a reforma da *Gazeta da Tarde* e uma enfermidade que o acometia fazia tempos.

Embora se achasse bem fisicamente, a saúde de Patrocínio estava debilitada por frequentes mal-estares digestivos. E não era para menos. Levava uma vida bastante desregrada, sem hora para se alimentar e varando noites, às vezes na redação do jornal, às vezes (e isso com mais frequência) nos restaurantes ou confeitarias, onde ficava bebericando e fumando com os amigos, a falar sobre política, jornalismo e literatura.

É provável que já durante suas andanças pelo Ceará estivesse pensando nessa viagem. O fato é que no dia 13 de novembro soltava uma notícia a respeito dela pelas colunas da *Gazeta da Tarde*:

> A necessidade de ver Lisboa e consultar alguns documentos, cujo conhecimento me é imprescindível para o romance *Pedro Hespanhol*, romance que tenho entre mãos e deve ser publicado nas colunas desta folha, no próximo ano; o estado precário de minha saúde e a urgência de algumas reformas, que pretendo fazer na *Gazeta da Tarde*, resolveram-me a partir para a Europa.[140]

Embarcou a 15 de novembro, pelo navio Equador, em companhia da mulher, D. Maria Henriqueta Rosa de Sena Patrocínio. Num

---
[140] *Gazeta da Tarde*, Rio de Janeiro, 13 nov. 1883.

artigo anterior, publicado a 9 de novembro, chegara a informar que deixaria a mulher no Brasil, viajando sozinho para o exterior. Alguma coisa deve ter acontecido para que, de repente, mudasse de ideia: de temperamento muito forte, às vezes até violenta quando contrariada, D. Bibi acabou embarcando junto com o marido, não se sabe exatamente se devido à saúde deste, ou se para aproveitar umas boas férias, ou lua de mel, tão ao estilo burguês, de que ela tanto gostava. De um modo ou de outro, a viagem se fez. Antes de embarcar, porém, o marido, certamente procurando amenizar a notícia de sua partida solitária ao estrangeiro, publicou um belo soneto, dedicando-o à esposa. Com o sugestivo título de "A minha mulher", Patrocínio retrata um pouco de suas aspirações e fala de sonhos, de desejos e de emoções:

> Cedo eu sonhei os meus primeiros sonhos
> Do teu olhar à branda claridade,
> E percebi que a nossa mocidade
> Era dois frutos a crescer inconhos.
>
> Não me enganei: daqueles céus risonhos
> Dos nossos ideais só há saudade...
> És sempre a mesma Angélica bondade
> Inda nos longos dias mais tristonhos.
>
> Não sei dizer que oráculos estranhos
> Saem de teus olhos úmidos, castanhos,
> Que me dão fé e impelem-me na luta;
>
> Quero fazer-te pública justiça:
> Morrer me sinto e só estou na liça
> Mercê dessa alma heroica e resoluta.

Antes de embarcar, Patrocínio promoveu um lauto banquete, no qual foram distribuídas vinte cartas de alforrias. Deixou o jornal praticamente todo organizado, entregue às mãos do seu gerente e amigo, Serpa Júnior, enquanto a redação ficaria a cargo de Luís de Andrade, Júlio de Lemos e Gonzaga Duque Estrada, sob "a coadjuvação de homens feitos, de reputações aclamadas como os Drs. André Rebouças e Ennes de Sousa". A parte literária da folha ficaria sob os cuidados de Cardoso de Meneses (que não tinha nenhum parentesco com Ferreira de Meneses, fundador do jornal), do "imortal ator F. C. Vasques, da distintíssima escritora Delia" – esta assinava, na folha, um folhetim de nome *Aurélia*.[141]

Na época, o jornal tinha uma variedade grande de colaboradores, entre os quais se destacavam os nomes de Gama Rosa (que em seguida seria nomeado presidente da província de Santa Catarina e era amigo de Cruz e Sousa[142], Oscar Rosas e Virgílio Várzea), Dias da Cruz, B. Lopes – que publicava textos em prosa, embora já fosse o autor de um livrinho de poesias, muito popular, intitulado *Cromos* –, M. E. Campos Porto e Frederico Douglas.

Patrocínio deixava, pelo menos, três homens negros à frente da *Gazeta da Tarde*: André Rebouças, B. Lopes e Francisco Correia Vasques. Além destes, franqueou as páginas da folha abolicionista a João Clapp e a outros, dizendo:

> Soldado das fileiras abolicionistas, de acordo com todos os meus companheiros, deixo francas, como sempre, as colunas desta folha ao meu ilustre chefe João Clapp, cuja autoridade na direção da propaganda é um resultado dos seus muitos serviços, do seu grande prestígio, que lhe deram o lugar de presidente da Confederação Abolicionista.

O ator e comediante Correia Vasques era amigo pessoal de Patrocínio, a quem este devotava uma amizade de irmão e quase todas as noites ia buscar após os espetáculos para, "com ele, de

---

[141] Delia era pseudônimo de Maria Benedita Câmara Bormann (1853-1895), romancista e contista de grande expressão na época, casada com o militar e escritor José Bernardino Bormann, seu tio materno, que chegou a ser ministro da Guerra em 1909.

[142] De passagem pelo Rio de Janeiro por esta época, Cruz e Sousa deixou com Patrocínio os originais de seu livro de poesias – *Cambiantes* – para que o tribuno avaliasse e prefaciasse, o que não chegou a acontecer. O livro, antes de se perder na redação com a viagem do dono do jornal, foi recolhido por Oscar Rosas, amigo do poeta negro catarinense.

braços dados, passar a noite confidenciando, dentro do silêncio".[143] O artista assinaria uma coluna do jornal intitulada "Cenas Cômicas", que foi veiculada até o ano seguinte.

Anos mais tarde, Vasques, muito popular e respeitado, defenderia Patrocínio contra as arbitrariedades do governo de Floriano Peixoto, demonstrando grande coragem e bravura em tempos de exceção:

> Chamo-me Francisco Correia Vasques; tenho 53 nos de idade; sou viúvo e moro à Rua Evaristo da Veiga, nº 31. Não tenho política. Sou ator desde 1856. Dizem que faço rir na comédia, chorar no drama e que finjo de tenor nas operetas. Tenho escrito alguns trabalhos para o teatro e já fui folhetinista da *Gazeta da Tarde*.
>
> Fiz conferências sobre a escravidão e em quase todas as matinées que se realizaram nessa época eu recitei versos de pé quebrado, porém de minha lavra.[144]

A viagem de Patrocínio estava assim estabelecida. No início de dezembro, ele já estava em Lisboa, com o desejo de "estudar a topografia" para realizar a parte descritiva do romance *Pedro Hespanhol*, que ele chamava de "grande sonho".[145] O jornal português *O Século* registrava a sua presença, destacando-o como "um dos mais denodados campeões pela abolição da escravatura", além de saudá-lo entusiasticamente como "o valoroso e disciplinado combatente das fileiras republicanas no Brasil".

Uma coisa Patrocínio tinha como certa: depois da ovação que recebera no Ceará, que lhe dera uma ideia do seu prestígio nacional, a nota de *O Século* demonstrava que também tinha algum lastro no estrangeiro, sobretudo na Europa.

Logo Patrocínio iniciava o envio de algumas cartas para os companheiros de redação, pelas quais podemos acompanhar

---

[143] FERREIRA, Procópio. *O ator Vasques*. Rio de Janeiro: Serviço Nacional do Teatro, 1979, p. 31, apud SILVA, Eduardo, op. cit.
[144] Id., p. 128.
[145] *Gazeta da Tarde*, Rio de Janeiro, 9 nov. 1883.

suas impressões da viagem. Uma delas, divulgada pela *Gazeta da Tarde*, era uma espécie de diário de bordo: "Ancoramos no dia 2 às 6 horas da manhã". Mais adiante, dizia, maravilhado: "A entrada do Tejo é simplesmente esplêndida. Tive uma impressão profunda ao vê-la. Amanhecia e a aurora aumentava a beleza desse panorama encantador".

Dias depois, a *Gazeta da Tarde* anunciava ter recebido nova correspondência do chefe, mas apenas deu notícias do seu conteúdo: Patrocínio informava ao jornal que a viagem "restabeleceu-o completamente e as repetidas congestões do fígado que tinham ameaçado, tão gravemente, a sua existência, cessaram de todo".

Ele não ficou muito tempo em Portugal; o frio rigoroso o fez abrigar-se momentaneamente na Espanha, onde ficou até que o inverno parisiense amainasse. Só chegaria à capital francesa quando o clima estivesse bem mais ameno, de modo que seu organismo pudesse suportá-lo confortavelmente.

A princípio enfrentou um grande empecilho em Paris: a falta de contato e de relacionamento com os meios intelectuais locais. Embora conhecesse a língua nativa com relativa perfeição (o francês era a segunda língua, depois do português, mais falada no Brasil), a falta de vínculos de amizade entre ele e brasileiros residentes na França, e muito menos entre ele e os franceses, dificultou relativamente seus primeiros momentos na cidade luz.

Foi quando surgiu em sua vida um anjo providencial: o brasileiro Frederico José de Santana Nery. Durante o ano de 1883, Santana Nery fizera várias viagens pelo Brasil, tendo tido, provavelmente, algum contato com Patrocínio, uma vez que era colaborador do *Jornal do Commercio*. Autor aclamado de diversas obras, todas publicadas em língua francesa e italiana, Santana Nery, que chegou a ter o título de barão, era conhecedor profundo da cultura francesa, e graças a ele é que Patrocínio se viu, pode-se dizer, salvo de um verdadeiro fiasco em terras estrangeiras. Por seu intermédio, começou, finalmente, a se movimentar em Paris, participando da vida parisiense tanto na esfera política, quanto na cultural. Por suas mãos, Patrocínio teve acesso à reunião anual da Aliança Latina, entidade que congrega, entre outras nacionalidades, portugueses e brasileiros. Essa organização, aparentemente sem importância, tinha como presidente de honra ninguém menos que o maior poeta da França, o legendário Victor Hugo.

Talvez por esse motivo, o jornalista brasileiro começou a alimentar o sonho de conhecer o autor de *Legende des Siècles*. Carregado para todos os lados e participando de jantares e banquetes, foi num destes que Patrocínio conheceu, afinal, a pessoa que poderia levá-lo à presença de Victor Hugo, nessa época com 82 anos de idade. Era Victor Shoelcher, senador nomeado para um mandato vitalício e grande abolicionista. Por intermédio de Schoelcher, conheceu o deputado e ex-ministro Étienne Auguste Édouard Lockroy que, entre outras coisas, era pai de dois netos do velho escritor, e agora por está viúvo, morava na mesma casa do poeta octagenário.

Patrocínio não podia ficar mais satisfeito ao conhecer Victor Schoelcher; tanto isto é verdade que registrou assim o encontro:

> O velho Schoelcher almoçava. Sentado numa poltrona junto à chaminé que labaredava e derramava no salão uma temperatura suave, fez-me sentar ao seu lado e ouviu com a maior atenção o meu pedido. É fácil imaginar a emoção que me dominava. Tinha diante de mim um dos maiores colossos da história contemporânea. Victor Schoelcher, salientado já pelo seu talento de jornalista e de historiador, membro proeminente da República de 1848, foi um dos mais heroicos lutadores contra o golpe de estado e um dos mais implacáveis inimigos do Império.
> Tal era o homem que eu tinha diante de mim. O seu próprio salão me impressionava. Uma galeria de bronzes magníficos parecia-me uma projeção desse caráter e as primícias da cultura de seu espírito. Victor Schoelcher acedeu ao meu pedido e deu-me a honra de conversar comigo durante uma hora, acerca do movimento abolicionista e do estado da escravidão no Brasil. Iria ao banquete e, como tanto eu lhe pedira, presidi-lo-ia. Em seguida, ofereceu-me alguns exemplares das obras que lhe conquistaram a imortalidade.[146]

---

[146] Citado por MAGALHÃES JR., Raimundo, op. cit, p. 144-145.

Depois desse emocionante encontro na casa de Victor Schoelcher, onde também conheceu outro deputado, Gerville Réache, Patrocínio prosseguiu na sua caminhada, em busca de novos relacionamentos. Estava deslumbrado, a todo momento agradecia a Santana Nery pela grande porta que este lhe abrira. A longa lista dos contatos que fez dá uma ideia da impressionante energia despendida por ele, logo ele, que saíra do Brasil queixando-se da saúde devido a problemas no fígado que lhe ameaçavam a existência, de acordo com as notícias divulgadas na ocasião pela *Gazeta da Tarde*.

Estava agora um homem renovado. Aproveitando cada oportunidade que lhe aparecia, estreitou ainda mais os laços com a Aliança Latina, o que lhe ampliou s seus conhecimentos, sobre Portugal e o próprio Brasil. Intuindo que a qualquer momento poderia conhecer Victor Hugo, organizou um banquete e, por intermédio de Schoelcher, convidou Lockroy, que se comprometeu a comparecer e a entregar uma carta de Patrocínio ao grande poeta da França. Eis o teor da missiva, vertida para o francês provavelmente por Santana Nery, aqui já na sua versão em português:

Paris, 22 de março de 1884.

Venerando Mestre: No dia 28 de setembro de 1871, uma lei declarou que ninguém mais nasceria escravo no Brasil. No dia 25 de março de 1884, dentro de três dias, uma província brasileira, o Ceará, graças aos esforços de associações abolicionistas, decretará e fará cumprir outra lei: ninguém mais morrerá escravo no seu território. O crime vê-se, pois, acometido de todos os lados, mas ainda não está de todo punido: mais de um milhão de homens são ainda escravos. O dia 25 de março dá mais um golpe profundo no adversário secular. Depende de vós, Mestre, tornar este golpe decisivo. Basta uma palavra! Ela atravessará os mares e irá repercutir no espírito desse imperador, desse D. Pedro II, que um dia veio sentar-se à sombra do vosso gênio. A vossa palavra ressoará como um incentivo supremo na alma daqueles que lutam pela liberdade integral dos seus semelhantes. Com essas palavras, Venerando Mestre, se enxugarão as lágrimas de mais de um milhão de desgraçados que gemem esmagados por um opróbrio imerecido. Eu sei que o verdadeiro gênio tem uma face vulgar: a bondade. O vosso coração não hesitará; ele virá bater ao lado do venerando Schoelcher. Uma palavra para a nossa nobre causa! Mestre, é a causa dos oprimidos. O último, porém, o mais fervoroso dos vossos admiradores.

José do Patrocínio – Diretor da *Gazeta da Tarde* do Rio de Janeiro.

Santana Nery e Patrocínio não se desgrudavam para nada, ficaram juntos a todo momento durante a preparação daquele que seria um verdadeiro acontecimento. No mesmo momento em que o diretor da *Gazeta da Tarde* escrevia esta carta, o amigo brasileiro, bem afrancesado por sinal, traduzia um longo texto de Patrocínio sobre a libertação do Ceará que, ao ganhar o pomposo título de "*L'affranchissement des esclaves de la province du Ceará au Brésil*" (ou "A emancipação dos escravos na província do Ceará no Brasil"), seria publicado em um pequeno volume e distribuído entre os seletos trinta e pouco convidados, entre os quais Patrocínio aguardava, cheio da mais viva esperança, a presença do maior poeta vivo da França, Victor Hugo, ou ao menos do, digamos assim, seu parente mais próximo, Étienne Auguste Lockroy.

O banquete, inteiramente organizado pelo jornalista brasileiro – que, coadjuvado por sua esposa, contratou um bom restaurante para a ocasião, o Le Brabant – só não frustrou mais Patrocínio porque Victor Schoelcher conduziu de forma brilhante a cerimônia, fazendo rasgados elogios ao anfitrião. O jornalista que saíra de Campos dos Goytacazes, do ventre de uma preta de 13 anos de idade, jamais imaginaria um dia alcançar tal posição na vida.

Como patrono da festa, Patrocínio abriu os trabalhos e fez os brindes necessários, seguido por Victor Schoelcher. Este destacou, em seu discurso, alguns pontos da luta antiescravista no

Brasil, dizendo que, onde "quer que exista um homem escravo, o aviltamento dele será sempre um insulto à dignidade do gênero humano". E continuou: "A liberdade desse homem está corporificada na liberdade de todos; não se pode tocar em uma sem comprometer a outra".

Em seguida fez severas críticas à Lei Rio Branco, ou Lei do Ventre Livre, por entender que ela, antes de mais nada, "na sua triste realidade, não é mais do que o prolongamento disfarçado da escravidão", pois "deixa subsistir a escravidão com todos os seus horrores". Disse ele que, depois dessa lei, "o escravo no Brasil ficou sendo um móvel, que se vende, que se compra, que se trata como a um boi de charrua". Para o abolicionista francês,

> [se] fosse possível conceber uma instituição mais imoral que a escravidão, essa lei a representaria fielmente! Primeiro: o senhor já não tendo interesse na vida das crianças, não facilita às mães o encargo sagrado de amamentar e educar os filhos. Segundo: que respeitabilidade, que sentimentos podem inspirar aos filhos esses pais, que eles viram desde o berço condenados a todas as abjeções da escravidão e ao chicote do trabalho forçado? Essa lei, meus senhores, decretou a tortura moral perpétua, incrustou o desprezo pelo pai e pela mãe no coração dos filhos. Nunca se romperam mais espantosamente os laços de família, que são a base da sociedade.

Victor Schoelcher, a cada fôlego que tomava, era aplaudido pela seleta plateia, sob os olhos atentos de Patrocínio. Embora o tribuno lhe tenha transmitido algumas informações sobre a escravidão no Brasil, Schoelcher tinha lá suas informações, embora um tanto truncadas, sobretudo quando colocava a família do escravo no mesmo patamar das famílias dos senhores, em especial ao falar de direitos e liberdades – tudo que o escravo não possuía.

Em todo caso, uma mesa presidida por uma figura lendária da estatura do senador francês era algo simplesmente fantástico para os moldes do que ocorria no Brasil. Que brasileiro já gozara de tão alto privilégio?

Depois de fazer uma justa defesa da imprensa abolicionista e de seus jornalistas, enfatizando a intervenção de Patrocínio, Schoelcher volta a puxar as orelhas dos políticos brasileiros.

> Semelhante lei serve apenas de argumento poderoso para que repitamos que não há emancipação sincera, honesta, eficaz e de resultados salutares senão quando a emancipação é feita sem transição, quando é absoluta, como ocorreu na França e nos Estados Unidos. Entre a escravidão e a liberdade não há, nem pode haver, meio-termo. A altiva propaganda dos jornais abolicionistas do Brasil acaba de obter um sucesso, limitado, é certo, mas que há de ser forçosamente fecundo.

No calor do discurso, Victor Schoelcher agradecia a José do Patrocínio por estar naquela reunião para festejar solenemente a libertação de uma província brasileira, o Ceará, que se "ilustra por um ato que terá lugar glorioso nos anais humanos".

O orador, que tinha uma presença de tribuna parlamentar, de onde era cria, passou a exaltar a atitude do Ceará, destacando a importância simbólica desse feito para a humanidade. Muito exaltado, por sinal, exclamava: "Honra aos cearenses! Que eles recebam homenagem da nossa simpatia e da nossa admiração". E prosseguia: "Creio ser o vosso intérprete dizendo aos abolicionistas brasileiros: Coragem! Coragem! Perseverai nos vossos esforços".

Depois de uns rasgos de patriotismo exacerbado, em que colocava a França no topo do mundo como a nação que mais tem se "dedicado ao serviço da humanidade", asseverava: "Os franceses de todas as opiniões políticas estão convosco de coração e de espírito".

Para evocar a figura do grande ausente, a quem substituía na presidência da cerimônia, Schoelcher passa a falar de Victor Hugo, "o amigo de todos os oprimidos, o defensor de todos os deserdados", declarando que o poeta romântico "está impaciente", pois quer ter "notícia de vossa vitória definitiva". Encerrando seu discurso, o senador conclamou a todos, num brinde, a lutarem pela "abolição completa da escravidão no Brasil e no mundo".

Muito aplaudido e cumprimentado, Victor Schoelcher passou a palavra a outros oradores, todos menos brilhantes que ele, dos quais apenas Santana Nery procurou responder à fala de Schoelcher, por ser um ardoroso monarquista.

Os nomes dos abolicionistas brasileiros, sobretudo os cearenses, estavam na ponta da língua dos convivas franceses durante todo o banquete. Uma das últimas falas, no entanto, causou surpresa, especialmente em Santana Nery: o ativista francês Léon Séché, que também era poeta e escritor, disse que nunca fora indiferente à sorte dos escravos brasileiros, pois para ele o Brasil "era uma espécie de segunda pátria". Todos quiseram saber do que estava falando. Séché revelou então que aprendera a conhecer e amar o Brasil no colégio, na região de Nantes, onde conhecera Santana Nery, que considerava no momento "o representante mais autorizado do Brasil na Europa". Segundo ele, Santana Nery tinha sido o responsável por ter ouvido falar tanto do Brasil, da sua constituição, do seu imperador, de seus poetas, de Gonçalves de Magalhães a Gonçalves Dias.

> Passávamos assim dias inteiros, Santana Nery a explicar-me as belezas da língua portuguesa, eu a traduzi-las da melhor forma que podia para versos franceses. Entre os meus papéis desse tempo, encontrei a tradução de uma poesia de um sabor estranho, escrita por Gonçalves Dias, um poeta que a morte roubou bem cedo à sua própria glória e à glória de sua pátria.

Todas essas falas e artigos foram estampados nos dias posteriores na imprensa francesa, e tiveram imediata tradução para o jornal de José do Patrocínio, a *Gazeta da Tarde*.

Foi exatamente Santana Nery quem trouxe depois a Patrocínio uma cartinha de Victor Hugo, recebida provavelmente por Lockroy, seu genro, que lhe explicara que, devido a um contratempo, não pudera comparecer à solenidade. Patrocínio confessou depois, pelas páginas da *Gazeta da Tarde*, que pegou a carta com as mãos tremendo, chegando a beijar o original, que tinha este teor:

> *Une province du Brésil vient de déclarer l'esclavage aboli. C'est la une grande nouvelle!*
> *L'esclavage c'est l'homme remplacé dans l'homme par la bête; ce qui peut rester d'intelligence humaine dans cette vie animale de l'homme, appartient au maître, selon sa volonté et son caprice.*
> *De là des circonstances horribles.*
> *Le Brésil a porté à l'esclavage un coup décisif. Le Brésil a un empereur; cet empereur est plus qu'un empereur, il est un homme.*
> *Qu'il continue. Nous le félicitions et nous l'honorons.*
> *Avant la fin du siècle, l'esclavage aura disparu de la terre.*
> *La liberté est la loi humaine.*
> *Nous constatons d'un mot la situation du progrès; la barbarie recule, la civilisation avance.* Victor Hugo[147]

Plenamente realizado nessa sua primeira viagem à Europa, José do Patrocínio retorna ao Brasil completamente refeito das suas contrariedades e sentimentos negativos, além de sarado de suas crises do fígado. Nas mãos, trazia o seu maior troféu, a carta escrita e assinada por Victor Hugo. Enquanto isso, por aqui não se falava em outra coisa que não fosse a libertação da província do Ceará: na mesma hora em que Patrocínio oferecia o seu banquete em Paris, o governador Sátiro Dias realizava na Praça Castro Carreira, na presença de toda a população de Fortaleza, a majestosa Festa da Liberdade, declarando solenemente que, "para glória imortal do povo cearense, e em nome e pela vontade do mesmo povo, proclamei ao país e ao mundo – QUE A

---

[147] "Uma província do Brasil acaba de declarar a escravidão abolida. Esta é uma grande notícia! A escravidão é o homem substituído no homem pelo animal; o que pode sobrar de inteligência humana nesta vida animal do homem, pertence ao amo, segundo sua vontade e seu capricho. Daí as circunstâncias terríveis.
O Brasil infligiu na escravidão um golpe decisivo. O Brasil tem um imperador, este é mais que um imperador, é um homem.
Que continue. Nós lhe damos os parabéns e o homenageamos.
Antes do final do século, a escravidão terá desaparecido da Terra.
A liberdade é a lei humana.
Constatamos numa palavra a situação do progresso; a barbárie recua, a civilização avança".
Victor Hugo
(transcrita no livro *A campanha abolicionista* (1879-1888), de Evaristo de Moraes, op. cit., p. 226.)

PROVÍNCIA DO CEARÁ NÃO POSSUI MAIS ESCRAVOS"![148]

A notícia repercutiu por todo o território nacional, alcançando imediatamente os grandes centros, principalmente a Corte, sede do poder imperial, de onde o imperador D. Pedro II comandava o país. Enquanto os jornais abolicionistas promoviam em suas páginas as festas populares para glorificar a grande data, divulgando uma gama enorme de programação, capitaneada pela Confederação Abolicionista e pela Sociedade Abolicionista Cearense, a imprensa reacionista, tendo à frente o *Jornal do Commercio* e o *Diário do Brasil*, reagia, enfurecida, que [...] decididamente o Ceará não pode servir de modelo [...]. A palavra emancipação: liberdade ampla e sem peias de aceitar ou recusar trabalho como bem lhes aprouver [...].[149]

Para José do Patrocínio, não havia dúvida: o Ceará dera o grande passo, o passo que despertaria o Brasil para o caminho seguro e sem volta da abolição total da escravatura.

---

[148] DIAS, Sátiro. A libertação do Ceará. In: *Da senzala para os salões*. Fortaleza: Secretaria de Cultura, Turismo e Desporto, 1988, p. 203.
[149] *Diário do Brasil*, Rio de Janeiro, 22 mar. 1884.

PARTE III
A GLÓRIA REDENTORA

Agressão a Patrocínio pelo secretário da Câmara Municipal e seus capangas, reconstituída por Angelo Agostini na *Revista Ilustrada*.

A Lei Áurea.

Missa campal pela Abolição, 1888.

Charge de alusão à Proclamação da República, onde Patrocínio, ao lado de Deodoro, empunha a primeira bandeira.

Militares e civis deportados para a Amazônia: José do Patrocínio é o terceiro da esquerda para a direita.

O balão dirigível Santa Cruz. Patrocínio está no centro, entre os dois homens; Olavo Bilac à direita, posando de perfil.

Desenho do aerostato Santa Cruz e retrato de quatro auxiliares de Patrocínio na empreitada.

José do Patrocínio e Olavo Bilac.

Enterro de Patrocínio, com três cortejos fúnebres. Foto de *O Malho*.

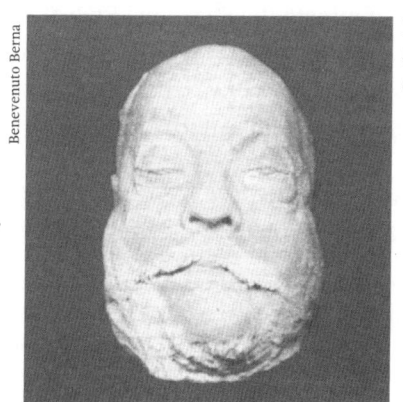

Benevenuto Berna

Máscara mortuária de José do Patrocínio feita duas horas após sua morte, na igreja do Rosário.

Centenário de José do Patrocínio: homenagem filatélica.

Homenagem de Amoedo publicada dias após a morte de Patrocínio.

Novos desafios

A volta de José do Patrocínio de Paris coincidiu com a abolição total da escravatura na província do Ceará, a cura da sua doença e a publicação de *Pedro Hespanhol*, romance que começou a sair em folhetim antes mesmo de seu regresso e marcou um bom momento em sua vida. A chegada, dadas as notícias divulgadas pelos jornais – tendo à frente a *Gazeta da Tarde*, somando-se a *Gazeta de Notícias*, *O Mequetrefe* e a *Revista Ilustrada*, que o glorificavam, saudando-o festivamente – foi uma festa desde o Cais Pharoux, onde aportou. Bastante revitalizado, Patrocínio teve a esperá-lo "bastante povo, prorrompendo todos em vivas" à sua chegada, saindo depois em carros rumo à redação do seu jornal.

> Não se pode descrever o entusiasmo que o regresso de José do Patrocínio despertou entre os que têm seguido de perto os seus esforços e os seus triunfos na imprensa e na tribuna popular. Acompanhado, em seguida, à casa de sua residência, aí o deixaram às cinco horas da tarde, entregue às efusões de sua extremosa família. Logo, porém, que a notícia de sua chegada se espalhou, diversos amigos se reuniram e dirigiram-se à sua residência em bonde especial, acompanhados por uma banda de música, seguindo-se às saudações, que lhe dirigiram, uma animada *soirée*, que só não terminou pela madrugada atendendo-se a que ele chegava nesse dia de sua longa viagem e se achava muito fatigado.[150]

Mas não foi apenas de satisfações, festas e regozijos a volta de José do Patrocínio ao país. A imprensa oposicionista a ele também logo o atacou, querendo saber de onde tirara o dinheiro que gastou fora. Para alguns, saiu dos cofres da Confederação Abolicionista, o que levou João Clapp, seu maior representante, a declarar que "os

---

[150] *Gazeta da Tarde*, Rio de Janeiro, sábado, 24 maio 1884.

cofres não haviam sido raspados e que, ao contrário, existia em caixa, em moeda corrente, a quantia de 24 contos 600 mil réis".[151] Patrocínio respondeu com veemência e, sem poupar nada nem ninguém. Parecia que a sombra de Apulcro de Castro, de *O Corsário*, continuava a persegui-lo, embora já estivesse morto desde o ano anterior. A esses ataques dos adversários, responde:

> Podia eu ir à Europa? Respondam agora os meus caluniadores. Para saberem a origem do dinheiro que gastei, dirijam-se ao meu bom amigo, Comendador Luís A. F. de Almeida, que me deu uma carta de crédito para a casa de C. de Almeida & Cia., crédito aberto com o máximo desinteresse à *Gazeta da Tarde*.
>
> Além deste, pode informar a casa Gallien & Prince, de Paris, que tem com esta empresa um contrato de anúncio, e da qual saquei, sobre minha conta, o dinheiro para dar o banquete que tanto irritou os meus caluniadores. Vê-se, pois, que a vida da *Gazeta da Tarde* e de seu proprietário é honrada e limpa. Vem da fonte que criou outros jornais – o povo, o nosso grande comanditário. Secundou-a o desinteresse dos meus companheiros de trabalho, que se sujeitaram a ordenados insignificantes, certos de que a propriedade futura da *Gazeta da Tarde* os indenizaria.[152]

Na verdade, jamais cessariam os ataques a Patrocínio, mesmo depois de morto. No entanto, era preciso virar essa página. Os tempos pediam mudanças, e mudanças radicais, como era do seu feitio.

Cheio de disposição, graças ao bom ar respirado no clima de Paris, ele sabia que não podia perder tempo. Sua missão na *Gazeta da Tarde*, como previa, já se aproximava do fim. Reassumiu sua coluna de honra, no rodapé da primeira página, com o velho pseudônimo Proudhomme. Depois da Lei do Ventre Livre, ou Lei Rio Branco, discute o projeto da Lei dos Sexagenários, proposta pelo gabinete liberal presidido por Manuel Pinto de Sousa Dantas, visando à "liberação incondicional dos escravos sexagenários, o aumento do fundo de emancipação e a ratificação do

---

[151] MAGALHÃES JÚNIOR, Raimundo, op. cit., p. 162.
[152] *Gazeta da Tarde*, Rio de Janeiro, 29 maio 1884.

tráfico interprovincial". Em resposta ao oposicionista Andrade Figueira, lembra em seus artigos do Ceará, do Amazonas e do Rio Grande do Sul para falar da propaganda abolicionista, dizendo que essas províncias "apertam pelas fronteiras o escravagismo, obrigando-o a entrar no círculo de liberdade que a civilização já traçou em nossa nacionalidade".[153] Em outra "Semana Política", publicada a 30 de agosto de 1884, reclama contra a liderança que querem imputar ao imperador Pedro II: "Proclamam-no o chefe do abolicionismo. Qual o intuito de semelhante jogo político?" Mais adiante, protesta:

> Podia o Poder Moderador fechar os olhos a tal movimento, que agitava nos seus mais íntimos recessos a vida nacional? Não eram os mesmos escravagistas que vinham dizer ao país: a segurança pública, a riqueza, as instituições correm perigo? Não eram eles mesmos que proclamavam, como ainda hoje repetem, que ao conflito entre a abolição e a escravidão se devia o fenômeno social?

Logo depois, parece responder ele próprio à pergunta que joga no ar:

> O que devia fazer o imperador? Reagir?
> Mas a propaganda nascera sob o Ministério Sinimbu, que dizia: não daria um passo além da lei de 28 de setembro; crescera sob o Ministério Saraiva que se limitara a dizer: eu não cogito da questão: começara a ameaça sob o Ministério Martinho, que pela voz do presidente do Conselho, se permitiu a pose de Jefferson Davis de segunda ordem e se despedira nesta frase: Resistirei, porque sou escravocrata da gema; acentuara-se pela libertação do Aracape e de 16 municípios sob o Ministério Paranangá que, pretendendo iludir a propaganda, prometera encarar de frente a questão e só se ocupou em perseguir o abolicionismo, já demitindo no Ceará os funcionários acusados de tal opinião, já removendo desta província e desmembrando o Batalhão 15º de Infantaria, que se revelara favorável à abolição; finalmente, adquirira toda a pujança sobre o Ministério Lafaiete que pretendeu marombar sobre a ação abolicionista e a reação negreira.

---

[153] *Gazeta da Tarde*, Rio de Janeiro, 16 ago.1884.

Ainda nesse artigo, depois de mencionar a abolição no Ceará e a reação da opinião pública, sobretudo os comerciantes e ruralistas, relembra "a opinião da Europa e da América" – em parte se referindo à sua passagem pela França – para tratar das críticas feitas ao imperador e o apelo do poeta Victor Hugo. Depois de passar algumas descomposturas no imperador, afirmando que, nessa questão, ele "ou é cego, ou aproveitou as lições do seu próprio reinado", afinal alfineta: "Quem vive de um falso crédito de força acaba por ver a fraqueza real fazê-lo vítima de uma falência fraudulenta". E, sem cerimônia:

> Republicano, eu creio que o imperador vale mais do que muitos dos meus correligionários, e que a pátria vale mais do que nós todos. Os acontecimentos colocaram a Coroa à frente: muito bem, que a Coroa ande, para que a liberdade não seja obrigada a empurrá-la.

O olhar de Patrocínio vai ficando cada vez mais agudo com relação ao processo abolicionista no país. Ele sabia que seria muito difícil repetir os feitos do Ceará em todo o território nacional do império brasileiro, ou mesmo copiar o exemplo dos Estados Unidos da América. Tampouco, não era isso que queria. Precisava lutar, convencer a opinião pública dos benefícios que a abolição da escravatura traria ao país. Sem isso, nada seria satisfatório. Escrevia então no seu jornal:

> Não queremos esmolas: queremos direito. A abolição da escravatura não é um problema para mendicantes, mas para homens que pensam e estudam. A sua órbita não pode ser medida pela circunferência das moedas fidalgas; ela abrange todo o futuro da pátria. [154]

Batia em tudo o que parecesse fútil ou pouco eficaz em relação ao processo abolicionista. O fundo de emancipação é um bom exemplo. Fez as contas e mostrou matematicamente, em

---

[154] *Gazeta da Tarde*, Rio de Janeiro, 12 maio 1884.

seu artigo "O que nós pensamos", que em dez anos o fundo emancipara cerca de 87 mil escravos, empregando um total de 130 mil contos de réis, para uma população de aproximadamente dois milhões de indivíduos escravizados.

Nesse tempo de mudanças, com a energia renovada, Patrocínio é um furacão de atividades. Sua produção é intensa, seu jornal *Gazeta da Tarde* estampa diariamente muitos dos seus artigos e editoriais. Parte desses textos às vezes sai sem assinatura, parte sai sob um pseudônimo, e mesmo simplesmente com as iniciais J. P. A presença de Patrocínio é marcante nas páginas do jornal, numa profusão de textos impressionantes.

As discussões sobre o processo abolicionista já contaminaram todos os meios do país. Os gabinetes ministeriais e o Parlamento não debatem outro tema: as sessões legislativas são sempre acaloradas, às vezes exaltadas, às vezes polêmicas, com ataques e manifestações agressivas.

Nesse momento de recarga de baterias, Patrocínio também quis resgatar uma dívida consigo mesmo: voltar à sua terra natal, Campos dos Goytacazes. Não parecia, mas já se haviam passado 16 anos desde a sua saída, em 1868.

A velha província, dominada pelo plantio e extração da cana-de-açúcar, com suas usinas, também estava no centro nervoso da luta antiescravista devido à pressão dos abolicionistas locais para fazer dela, com seus cerca de 35 mil escravos, uma segunda Fortaleza. A batalha levou fogo aos canaviais e provocou a fuga de muitos escravizados, para desespero dos senhores de engenho.

Dois grandes amigos de Patrocínio da época da infância chegaram de Campos para participar dos preparativos da viagem: Domingos Gomes dos Santos e Carlos de Lacerda, este um antigo magistrado que se tornara jornalista e fundara o jornal *Vinte e Cinco de Março*, órgão criado em homenagem à libertação da província do Ceará, um ano antes.

A comitiva deixou o Rio de Janeiro na tarde do dia 10 de março de 1885, no vapor Barão de São Diogo. A viagem, como não poderia deixar de ser, é noticiada pela *Gazeta da Tarde* nesse tom:

> José do Patrocínio vai passar alguns dias na terra dos goytacazes, justamente na ocasião em que ela, compreendendo o que vale na nossa história, fez sua a causa dos escravos e proclama a liberdade da Pátria no mesmo lugar onde o índio levantou outrora a taba sagrada e, ao som do boré, repeliu o estrangeiro por três vezes, em nome do seu direito. José do Patrocínio encontrará em Campos todas as suas recordações, e esse reviver, na memória, da sua infância, junto a sua mãe, será para o jornalista um motivo de revigoramento para o seu talento e para a sua pena. Em meio dos seus, ouvindo os murmúrios que acalentaram o seu sono de criança, o batalhador audaz mais uma vez terá motivo de justos orgulhos.[155]

A nota continua com outras considerações sobre Patrocínio, repercutindo a fase triste em que ele deixara a cidade de Campos, lá atrás, em 1868. Também informava que Patrocínio iria ficar hospedado na residência de Carlos de Lacerda, que ficava na rua do Sacramento. A primeira parada da comitiva foi no porto de Macaé, de onde seguiria de trem até a cidade natal. Ao partir dessa cidade, na localidade chamada Entroncamento, Patrocínio presenciou uma cena inusitada, mas não totalmente desconhecida de sua vida. Dois capitães do mato carregavam algemado um escravo humílimo que haviam capturado e iriam devolver ao seu dono mediante pagamento de resgate. Carlos de Lacerda, vendo a cena, abordou os capturadores e os fez ver que "estavam praticando um crime, concorrendo para torturar um seu irmão". Segundo a *Gazeta da Tarde*, "o mísero escravo tinha os pulsos ligados por brutais algemas de ferro, que lhe sangravam as carnes". Num gesto inesperado, os capitães do mato "abriram o cadeado e deixaram em liberdade o desventurado", mas "as algemas foram guardadas por José do Patrocínio como recordação do quanto a civilização tem de fazer nessas paragens".

A chegada a Campos foi uma verdadeira aclamação. Recebido como um herói nacional, com carros à sua espera na estação

---

[155] *Gazeta da Tarde*, Rio de Janeiro, 11 mar. 1885.

e muitos populares na rua. Patrocínio preferiu caminhar a pé, ladeado pelos amigos de infância Domingos Gomes dos Santos e Carlos de Lacerda, que vinham com ele. Queria sentir, pela primeira vez depois de tantos anos, o chão daquela cidade, aspirar o seu ar, olhar as paredes dos edifícios, deparar-se com as pessoas. A comitiva percorreu triunfalmente as ruas de Campos e, em algumas paradas, Patrocínio fez discursos em frente às redações dos principais jornais da terra, como o *Monitor Campista* e o *Sexto Distrito*. Como não poderia deixar de ser, parou também diante da redação do *Vinte e Cinco de Março*, que classificou de "fortaleza abolicionista", fazendo aí dupla alusão, à cidade de Fortaleza, no Ceará, onde começara a grande marcha rumo à abolição no país, e também aos vários ataques sofridos pelo jornal em sua luta pelo fim do cativeiro.

Logo pela seção livre do *Monitor Campista*, um gaiato que se assinava "Pantaleão", acusando-se como seu primo, dedica a Patrocínio uma enorme versalhada, e em um dos trechos diz assim:

> Estou louco de alegria!
> Já não sei o que te diga!
> Do entusiasmo à porfia
> Meu prazer a crença liga...
> - O José do Patrocínio,
> Das ovações no domínio,
> Cá chegou, e que festança
> Olha, o povo, que louco!
> De prazer, quase, por pouco
> Que não tornou-se criança![156]

Os jornais anunciavam a venda do "finos chapéus de castor abolicionistas", com as fotografias de Carlos de Lacerda, José do Patrocínio e João Clapp, a 4$, 4$800 e 6$500, respectivamente.

Depois de percorrer as ruas da cidade, que muito pouco mudara desde a sua partida, Patrocínio foi à casa de Carlos de Lacerda, na rua

---

[156] PANTALEÃO. *Monitor Campista*, 12 mar. 1885, p. 2.

do Sacramento, e, da sacada, falou à pequena multidão que o acompanhava com entusiasmo e fervor. Foi então que Patrocínio teve o momento de maior emoção e satisfação de sua vida: reencontrou a mãe, Justina Maria do Espírito Santo, que se encontrava já bem doente de um câncer que lhe deixara o ventre muito inchado, semelhando a uma evoluída gravidez. O tribuno negro pôde rever assim, depois de tantos anos, aquela que lhe dera a vida e que agora comerciava em sua quitanda da rua dos Andradas ou pelas ruas da cidade.

Como parte das homenagens, foi oferecido um banquete de duzentos talheres a Patrocínio, do qual participaram os mais destacados abolicionistas. O biógrafo Osvaldo Orico assim descreve o precioso momento:

> Assentados à mesa do memorável banquete, os convivas trocavam as primeiras impressões, quando um fato inesperado e estranho despertou a atenção de todos. Houve um rumor que se traduziu em ansiedade coletiva no grande salão regurgitante. Os olhares logo se dirigiram para a cabeceira da mesa, cujo lugar estava vazio. E quando se pensava que nele ia assentar-se um dos maiorais da causa ou um desses medalhões que impressionam pela riqueza de estampa ou pela majestade da efígie, a instâncias de Pedro Albertino e Carlos de Lacerda aparece aureolada na modéstia do seu vulto e na obscuridade de suas origens a figura da preta Justina, a quem os abolicionistas conferiram a presidência do banquete, e que, pela primeira vez, cheia de pudor e constrangimento, assume de público a responsabilidade do seu sacrifício e do seu sangue na vida que ali se glorifica.[157]

Não se demoraria muito Patrocínio em sua cidade natal. Provavelmente, vendo o estado grave em que se encontrava a mãe, convenceu-a a ir em sua companhia para o Rio de Janeiro, cumprindo também uma antiga promessa sua, a de que um dia a buscaria, de modo que, como era desejo seu, "ela conheceria a felicidade completa, que um dia o mundo lhe haveria de sorrir".[158]

---
[157] ORICO, Osvaldo, op. cit., p. 107.
[158] Ibid.

A volta ao Rio foi providencial para minorar, senão adiar, um mal maior. Levada por Patrocínio para a sua casa da rua Figueira de Melo nº 30, em São Cristóvão, a preta de Campos pôde gozar de algum conforto e se abrigar no seio da família do filho. Conheceu a nora, D. Bibi, o Capitão Sena e sua esposa, D. Maria Henriqueta. Patrocínio andou pela cidade de braços dados com a mãe, e um dia, de carro, levou-a à redação da *Gazeta da Tarde*. Ali a experiente Justina considerou que o filho não sabia tocar o seu negócio, pois viu que o prédio tinha duas portas no andar inferior, uma para o jornal e outra para atendimento ao público. Disse ao filho que aquilo era um desperdício, pois podia muito bem fechar uma daquelas portas e abrir no lugar uma quitanda, para ganhar algum dinheiro e ajudá-lo. Patrocínio recordaria o episódio, anos depois:

> Minha mãe amou tanto o trabalho que, ao chegar aqui, vendo que o meu escritório da redação tinha duas portas, pediu-me uma delas, para continuar com a quitanda, a sua querida quitanda, companheira fiel e arrimo de sua honestidade.[159]

Assim que chegou, Patrocínio encaminhou a mãe para tratamento na Santa Casa de Misericórdia, a mesma que o acolhera, aos 13 anos, quando ele chegou da cidade de Campos. Uma operação revelou que não se tratava de um simples quisto, mas de um tumor que havia evoluído para câncer, já em estado avançado e muito resistente aos medicamentos.

Justina Maria do Espírito Santo estava, na verdade, nos seus últimos meses de vida. Ainda teve a felicidade de tomar nos braços o seu neto, um menino que levou o nome do pai. Nascido a 28 de maio de 1885, José Carlos do Patrocínio Filho era afilhado do abolicionista André Rebouças e, como o pai, faria grande furor no mundo das letras e da política.[160]

---

[159] *Cidade do Rio*, Rio de Janeiro, 15 jun. 1901
[160] Morto em 1929, Patrocínio Filho, que seguiu a carreira da diplomacia e de escritor, chegou a escrever para o nascente cinema, em 1910, foi amante da Mata Hari e preso por 403 dias como espião na Inglaterra.

Cinco meses depois de reencontrar o filho, a 18 de agosto, morria aos 45 anos Justina Maria, a ex-escrava que, abusada pelo cônego João Carlos Monteiro, tinha gerado aquele que agora se constituía numa glória nacional.

O velório e o enterro se transformaram em um acontecimento político, um grande evento abolicionista, que recebeu muitas coroas de flores, três das quais do próprio filho, da Confederação Abolicionista, da *Gazeta de Notícias*, de *O País*, da *Gazeta da Tarde*. O caixão de primeira classe que encerrava o corpo da até então humilde criatura foi carregado pelos homens mais ilustres da política, do empresariado e do jornalismo brasileiros: o senador Dantas, os deputados republicanos Prudente de Morais e Campos Sales, os conselheiros Rodolfo Dantas e Rui Barbosa, o Dr. Ferreira de Araújo, dono da *Gazeta de Notícias*, e o próprio filho da falecida, José do Patrocínio. No futuro, dois desses homens presidiriam o país: Prudente de Morais e Campos Sales, e outro, Rui Barbosa, chegaria muito perto, derrotado na campanha eleitoral – a "Civilista" – por Hermes da Fonseca.

No cemitério de São Francisco Xavier, onde o caixão seria depositado no carneiro de nº 2.058, estavam aguardando a chegada do cortejo ninguém menos que Joaquim Nabuco, José Mariano, Campos da Paz, Ciro de Azevedo, Sizenando Nabuco, Álvaro Botelho, Aristides Spínola, João Dantas Filho, Martim Francisco Filho, Luís de Andrade, João Clapp e muitos dirigentes de instituições – como a Caixa Libertadora José do Patrocínio, a Igreja do Rosário e dos Homens Pretos, a Confederação Abolicionista, a Loja Maçônica Amparo da Virtude, o Clube Musical Recreio de São Cristóvão, o Clube Gomes dos Santos, o Clube Libertos de Niterói – formadas por homens negros, ex-escravos na sua maioria.

Foi um ano de fortes emoções para José do Patrocínio: por um lado, a mãe que morria em seus braços; e, por outro, o filho que ele via nascer, que carregaria no sangue a força da ex-escrava.

Estratégias e êxitos

A campanha da abolição tornara-se uma realidade em todo o país, empolgando as províncias mais remotas do território nacional. A essa altura, pequenos lugarejos já haviam anunciado a libertação total de sua população escrava, sinal de que os bons ventos do movimento abolicionista já haviam saído dos grandes centros e contaminado populações mais distantes.

Por outro lado, o empenho dos abolicionistas na imprensa ou no Parlamento pressionava a classe escravocrata, que acabava cedendo e, acuada, ia abrindo brechas para a ação do movimento. Sem sombra de dúvida, o movimento era muito forte na década de 1880. A Confederação Abolicionista inicia uma campanha para libertar os escravos nos quarteirões de diversas ruas da cidade. Um das primeiras a aceitar o desafio foi a rua Uruguaiana, sede da *Gazeta da Tarde*, seguida do Largo da Carioca, da rua Nova Ouvidor e de toda a rua do Ouvidor, onde foram libertados 28 escravos só do proprietário da Confeitaria Paschoal, local de reunião de poetas, políticos e escritores. Faziam parte da comissão criada pela Confederação Abolicionista Luís de Andrade, João Clapp, Júlio de Lemos, Ernesto Sena, Procópio Russel, Evaristo Costa, Henrique Dias da Cruz, Manuel C. Lopes, Bento Joaquim da Costa Pereira Braga, Bernardino Ferreira Lobo e Alfredo Lopes de Miranda Abreu. O Centro Abolicionista da Escola Politécnica – tendo à frente Ennes de Sousa, André Rebouças, Getúlio das Neves, Benjamin Constant, Carlos Sampaio e boa parte dos alunos – conseguiu a libertação dos escravos do Largo São Francisco de Paula.

O movimento ia crescendo a passos largos, embora com alguma divergência. Por exemplo, os abolicionistas não aceitavam o termo "escravo" e sim "escravizado"; os emancipacionistas achavam que se devia indenizar os proprietários por cada indivíduo que fosse posto em liberdade, e assim por diante. Mesmo assim, recorriam a todos os meios possíveis para burlar a vigilância dos escravocratas. Ações do tipo guerrilheiras eram também empreendidas: ora libertando escravos nas senzalas das fazendas e carregando-os para o interior, ora embarcando-os para as províncias, de trem, a fim de promover a sua libertação jurídica. Em geral, tratava-se, nesses casos, de algum escravo supliciado por seus senhores com gargalheira, ou no tronco ou ferido por espancamentos bárbaros. De São Paulo vinham para a Corte escravizados fugidos, instruídos para procurar a Confederação Abolicionista, que então recebia um telegrama com os dizeres: "Segue bagagem trem". De acordo com Ernesto Sena, que relatou a história, esses homens eram prevenidos de que na estação Central ou Estrada de Ferro D. Pedro II se dirigissem ao cavalheiro que "trouxesse à lapela do paletó uma camélia branca, dando como senha Raul e que, tendo como resposta Serpa, podia julgar-se garantido de todo o auxílio e proteção".

O Raul da história era ninguém menos que o jovem escritor Raul Pompeia, que ainda não havia publicado o seu maior sucesso, o romance *O Ateneu*, e Serpa era, na verdade, João Ferreira Serpa Júnior, parceiro de Patrocínio e gerente da *Gazeta da Tarde*.

Ernesto Sena, cunhado de Patrocínio, era, ao mesmo tempo, peça-chave do processo abolicionista, pois acompanhara o tribuno em várias jornadas e lutas. Graças a ele temos preciosos registros sobre a ação nas cidades,[161] onde um inteligente esquema fora providenciado para a ocultação de escravos fugidos. Faziam parte desses "heroicos refúgios" residências como a de José de Seixas Magalhães, um negociante português que possuía uma grande chácara no campo do Leblon,[162] a casa da sua família, no caso do Capitão Emiliano Rosa de Sena, em São Cristóvão, o

---

[161] SENA, Ernesto. *Rascunhos e perfis*, op. cit., p. 575.
[162] O pesquisador Eduardo Silva, em seu livro *As camélias do Leblon e a abolição da escravatura*, relata em detalhes a história desse comerciante, e sua decidida ação no movimento abolicionista, cujo símbolo era uma camélia, plantada em suas terras por escravos que ele acolhia.

depósito da padaria de Guilherme Cândido Pinheiro, na rua da Misericórdia, a residência particular do Coronel Francisco Borges de Almeida Corte Real, à rua Conde do Bonfim, na Tijuca, a de D. Luiza Regadas, no Largo da Mãe do Bispo, a de Henrique de Araújo Lima, na rua Bela de São João, a do comendador José Roberto Sarmento e a de João Ferreira de Serpa Júnior, em São Cristóvão, a de Ernesto Sena, na rua General Bruce, a de César Marques, na rua Miguel de Frias, a de Miguel Dias, no Catumbi, a de Evaristo Costa, na rua General Caldwell, a de D. Gabriela Caldeira, na rua Miguel de Frias.

Outro detalhe é que os membros da Confederação Abolicionista traziam em seu poder cartas de liberdade, mas falsas, já impressas com os seguintes dizeres:

> Ave libertas! O abaixo assinado, possuidor do escravizado .... de cor .... declara que concede plena e geral liberdade ao dito escravizado para que a goze como se de ventre livre nascesse em louvor à Confederação Abolicionista, pelo que passo o presente, que assino. Rio de Janeiro,............... de ....de 188........ Como testemunhas.....................

Quando encontravam um escravo na rua, entregavam-lhe a carta, dando-lhe nome de batismo, especificando a cor e assinando um nome fantástico como de seu proprietário, servindo como testemunhas desse ato. Em seguida iam ao juiz da 2ª Vara Civil, Dr. Júlio Accioly de Brito, faziam a distribuição, quase sempre para o cartório do tabelião Bustamante Sá, velho e dedicado abolicionista que, depois de reconhecer as firmas das testemunhas, registrava a carta, dando a cópia ao liberto e inutilizando o original.

Ou seja, um esquema perfeito, em função do qual muitos homens e mulheres foram libertados e puderam fazer suas próprias vidas, constituir família, negócios etc. Diziam pelos cantos que a própria Princesa Isabel acoitava escravos fugidos nas barbas do imperador e do seu marido, o Conde D´Eu, em Petrópolis ou na residência das Laranjeiras.

É bem verdade que a reação dos escravistas não tinha repouso. Eram organizados clubes, com planos sanguinários para reagir contra a marcha vitoriosa e pacífica das falanges abolicionistas. Entretanto, nem as ameaças, nem as perseguições, nem as resistências dos escravistas conseguiram arrefecer o entusiasmo dos libertadores.

Fatos públicos sobre as questões abolicionistas haviam aberto embates também públicos. Figuras notórias como a de Patrocínio eram as mais visadas. Por toda a sua vida, ele seria alvo de denúncias, inquéritos e polêmicas em relação à sua atuação durante o processo que culminou com a abolição total da escravidão no Brasil.

Os abolicionistas extremavam-se quando se deparavam com situações como as ocorridas com as escravas menores Eduarda e Joana, pertencentes a Francisca da Silva Castro, tida como amante do comerciante José Joaquim de Magalhães, que residia na Praia de Botafogo. Com o rosto aberto em chagas, marcado a vergalhão, com manchas de sangue coagulado, tendo os olhos fechados pelo grande inchaço das pálpebras, Eduarda mal podia andar. Disse a um passante que ia para a Chefatura de Polícia, na rua do Lavradio, quando uma senhora interveio: "Não seja tola, nada vai conseguir com os policiais", e indicou-lhe o caminho da *Gazeta da Tarde*, na rua de Uruguaiana, onde haveria alguém sempre disposto a ouvi-la e encaminhar o seu caso.

Patrocínio tomou para si a tarefa de alardear o caso e protestar, mas Eduarda informou ao tribuno haver uma outra escrava em pior situação que ela, de nome Joana, que também apresentava marcas de torturas pelo corpo, estendendo-se pelos braços, pernas e rosto. Seu estado era deplorável, tinha frequentes delírios e estava muito febril. Isso ocorreu no início do mês de fevereiro de 1886. Logo a Confederação Abolicionista, na pessoa de João Clapp, e José do Patrocínio, pela *Gazeta da Tarde*, assumiam o caso das escravas, andando com elas por todos os lados da cidade e levando-as às redações dos jornais abolicionistas ou republicanos. Patrocínio justificava sua decisão de "expor" as escravas para que "a imprensa tome conhecimento de tais fatos, denunciando o menoscabo à civilização e aos sentimentos da humanidade". No dia 14 de fevereiro Joana falecia, e a autópsia – acompanhada de perto pelo jornal de Patrocínio e noticiada em reportagens escritas por outro homem de sangue negro nas veias que era Alcindo Guanabara – revelou que o corpo da jovem de 17 anos apresentava numerosos ferimentos, cicatrizes, contusões e a existência de uma cavidade, que o jornal chamou de "caverna", em um dos pulmões. Aberto o inquérito por assassinato e torturas contra Francisca da Silva Castro, esta, sem perder tempo, internou-se como louca na Casa de Saúde Dr. Eiras, mas foi logo desmascarada. No entanto, ficou por aí, sem outras consequências, a situação da acusada. A absolvição de Francisca da Silva Castro, defendida pelos advogados Cândido de Oliveira[163] e Inácio Martins, foi uma punhalada nas pretensões de José do Patrocínio e da Confederação Abolicionista.

---

[163] O mesmo que dá nome ao CACO – Centro Acadêmico Cândido de Oliveira, da UFRJ e também marca de escritório de advocacia mais antigo do país.

É chegada a hora

No correr dos anos 1885 e 1886, a velocidade da situação política com relação às questões escravistas estava dominando a cena nacional. Em todo o país, aumentavam de forma assustadora as rebeliões, com sucessivas fugas, ao mesmo tempo em que a repressão, os maus-tratos a escravos – fugidos ou não – deixavam a situação bastante tensa.

A *Gazeta da Tarde*, coadjuvada pela *Revista Ilustrada*, continuava a ser a grande trincheira de denúncia contra as perversidades praticadas contra os escravizados. Era preciso ficar sempre atentos, com os olhos bem abertos, pois os adversários dos abolicionistas, sempre de tocaia, não iriam titubear em lhes dar umas apunhaladas pelas costas.

Estava no poder uma espécie de primeiro-ministro, pois assim era visto, pelo poder que acumulava: o baiano Barão de Cotegipe. Mistura de holandês com negro, na verdade saído a um mulato, ele não tinha papas na língua, mesmo com o imperador Pedro II. Um dos homens que se tornara muito forte no Estado, ferrenhamente escravocrata, Cotegipe era capaz de dissolver a Câmara dos Deputados, como fez na legislatura de 1886, para lhe dar uma feição mais conservadora que liberal. E sua manobra foi tão perfeita – para não dizer acachapante! –, que dos 125 deputados do corpo legislativo acabou controlando o representativo número de 103. Seu governo sempre foi de reprimir, massacrar e perseguir. Para ele e seus seguidores, os abolicionistas não passavam de uns vadios, anarquistas, assaltantes da propriedade alheia. A *Revista Ilustrada* sempre o retratava de maneira vexatória: as caricaturas o apresentavam como um macaco com uma coroa na cabeça – talvez para lembrar que ele era negro?

Suas desavenças com o Poder Moderador o colocavam na posição inversa às simpatias de Pedro II. Patrocínio instigava ainda mais a contenda, ao dizer, pela *Gazeta da Tarde:*[164]

> Dizia-se que o Ministério Cotegipe era uma conspiração contra a onipotência do sr. D. Pedro II, que S. Exª. era o Júpiter da boa causa que ia enfim destronar o velho Saturno, que se compraz em devorar os próprios filhos, o filhotismo e a corrupção.
> Mas o sr. D. Pedro II está hoje convencido de que o sr. De Cotegipe não é homem de que um neto de D. João VI tenha medo. Quando muito, o sr. De Cotegipe se recolhe à sua asma para protestar contra as sabatinas.

Mais adiante, continua:

> E entendem-se bem os dous, e ainda melhor o povo. O imperador faz o que quer para o sr. Barão de Cotegipe defender, o sr. De Cotegipe faz o que quer para o ministério sustentar, o ministério faz o que quer para o parlamento apoiar: o parlamento faz o que quer para o país aturar, e o povo atura tudo para glória do imperador, do ministério e do parlamento.

Na edição 435 da *Revista Ilustrada*,[165] Ângelo Agostini publica uma litografia que é uma verdadeira pérola, retratando o Barão de Cotegipe com os trajes da realeza. No texto-legenda, apresentava as razões pelas quais tanto se falava e tanto se ria da desenvoltura de tão atribulado barão, que no fundo precisava ser visto com olhos bem atentos, pois era bem possível que quisesse ser mais real que o próprio rei:

> Fala de S. M . D. Cotegipe 1º:
> Digníssimos Senhores representantes da oposição. Pode o Senado votar vinte vezes contra a Minha deslealdade na execução das leis, que pouco Me importa. Enquanto Eu estiver com a Coroa, Hei de fazer o que entender, por Minha Augusta Pessoa, quer,

---

[164] *Gazeta da Tarde*, Rio de Janeiro, 5 jun. 1886.
[165] *Revista Ilustrada*, 13 jul. 1886.

pode e deve conservar a escravidão o mais tempo possível; quer, pode e deve lançar mão de todos os meios, e até dos mais reprovados, para fraudar os direitos dos legítimos representantes da nação. Quer, pode e deve, enfim, desprestigiar o país perante as nações civilizadas e lançar a anarquia nos quatro cantos do Império. D. Cotegipe 1º, Imperador inconstitucional e defensor perpétuo da escravidão.

O Barão de Cotegipe continuaria a ser alvo predileto de José do Patrocínio, pela *Gazeta da Tarde*, e de Ângelo Agostini, pela *Revista Ilustrada*, que cada vez mais se esmerava nas litografias sobre o todo-poderoso político baiano.

Nessa época Patrocínio lança sua candidatura a vereador para a Câmara Municipal da Corte, esquentando ainda mais os debates políticos. Lançada pela Confederação Abolicionista, num manifesto aos eleitores, assinado por João Clapp, Luis de Andrade, André Rebouças e Alberto Victor, sua campanha transformava a busca do mandato num ato poderoso desferido contra a escravidão.

Pela *Gazeta da Tarde*, num tom provocativo e ao mesmo tempo corajoso, Patrocínio escrevia, como uma bandeira de sua candidatura:

> A escravidão está fora da lei, porque lei não é o conchavo indecente dos interesses da oligarquia e do trono; lei é a relação necessária entre o direito de cada um e o direito de todos. Ninguém está obrigado a respeitar a escravidão; pelo contrário, é dever de cada cidadão combatê-la por todos os modos. Contra a escravidão todos os meios são legítimos e bons. O escravo que se submete atenta contra Deus e contra civilização; o seu modelo, o seu mestre, o seu apóstolo deve ser Espártaco.

Depois de lembrar o escravo romano que lutou até o fim dos seus dias pela liberdade, dirige-se aos "meus correligionários abolicionistas e republicanos", pedindo o voto de confiança de cada um para a vitória de sua candidatura. A Câmara de Vereadores já vinha demonstrando o seu compromisso contra a escravidão e pelo abolicionismo. Patrocínio sabia aonde queria ir.

Para se ter uma ideia da estratégia de Patrocínio, o encerramento da campanha, no Teatro Politeama, só reforçou a presunção de que o momento era oportuno para alfinetadas. Em sua fala, o deputado pernambucano Joaquim Nabuco definia a eleição de Patrocínio como "uma compensação aos seus grandes trabalhos e esforços", exaltando seus esforços e perseverança. Em seguida, o candidato negro expunha as contradições do sistema, dizendo textualmente:

> A luta é tremenda, visto como tomar o poder à escravidão é muito mais do que tomá-lo ao Império. [...] Quem em plena rua esbofeteasse o imperador, sofreria a pena de quatro anos de prisão. Mas o escravo que esbofeteasse o senhor seria condenado pelo nosso Código a 12 anos de prisão com trabalhos!

Patrocínio demonstrava que, na verdade, D. Pedro II valia menos que um escravo, em termos processuais. E era isso o que todo mundo parecia ver na figura do velho monarca, que pouco reagia aos ataques que sofria, fosse da imprensa, fosse dos seus ministros, nomeadamente o mais poderoso deles, o Barão de Cotegipe. Estava certo, Patrocínio, no que estava fazendo, tanto que seria eleito o quarto vereador da Corte, com expressivos 207 votos. Um dos colaboradores do seu mandato foi o engenheiro e professor da Escola Politécnica André Rebouças, que a 13 de março de 1886 afirmou, numa anotação em seu *Diário*, que estava redigindo "para o vereador J. C. do Patrocínio projetos de posturas sobre a construção de prédios urbanos, banhos públicos e lavanderias".

Já Patrocínio, após muitos altos e baixos, tantos combates e lutas aguerridas, sabia que a sua trincheira estava vazando água. A situação financeira da *Gazeta da Tarde* não era boa, e seu sócio, Luís Ferreira de Moura Brito, não estava mais disposto em investir na folha, que, embora mantivesse sua boa tiragem, só lhe causava dissabores sem conta. Patrocínio tinha que decidir se corria o risco e assumia todo o jornal ou punha sua parte à venda. As circunstâncias pediam cautela, pois sabia que, dessa vez, não podia contar com a bolsa do Capitão Emiliano Rosa de Sena, seu sogro.

O jeito foi providenciar o distrato social, divulgado na *Gazeta da Tarde* a 1º de setembro de 1887. A partir daí o combativo órgão abolicionista não seria, nem de longe, mais o mesmo, embora seu proprietário declarasse que a folha continuaria "a ser um órgão democrático, sem ligação a nenhum dos nossos partidos políticos".[166] Quanto à abolição, num tom moderado, afirmava que "sustentaremos esta dentro da legalidade".

---

[166] *Gazeta da Tarde*, Rio de Janeiro, 31 ago. 1887.

Caminho aberto

Na esteira dos acontecimentos que propiciaram os embates políticos do ano de 1886, cuja figura central era a do Barão de Cotegipe, Patrocínio entrou no novo ano de 1887 perdendo uma de suas principais trincheiras de luta, a *Gazeta da Tarde*, mas sem se sentir derrotado. Pelo contrário. Sabia, no seu íntimo, que a abolição estava próxima e era irreversível. Era preciso abrir outra frente de luta, igualmente decidida. Com esse intuito, participa da criação de um novo órgão de imprensa, o jornal *Cidade do Rio*, que começa a circular a 28 de setembro de 1887 e tem como um dos articulistas políticos o engenheiro André Rebouças. Essa data, em verdade uma espécie de provocação, era a mesma da Lei do Ventre Livre, instituída seis anos antes, e também a da Lei Saraiva-Cotegipe, ou "Lei Negra", que era a dos Sexagenários, também promulgada em um 28 de setembro, só que de 1885.

O governo do Barão de Cotegipe já não era mais o mesmo. No entanto, como o mulato baiano se comportava como a velha lenda da Fênix – que renascia das cinzas –, não se podia brincar com a sua fraqueza, pois de repente poderia ressurgir, tão poderoso e tão déspota como outrora.

A ação dos abolicionistas levantava a poeira nos debates na Câmara dos Deputados e na imprensa. Além do *Cidade do Rio*, tinha agora a perorar intransigentemente o *Novidades*, tocado por Alcindo Guanabara, que agia como cão de guarda dos escravistas, sobretudo os representantes da lavoura.

Em seus últimos rodapés da *Gazeta da Tarde*, Patrocínio protesta contra o ataque sofrido pelo jornal abolicionista *Vinte e Cinco de Março*, da cidade de Campos. Atrocidades vinham sendo cometidas por toda a parte, e uma província como a de Campos dos Goytacazes não ficava de fora das garras dos escravistas. O jornal tinha a polícia em seus calcanhares, orientada pela Corte, que praticamente autorizava os ataques. Carlos de Lacerda, o amigo de infância de Patrocínio, teve que se refugiar no Rio de Janeiro depois do empastelamento do seu jornal e das mortes dos companheiros Luís Fernandes da Silva e Adolfo Porto. Patrocínio acusava a polícia de Campos pela falta de agilidade para solucionar os crimes. Chamava a pasta de Cotegipe de "governo da escravidão", dizendo também que a "cidade de Campos foi convertida em matadouro de abolicionistas".[167] Como cidadão campista e desafeto do Barão de Cotegipe, ele talvez sentisse que aqueles atos eram uma forma de atacá-lo indiretamente. Tudo era provável, até mesmo o improvável.

Para ele, o imperador D. Pedro II, após se aproveitar do abolicionismo para recomendar-se ao mundo, entregava os abolicionistas ao Barão de Cotegipe, chamado por ele de "carrasco impassível da sua própria raça", numa referência a suas origens africanas.

A onda de fuga de negros continuava. Num de seus artigos, intitulado "A Sua Alteza, a Regente", Patrocínio escreve uma carta aberta à monarquia sobre as atrocidades praticadas contra escravizados e libertos. Referindo-se exatamente à situação em Campos, que se agravava a cada dia, alertava à princesa Isabel sobre as perseguições "a pata de cavalo, a carga de baioneta e de sabre, a bala" que se faziam então, referindo-se ao poderio bélico dos escravistas, "embalados pelo tesouro e pela caixa secreta do Clube da Lavoura":

> O povo brasileiro, ao ver a vida dos seus compatriotas menosprezada pelo seu Governo, começará a julgar que a vida pouco vale e que não se deve cogitar dela, quando se trata de questões que entendem com a honra da pátria.
>
> Quem, finalmente, está ensinando ao povo, aos abolicionistas, principalmente, a cartilha revolucionária é o Gabinete de Vossa Alteza Imperial, que pretende governar em nome de uma facciosa minoria, que emprega a corrupção e a morte como elemento de seu poder.[168]

---

[167] *Gazeta da Tarde*, Rio de Janeiro, 5 fev. 1887.
[168] *Cidade do Rio*, Rio de Janeiro, 21 nov. 1887.

Sangue novo na luta abolicionista, o jornal *Cidade do Rio* desforrava-se em ponderações e verrinas que buscavam arrancar posicionamentos e posturas do governo. Uma coisa era certa para Patrocínio: embora fizesse críticas à princesa Isabel e ao imperador Pedro II, começava a perceber que o problema, de fato, para o desfecho da abolição da escravatura, não estava mais ali, e sim na resistência do presidente do Conselho, na pessoa do Barão de Cotegipe.

Em um de seus artigos, Patrocínio transcreve um trecho do jornal *Correio Imperial*, órgão abolicionista pertencente aos filhos da princesa e dirigido pelo mais velho deles, D. Pedro de Alcântara de Orleans e Bragança, sob o comando do Barão de Loreto. Em 21 de fevereiro de 1888, o jornal dizia: "Para coroar esta bela obra [a emancipação de Petrópolis] falta somente que os senhores de escravos, inspirando-se em sentimentos generosos, facilitem por seu lado a emancipação, diminuindo, ao menos, o valor dos libertandos desta cidade". A família imperial, sob os auspícios da Regente Isabel, estava praticamente a favor da abolição.

Ao comentar tais declarações no seu artigo de 27 de fevereiro, num tom bem semelhante ao usado pelos simbolistas (pelo menos nesse primeiro período), Patrocínio assim se dirige à Sua Alteza Imperial:

> Quem lê os jornaizinhos dos príncipes, tão puros e tão patrióticos, com uns períodos louros como os cabelos de Suas Altezas, jornaizinhos mansos como pombas, que não sabem senão arrulhar, mesmo quando feridas, e compara à política essa expansão d´almas brancas, perfumosas, almas de arminhos guardadas em estufas de violeta, sente dentro de si um sentimento espontâneo de revolta contra a Regente.
> Sua Alteza é mãe, não pode consentir que o espírito de seus filhos se embeba de doutrinas falsas e sature-se de exemplos maus.
> Ou o abolicionismo é a anarquia, é a falta de patriotismo e a subversão da fortuna pública, e neste caso Sua Alteza faz mal, consentindo que seus inocentes filhinhos sejam educados sob a influência de semelhante doutrina; ou o abolicionismo é o primeiro sentimento patriótico de um coração brasileiro bem formado, e

neste caso é tristíssimo que Sua Alteza, mãe, consentindo na educação abolicionista de seus filhos, dê-lhes o espetáculo e sua fraqueza, simulando-se vencida pelo país, quando não faz senão condescender com a falácia dos ministros, que chamam aos seus interesses privados – opinião nacional.

Mais adiante, lemos esta passagem:

> Sua Alteza passará à História como a imagem viva da hipocrisia, quando aliás é sabido que o seu coração está limpo dessa culpa. Quem lhe cria esta situação dúbia? O Ministério, que obriga a alma da senhora a irromper do sítio posto à liberdade da soberania. Nos palácios é raro encontrar quem fale a verdade aos príncipes: daí o Ministério ter podido condenar Sua Alteza à impopularidade, que dia a dia cresce, sem que o palácio dele se perceba talvez. Sua Alteza não sente em derredor de si a hostilidade pública, pela razão simples de que o colchão de incenso, em que os familiares do paço balouçam o seu espírito, amortece-lhe o choque.

O alvo de Patrocínio é, na verdade, o Barão de Cotegipe, não a Sua Alteza Imperial, que, cada vez mais, vai se afinando com os abolicionistas, de forma reservada e moderada, para não sofrer mais retaliações dos oposicionistas, que é o seu maior temor.

A princesa Isabel vinha, ela própria, realizando uma série de atividades no Palácio de Petrópolis visando a compra de cartas de alforrias: festas, bailes populares, apresentações teatrais, banquetes, além de recepções elegantes nos hotéis.

Sua atitude revelava bem suas intenções para com a abolição e o movimento abolicionista. E o caminho ficaria ainda mais livre com a queda do gabinete Cotegipe e a assunção de João Alfredo Correia de Oliveira, experiente e articulado senador do Império. Para contemporizar com os conservadores, João Alfredo propunha o fim da escravidão para o ano de 1896, o que agradou o chefe do conservadorismo, o senador Paulino Soares de Sousa, que deu seu apoio imediato à proposta. Melhor decidida, ou resolvida, porém, a princesa Isabel queria mais. Para ela, o movimento pela abolição já estava por demais avançado, não havia como prolongar por mais tempo tal situação. A pressão das ruas, a forte ação da imprensa, tudo parecia repetir em uníssono a palavra abolição, abolição, abolição. Assim postas as coisas, restou pouca alternativa aos conservadores a não ser aquiescer mas sem propostas de indenização. A notícia correu como um rastilho de pólvora. Numa sessão do Clube Beethoven, do qual fazia parte o sisudo Machado de Assis, o deputado Ferreira Vianna revelou aos presentes que só aceitara ocupar o Ministério da Justiça porque "iria propor às câmaras a abolição imediata e sem indenização".

A plateia ovacionou essas palavras e se comoveu até as lágrimas. Patrocínio foi um dos que mais chorava, pois o projeto, tal como o imaginara, estava prestes a se tornar realidade, e sem que ele tivesse que dar qualquer outro grito ou murro na mesa.

Depõe Sousa Bandeira,[169] uma das testemunhas na ocasião, que o jornalista negro, visivelmente transtornado e transformado pela emoção, logo interveio, dizendo: "Não peço a palavra, tomo a palavra". E recorda:

> Tomava a palavra, com o direito que lhe dava a sua raça, através de três séculos de opróbrio e opressão, maldita de todos, perseguida por uma infinda sucessão de vergonhas e violências, no momento em que, satisfazendo enfim a longa aspiração nacional, o governo se resolvia a libertá-la. Não estava ali um jornalista, não estava ali um propagandista da abolição, estava uma raça que, redimida enfim para a vida social, depois de tantos séculos de sofrimento, via diante de si o representante do governo que, pela primeira vez, dizia ao país o que pretendia fazer dela. Era por isto que, em nome de todas as vítimas, sepultadas na noite dos tempos sob os mais ignominiosos sofrimentos, em nome dos que ainda sofriam a vergonha da escravidão, em nome de gerações que para o futuro surgissem da raça oprimida, ele vinha cobrir de agradecidas bênçãos o governo de seu país. As últimas palavras, Patrocínio não as pode concluir. As lágrimas corriam-lhe pela face, os soluços lhe estrangulavam a voz.

Finalmente o caminho estava aberto, era a hora de trilhá-lo.

---

[169] Depoimento publicado na revista *Renascença*, ano II, n. 13, mar. 1905.

Abolição da escravatura

Com o empenho demonstrado da princesa Isabel, a Regente do trono, à causa da abolição, não havia mais o que temer quanto à vitória. José do Patrocínio não tinha mais dúvida de que os dias da escravidão estavam contados. De uma hora para outra, muitos conservadores contrários à ideia abolicionista passaram a defendê-la entre os seus correligionários. Patrocínio exultava. O *Cidade do Rio* faria uma bela homenagem ao diretor da *Revista Ilustrada*. Numa de suas crônicas, saúda o aniversário do italiano, praticamente naturalizado brasileiro, Ângelo Agostini, que ele chama de "poeta do lápis", afirmando que "suas musas são a justiça, a liberdade, a fraternidade", pois não se conhece "na propaganda abolicionista melhor representante".[170]

A festa de Petrópolis, da qual tomara parte ao lado de André Rebouças, quando a princesa Isabel entregou pessoalmente cartas de libertação a mais de cem escravos, foi vista por ele como uma mudança de atitude: um ato de coragem e ao mesmo tempo um grande acerto. Desde o final de 1886, a princesa Isabel vinha tomando atitudes em favor do abolicionismo. Para alguns, como Rui Barbosa:

> A evolução da Regente veio ainda a tempo de mostrar que o trono não é irmão do cativeiro. Mas essa mutação política, que abolicionistas eminentes (não sei por que justiça ou por que lógica) têm agradecido à munificência da realeza, é simples ato de vontade nacional, alumiada pela propaganda abolicionista: é obra de atitude da raça escrava, rebelada contra os feudos pela invasão do evangelho abolicionista na região tenebrosa das senzalas; é resultado, enfim, do clamor público, agitado pelas circunstâncias que acabaram por encarnar a escravidão no ministério mais impopular do segundo reinado e entregá-lo às iras da questão militar.[171]

---

[170] PATROCÍNIO, José do. Ângelo. *Cidade do Rio*, Rio de Janeiro, 7 abr. 1888.
[171] MORAES, Evaristo de, op. cit., p. 318-319.

Era visível a mudança da princesa Isabel pelo fim do cativeiro. Alguns só tiveram essa impressão durante o carnaval de 1888, realizado em fevereiro, em Petrópolis. Quem presenciou os eventos ou teve acesso às notícias, divulgadas com grande estrondo pela imprensa abolicionista, convenceu-se de que, uma vez contaminado o seio da família imperial, a abolição da escravatura não tinha mais volta. Ficaram famosas umas estrofes reproduzidas em *Cidade do Rio*, aludindo a essa festividade, que se realizou debaixo de uma efusiva batalha de flores embora chovesse torrencialmente:

> – Esta batalha preclara
> De flores de mil matizes,
> Grandes venturas prepara
> À sorte dos infelizes.
> – Com ardor é pelejada
> Por uma fila de bravos,
> Sob os auspícios da Fada
> Que se condói dos escravos.
> – Esta batalha de flores
> É também de liberdade.
> Aos piedados lutadores
> Abençoa a Divindade.[172]

A 3 de maio de 1888, abrindo a terceira sessão da 20ª legislatura da Assembleia Geral – que seria a penúltima do Império, portanto – a princesa Isabel leu a fala do trono no velho solar do Conde dos Arcos, da qual destacamos este período:

> A extinção do elemento servil, pelo influxo do sentimento nacional e das liberalidades particulares, em honra do Brasil, adiantou-se pacificamente de tal modo, que é hoje aspiração aclamada por todas as classes, com admiráveis exemplos de abnegação por parte dos proprietários. Quando o próprio interesse privado vem espontaneamente colaborar para que o Brasil se desfaça da infeliz herança, que as necessidades da lavoura haviam mantido, confio que não hesita-

---

[172] As estrofes foram divulgadas no *Correio Imperial*, jornal dos filhos da própria Princesa Isabel. Reproduzidas por Evaristo de Moraes, na obra já citada.

reis em apagar do direito pátrio a única exceção que nele figura em antagonismo com o espírito cristão e liberal das nossas instituições.

O engenheiro André Rebouças, sempre ele, um dos homens negros mais proeminentes desse período, anotaria em seu mágico *Diário*:

> 3 de maio – Em Petrópolis e no Rio – Extraordinária ovação a Isabel I e ao ministério; oferta de camélias do Quilombo do Leblon (do negociante Seixas) pelo presidente Clapp; discursos delirantes de Dantas, Nabuco e Patrocínio das janelas do Senado e das ruas circunvizinhas; todo o Rio de Janeiro em festas.[173]

Conta-nos o jurista e escritor Evaristo de Moraes, em seu precioso livro sobre a campanha abolicionista:

> As manifestações feitas a D. Isabel, desde sua saída da Quinta da Boa Vista até ao edifício do Senado, a sua entrada festiva no mesmo edifício, a enorme concorrência de pessoas gradas e populares, os buquês que então lhe foram entregues, tudo tinha sido obra dos abolicionistas, considerando a partida indubitavelmente ganha.

O ministro João Alfredo comanda os debates. Seu ministério fora organizado com vivo consenso depois de várias reuniões e debates. O programa traçado seria mantido, pela primeira vez como um sinal de concordância com o Paço Imperial. Diante de um plenário cheio e das galerias superlotadas, como registram os *Anais*, disse textualmente João Alfredo:

> Direi somente que o ministério, se tiver o apoio do parlamento, há de esforçar-se, quando for possível, para que esse programa se converta em realidade, e, sobretudo, para que se efetue quanto antes a reforma do elemento servil, que é a aspiração nacional, e que o gabinete tem empenhado em fazer tão perfeita quanto a opinião pública o indica e quer.

---

[173] REBOUÇAS, André. *Diários e notas autobiográficas*, op. cit., p. 312, apud MAGALHÃES JÚNIOR, Raimundo, op. cit., p. 236.

No dia seguinte, 8 de maio, seria apresentada a proposta aprovada pela Regente Isabel, e o ministro anuncia: "Amanhã será apresentada a proposta do poder executivo para que se converta em lei a extinção imediata e incondicional da escravidão no Brasil."
Salvo engano, nenhuma história foi tão eletrizante quanto a da escravidão em nosso país. Apenas dois políticos brasileiros se haviam apresentado, de verdade, como propulsores do movimento libertador, aproveitando a boa vontade da opinião pública. Esses precipitadores dos acontecimentos foram Euzébio de Queirós, em 1850, e o Visconde de Rio Branco, em 1871. Agora ouvia-se falar nos nomes do Senador Dantas, malogrado o seu grande esforço de 1884-1885, e de João Alfredo, mas ambos foram, isto sim, arrastados pelos fatos, pressionados pelas circunstâncias.
E as circunstâncias pediam cautela e trabalho redobrado. Joaquim Nabuco, outro grande estadista, como o pai,[174] proferiu discurso histórico, do qual vale a pena conhecer, ao menos, este tópico:

> Dentro dos limites da nossa vida nacional e feito o desconto da marcha de um século, 1888 é um maior acontecimento para o Brasil do que 1789 foi para a França. É literalmente uma nova pátria que começa, e, assim como a mudança de uma forma de governo, faz cair automaticamente no vácuo as instituições que sustentavam ou viviam, [da forma do governo ultrapassada] é o caso de perguntar se os nossos velhos partidos, manchados com o sangue de uma raça, responsáveis pelo horror de uma legislação bárbara, barbaramente executada, não deviam ser, na hora da libertação nacional, expulsos para o deserto, com as faltas e as maldições da nação purificada.

Coube a Rodrigo Silva, em nome da princesa Isabel, apresentar a proposta do governo, assim redigida:

---

[174] Ver a respeito o texto de SOUSA, Cláudia. Joaquim Nabuco é tema de exposição no Rio. Associação Brasileira de Imprensa. 4 set. 2009.

Art. 1º - É declarada extinta a escravidão no Brasil.
Art. 2º - Revogam-se as disposições em contrário.

Os trabalhos foram apressados por Joaquim Nabuco, que propôs a nomeação de uma comissão para dar um parecer imediato ao projeto, composta por ele, Duarte de Azevedo, Afonso Celso Júnior, Gonçalves Ferreira e Alfredo Chaves. Em poucos minutos, de volta ao recinto, Duarte de Azevedo lia o documento redigido pela comissão, que dizia, entre outras coisas, que "esta augusta Câmara para examinar a proposta do elemento servil", convencida de que a proposta satisfazia plenamente "a longa aspiração do povo brasileiro", a convertia em projeto de lei. O projeto, em seguida, foi votado em primeira discussão. A 9 de maio dava-se a segunda discussão, e a 10 de maio, a terceira. A votação final o aprovou por 89 votos contra apenas 9. Não é preciso nomear a maioria esmagadora que votou a favor do projeto, mas os renitentes escravistas foram: Barão de Araçagy (Francisco de Caldas Lins, futuro Visconde de Rio Formoso), João Evangelista Sayão Bulhões de Carvalho, Pedro Luís Soares de Sousa, Carlos Frederico Castrioto, Manuel Peixoto de Lacerda, Domingos de Andrade Figueira, Alberto Rezamat, Alfredo Chaves e Antônio Cândido da Cunha Leitão. Em sua maioria, representavam os interesses dos grandes fazendeiros escravistas do Rio de Janeiro, que tinham, por exemplo, no jornal *Novidades*, cujo redator, vale frisar, era o mulato Alcindo Guanabara, o seu porta-voz.

No dia 11 de maio o projeto adentrava o Senado do Império, que também elegeu sua comissão, composta pelos senadores Dantas, Afonso Celso (pai) – que já era, já a esse tempo, padrinho de outro negro genial, o romancista Lima Barreto (1881-1922)[175] –, Teixeira Júnior, Visconde de Pelotas e Escragnolle

---
[175] BARBOSA, Francisco de Assis. *A vida de Lima Barreto*. 7 ed. Belo Horizonte: Itatiaia, 1988, p. 29.

Taunay, autor, entre outros livros, de *Inocência* e do histórico *A retirada da Laguna*.

O projeto de lei entrou logo em discussão e, no dia seguinte, foi discutido pela segunda vez. Nessa sessão, usou da palavra o Barão de Cotegipe, que acabou por se queixar por estar sendo acusado por uma parte dos senadores de precipitar "a solução da questão" e por outros de "entibiar o zelo dos que o promoveram".

Cotegipe – que sequer presenciaria a queda da Monarquia, pois morreria a 15 de fevereiro de 1889, aos 74 anos – disse profeticamente talvez que, com a abolição da escravatura, "há de haver uma perturbação enorme do país durante muitos anos" e pediu que, no caso de sua morte, lavrassem na sua sepultura o seguinte epitáfio: "O chamado, no século, Barão de Cotegipe, João Maurício Wanderley, era um visionário"!

Outro que aparteou contra o projeto na sessão extraordinária convocada para o domingo 13 de maio às 11 da manhã foi o conselheiro Paulino Soares de Sousa, com um discurso contundente. Mas nada mais detinha a onda vitoriosa. Dantas e João Alfredo foram incumbidos da defesa do projeto, no que tiveram o apoio do Visconde de Jaguaribe. Patrocínio está por lá, André Rebouças também, e uma infinidade de populares. A votação acontece no Senado, e só se consignam cinco votos contra, entre os quais, naturalmente, os do Barão de Cotegipe e de Paulino Soares de Sousa.

Projeto aprovado, Cândido de Oliveira concede dispensa de interstício, para entrar na ordem do dia desse domingo no qual fora convocada a sessão extraordinária. A princesa Isabel, regente do trono em mais um momento importantíssimo do país (também estava à frente na Lei do Ventre Livre), fora avisada pelo presidente do Conselho, João Alfredo, de que a lei seria enviada para sanção no próprio dia da sua aprovação.

Paulino Soares de Sousa, com sua verve ao discursar que detinha a atenção mesmo dos que discordavam, atacou João Alfredo pautado em velhas questões, usando por base um discurso do senador, datado de 1884, em que ele se mostrava contra a ideia "da emancipação radical".

Fechando seu discurso, denunciava os acordos dos parlamentares e dos abolicionistas, entre os quais o ultramonarquista André Rebouças e o convertido José do Patrocínio:

> São tantas as impaciências que não posso deixar de concluir, e sem demora; tanto mais quando é sabido, e os jornais todos que li esta manhã anunciam, que sua Alteza a Sereníssima princesa Imperial Regente desceu hoje de Petrópolis e está, a uma hora da tarde, no Paço da Cidade à espera da deputação desta casa, para sancionar a mandar promulgar a medida ainda há pouco sujeita à deliberação do Senado.

Em outro tópico, fazia ironias com a realeza, afirmando categórico:

> Cumpri, como as circunstâncias permitiram, o meu dever de senador; posso cumprir o de cavalheiro, não fazendo esperar uma dama de tão alta hierarquia; e se assinado o fato, é para todo o tempo ser memorado nos anais do nosso regime parlamentar.

Do lado de fora do velho prédio que servira de moradia ao Conde dos Arcos, colado à casa do velho soldado Deodoro da Fonseca (ironicamente o proclamador da República), bem em frente ao campo de Santana, antigo palco histórico da aclamação de Pedro I, como imperador, ele admitia também apressar-se para não deter ainda mais "o préstito triunfal que já se acha enfileirado na sua marcha festiva".[176]

O senador Dantas, em tom conciliador, via na lei a chegada "ao termo da viagem, e, mais felizes do que Moisés, não só vemos, como pisamos a Terra Prometida".

As galerias aplaudiram veementemente Dantas, da mesma forma que o fizeram com o Senador Correia. Votado e aprovado

---

[176] Trechos extraídos de A campanha abolicionista, op. cit., p. 348.

o projeto, o senador Cruz e Machado nomeia a comissão (no caso, a mesma que apreciara o projeto de lei, faltando somente o Visconde de Pelotas, que ficou doente) que iria ao Palácio apresentar à princesa Isabel os autógrafos do decreto, junto com outros sorteados, como o Visconde de Paranaguá, Inácio Martins, de Lamare, Franco de Sá, Barros Barreto, Correia, Pereira da Silva, Cândido de Oliveira, Ferreira da Veiga e Jaguaribe.

A princesa era aguardada na sua galeota imperial, desde a primeira hora da tarde, por uma massa compacta composta de senhoras e cavalheiros, de abolicionistas, de monarquistas, que desde o Arsenal de Marinha a acompanhou até o Paço, localizado na hoje Praça XV de Novembro,[177] em frente ao antigo Arco do Teles. Era difícil atravessar o local. Pela primeira vez o Paço recebia tanta gente do povo, que invadiu o local incontinente, enquanto do lado de fora aproximadamente dez mil pessoas, segundo cálculo dos jornais, entusiasmadíssimas, ovacionavam o momento solene. Diz um jornal que, pouco "antes das três horas, anunciada a chegada de Sua Alteza por entusiásticos gritos do povo, que em delírio a aclamava, abrindo alas, ministros, camaristas e damas do Paço vieram à porta" recebê-la. Algumas senhoras lhe atiraram flores. A Confederação Abolicionista levara estandartes para ornar a ocasião.[178]

A princesa havia entrado no Paço acompanhada pelo marido, o conde d´Eu, e os ministros da Agricultura e do Império, dirigindo-se à sala do trono. O ministro da Agricultura, Rodrigo Silva, fez a entrega dos autógrafos à Regente, que os assinou. Embora fosse um dia de alegria geral, Isabel estava triste; certamente em função do pai, D. Pedro II, doente na Europa. Então afirmou: "Seria o dia de hoje um dos mais belos da minha vida, se não fosse saber estar meu pai enfermo. Deus permitirá que ele nos volte, para tornar-se, como sempre, tão útil à nossa pátria."

---

[177] O local hoje é destinado a exposições e é denominado Paço Imperial.
[178] Estes estandartes se encontram hoje na Igreja Nossa Senhora do Rosário e dos Homens Pretos do Rio de Janeiro, localizada na rua Uruguaiana.

O decreto fora caligrafado pelo artista Leopoldo Heck, muito estimado no Rio de Janeiro e em Petrópolis. A princesa recebeu de presente, por beneplácito do povo, que concorreu através de subscrição pública – da qual participou toda a família Patrocínio –, uma caneta de ouro, ornada de pedras preciosas, por ela logo utilizada, sob efusivos aplausos, para assinar o decreto que resultou na Lei nº 3.353, mais conhecido como Lei Áurea. O texto, redigido com precisão, e que vale a pena se conhecer na íntegra, tinha este teor:

> A Princesa Imperial Regente em nome de Sua Majestade o Imperador o Senhor D. Pedro II faz saber a todos os súditos do Império que a Assembleia Geral decretou e ela sancionou a Lei seguinte:
>
> Art. 1º É declarada extinta desde a data desta lei a escravidão no Brasil.
>
> Art. 2º Revogam-se as disposições em contrário.
>
> Manda portanto a todas as autoridades a quem o conhecimento e execução da referida Lei pertencer, que a cumpram e façam cumprir e guardar tão inteiramente como nela se contém.
>
> O Secretário de Estado dos Negócios da Agricultura, Comércio e Obras Públicas e Interino dos Negócios Estrangeiros Bacharel Rodrigo Augusto da Silva, do Conselho de Sua Majestade o Imperador, a faça imprimir, publicar e correr.
>
> Dada no Palácio do Rio de Janeiro, em 13 de Maio de 1888 – 67º da Independência e do Império. Princesa Imperial Regente. Rodrigo Augusto da Silva.

A cena foi mais que comovente. Diante da Regente, lá estava o deputado Joaquim Nabuco, responsável por anunciar ao povo, da sacada de uma das janelas do Paço, "não haver mais escravidão no Brasil".

Patrocínio, comovido até as lágrimas, teve um gesto surpreendente. Quem conta é o advogado João Marques, um dos presentes:

> Queríamos ver a assinatura. Eu vi D. Isabel radiante de felicidade curvar-se sobre a mesa e assinar o decreto de sua imortalidade

e de sua deposição. Entre mim e ela não mediava a distância de dois metros. Eu ouvi Patrocínio pronunciar as palavras que nunca mais se extinguirão de meus ouvidos: "Minha alma sobe de joelhos nestes Paços..." E nós, os abolicionistas, nos abraçávamos, nos beijávamos, com os olhos luzindo de lágrimas e com a voz enrouquecida pelos gritos de entusiasmo e de alegria.[179]

Estava feita a abolição; o povo, de tão feliz, não se continha. Diz a *Gazeta da Tarde* que a multidão aglomerada em frente ao Paço, "ao saber que já estava sancionada a grande lei, chamou Sua Alteza, que apareceu à janela e foi saudada por estrepitosos vivas".[180] Ex-escravos, homens negros que já gozavam de liberdade, regozijam-se junto com gente do povo, senhoras bem vestidas e cavalheiros trajados à francesa, todos rindo muito, tomados de emoção. Havia muita gente pelas ruas festejando. A bebedeira foi geral. Ninguém conseguia segurar tanto contentamento.

---

[179] MARQUES, João. In: SENA, Ernesto. *Rascunhos e perfis*, op. cit., p. 586.
[180] *Gazeta da Tarde*, Rio de Janeiro, 15 maio 1888.

Bebedeiras e festas

Declarou João Marques, com muita propriedade, na carta que endereçou a Ernesto Sena, que a "figura de mais destaque da propaganda abolicionista é, sem dúvida, a de Patrocínio". E tinha plena razão. Os dias antes da abolição o comprovaram plenamente. Passada a hora magna, já à noitinha, na redação da *Cidade do Rio*, conta ainda João Marques em sua missiva, o grupo abolicionista resolveu jantar. João Clapp disparou para acertar a ceia no Hotel Globo, no salão do segundo andar, o mais adequado para tais ocasiões. Não demorou muito. Voltou. Tudo encomendado a 5$ a cabeça, contando com a champanhe.

Iniciou-se uma discussão para saber se o senador João Alfredo presidiria o jantar, como foi sugerido; mas alguém lembrou que ele era presidente do conselho e, por sua posição oficial, lembra João Marques, "não pode vir confidenciar conosco, os arruaceiros, os papa-pecúlios, os abolicionistas do alheio".

O nome de consenso era o do senador Dantas.

Imediatamente Ernesto Sena tomou um carro com ordem de encontrá-lo fosse onde fosse. Uma hora depois estavam todos na janela do Hotel do Globo observando o movimento da rua, até que um carro parou na porta do hotel. Era o grande senador Dantas que, afinal, chegava. Houve uma correria alegre ao seu encontro. Muito satisfeito, Dantas cumprimentava a todos, chamando-os "meus filhos... meus filhos"!

De repente uma voz prorrompeu em "vivas ao conselheiro Dantas", e ele respondeu, emocionado: "Oh! meninos... Deixem-se disto. Vocês me chamaram para jantar: vamos jantar, que estou com apetite. Eu ia sentar-me à mesa quando recebi o recado de vocês" – explicou com bonomia.

Dantas recusou a cabeceira da mesa, como seu presidente.

Lá estavam, além de João Clapp, o deputado Joaquim Nabuco, o Almirante Barão de Jaceguai, o Capitão Serzedelo Corrêa, o comerciante e criador do quilombo do Leblon José Seixas de Magalhães, Campos da Paz, Coelho Neto, o diretor da *Revista Ilustrada*, Ângelo Agostini e muitos outros abolicionistas.

"Não. Quem deve presidir é a Bibi" – disse ele, indicando a esposa de Patrocínio, única senhora presente. "Ela tem aturado muito o nosso José e merece esta recompensa. Sente-se na cabeceira, Bibi" – ordenou.

Lá pela meia-noite, o povo que ainda enchia as ruas descobriu que os principais responsáveis pela abolição estavam confraternizando num lauto jantar, íntimo, fraternal, repleto de felicidade. Começou uma algazarra de vivas a José do Patrocínio, vivas à Regente Princesa Imperial, vivas ao Conselheiro Dantas, vivas à liberdade.

No começo da madrugada, João Marques e Patrocínio – este já sem D. Bibi – deixam o hotel, seguem para o Largo de São Francisco de Paula a fim de tomar o bonde da Cancela rumo a São Cristóvão, onde moravam. Ambos se sentam no último banco. Não muito distante dali, na rua dos Andradas, entra um grupo de uma sociedade com sua respectiva banda de música. Sem demora, topam com Patrocínio.

– Toca o hino! Toca o hino! Viva José do Patrocínio!

Logo todos que estavam dentro do carro foram envolvidos pela turba alegre; Patrocínio convence o amigo a descerem no Campo de Santana, pois ele não poderia "fazer viagem tão longa no meio daquela barulheira", disse o tribuno, propondo a fuga. A turma quis vir atrás, mas o chefe do abolicionista não aguentava mais nada, tal a altura do seu cansaço e, certamente, do seu teor alcoólico:

– Arranja-te como puderes – disse ao amigo João Marques, em tom ameaçador –, mas livra-me desta música, senão eu parto a cabeça contra aquela parede. Inventa qualquer coisa, mente mesmo, porque para isso é que és advogado.

João Marques, consternado com a angústia do grande líder, foi conversar com o bando. "Contei-lhes uma história brejeira de um passeio a que nós íamos e no qual eles seriam demais." Entendendo a mentira, riram muito e deixaram os dois companheiros, mas ao longe ainda se ouvia o sustenido do Hino Nacional e alguns "vivas a José do Patrocínio". Resolveram caminhar um pouco para terminar a digestão. Desceram a rua de S. Pedro, conversando sobre os acontecimentos do dia. Foi uma verdadeira aventura pela madrugada inteira, com repetições da cena do bonde, uma mais entusiasmada que a outra. Por fim, chegaram à rua Figueira de Mello, próximo ao Campo de São Cristóvão, e resolveram fazer o restante do percurso a pé. Acenderam charutos, entraram no Campo e tomaram a direção da rua S. Luiz Gonzaga. O dia amanhecia, roubando a escuridão da noite. Na altura da Escola Pública, pararam, e João Marques então cutucou o amigo:

> Que belo dia para morreres, Patrocínio. [...] Nunca mais encontrarás outro igual. Morrerás em plena apoteose e tua morte abalará o Brasil e ribombará por todo o mundo. Talvez até vás para o céu, meu velho, porque Deus deve estar muito contente contigo. Tua família, com a efervescência que há, ficará a salvo de todas as necessidades, talvez milionária. Teus filhos serão adotados pela Nação. Teu enterro será um triunfo maior que os triunfos romanos, e teu túmulo será outro Santo Sepulcro. Tuas estátuas ornarão as praças públicas e teu nome ficará como um símbolo. Vais viver, meu velho, e vais para a política... e aquilo emporcalha, meu amigo...
> Patrocínio nada respondeu. Seguiram calados, mascando os charutos apagados. Na porta de sua casa, ao se despedirem, ele soltou uma gargalhada, abraçou o amigo e disse: "Malvado! Meu assassino!"[181]

Nas festas em favor da abolição da escravatura não se regateou nada. Pelo contrário. Tornaram-se marco obrigatório para a despedida do famigerado sistema do cativeiro. A marcha abolicionista

---

[181] MARQUES, João. In: SENA, Ernesto Sena. *Rascunhos e perfis*, op. cit., p. 589.

fora tão forte de 1879 a 1888, que era muito difícil encontrar uma pessoa na Corte que não estivesse envolvida no processo. Alguém, com certeza, já alforriara algum escravo, ajudara a dar liberdade a outrem, estivera à frente de quermesses, assistira a pelo menos uma conferência, tomara partido por este ou aquele indivíduo escravizado, incentivara o vizinho a aderir à nobre causa etc. Era impressionante a cidade tomada de gente.

A rua do Ouvidor, constantemente cheia de povo, apresentava o belo aspecto dos grandes dias nacionais, e as casas, primorosamente ornamentadas, estavam repletas de senhoras. De tempos em tempos, aqui e ali, ouvia-se um viva aos heróis da abolição *A Cidade do Rio*, na edição do dia 18 de maio, registrava que era geral "o contentamento [...] transbordando da grande alma popular, que andava cantando a epopeia homérica da redenção".

O prolongamento das festividades foi algo bastante natural naquelas circunstâncias. A 15 de maio, por exemplo, quando chega à Escola Politécnica, onde era professor, André Rebouças recebe uma delirante ovação dos alunos e do corpo escolar, cuja Congregação lhe concede um voto de louvor por sua importância para o movimento abolicionista, sendo carregado nos ombros dos estudantes até o Largo de São Francisco de Paula. No dia 17 se realiza a grande missa campal de Ação de Graças, no gramado da Imperial Quinta da Boa Vista, que reúne a princesa Isabel e cerca de vinte mil pessoas. Impressionado, André Rebouças faria anotações no seu Diário sobre essa missa, destacando a grandiosidade do que ele chamou de espetáculo e dizendo que a humanidade jamais vira nada igual, pois parecia a "antevisão do vale de Josafá".

Acompanhado da família, Patrocínio foi surpreendido por um gesto da princesa Isabel após o encerramento da missa. Carregando o filho no colo, o menino Zeca, de pouco mais de dois anos, Patrocínio atreveu-se a beijar a augusta mão da princesa, a mesma mão que dias antes libertara o país do jugo escravista.

Numa atitude inesperada, a regente do trono apontou para a criança e disse:

– Que engraçadinho! Dê-m'o aqui, senhor Patrocínio! – E à vista de todos, tomara nos braços o José do Patrocínio Filho e beijara-o na face. Este fato seria sempre recordado nos círculos familiares: a princesa beijou o Zeca!¹⁸²

Essa relação com a filha do imperador Pedro II vinha num crescendo de admiração mútua nos últimos anos antes da abolição. Patrocínio sabia que a princesa estava fazendo gestos que, apesar de lhe agradarem imensamente, colocava em risco sua reputação como herdeira do trono, sobretudo com atitudes como a que foi registrada no sempre atento *Diário* de André Rebouças:¹⁸³

> Almoçaram no Palácio Imperial de Petrópolis 14 africanos, foragidos das fazendas circunvizinhas. À noite, a música do imperador percorreu as ruas, em ovação ao mordomo Nogueira da Gama, que libertara todos os seus escravizados, e ao advogado Marcos Fioravanti, que desde 1º de abril dirige o êxodo, sob a proteção de Isabel I.

Frequentador assíduo do Palácio de Petrópolis por sua amizade desde a infância com o imperador, o negro André Rebouças sempre gozara de proteção especial, privando da intimidade do monarca e de sua família, pela qual sempre era tratado com muito respeito.

O mesmo vinha acontecendo com Patrocínio, que, aos poucos, foi tendo uma visão diferenciada do trono, a partir da simbologia dos gestos da princesa Isabel. E isso ficou mais patente após o 13 de maio de 1888, conforme narra o sempre atento João Marques, no que nos parece uma grande revelação:

---

[182] MAGALHÃES JÚNIOR, Raimundo. *O fabuloso Patrocínio Filho*. Rio de Janeiro: Civilização Brasileira, 1957, p. 2.
[183] REBOUÇAS, André. *Diário e notas autobiográficas*, p. 312, apud MAGALHÃES JÚNIOR, op. cit.

Não há dúvida de que, depois de 13 de maio, José do Patrocínio adorou Isabel, a Redentora, como negro que é, e por ter certeza de que ela perdeu a coroa por ter transigido com a propaganda abolicionista. Não obstante, os Srs. Ferreira Viana e Machado de Assis são testemunhas de que, no dia da missa campal, José do Patrocínio, que havia recebido de Isabel, a Redentora, uma prova das mais delicadas, porque a Excelsa Senhora, tomando nos braços o filho do papa-pecúlio, beijou-o carinhosamente, em vez de ir tomar parte no banquete que se servia no Internato do Ginásio, recolhia-se à sua casa paupérrima com a sua família, para almoçar pobremente com aqueles dos cavalheiros.

É interessante notar uma menção que merece um maior destaque: a de Machado de Assis. O romancista famoso, também negro, sempre foi acusado de ser indiferente à questão do negro. Nesta passagem memorialística sobre Patrocínio se vê que ele acompanhou, como qualquer mortal, a missa campal e o movimento da abolição, filiando-se à causa[184]. Este, seja dito, não foi o único evento comemorativa à data da abolição que tomou parte Machado de Assis. A 20 de maio, ele participaria de outro, ainda maior, saído do Campo da Aclamação, atual de Santana, que percorreu toda a cidade[185]. Ainda neste dia de festejo, Patrocínio, assim como Machado, se fez ativo participante, mas a cavalo, acompanhado "do seu interessante filhinho". Segundo o jornal "a linda criança, durante o tempo que esteve parada na rua Nova do Ouvidor, foram [lhe] dadas lindíssimas flores". Já D. Bibi, mulher de Patrocínio, estava em um carro "com estandarte da

---

[184] Num destaque fotográfico da missa campal, de 17 de maio de 1888, relevado pela pesquisadora e diretora-assistente da Brasiliana Fotográfica Andrea Wanderley, aparece a figura de Machado de Assis, o que comprova sua participação na missa. Ao lado dele está José do Patrocínio, tampado por um mastro de bandeira, e que segura o filho Zeca, de chapéu, de pouco mais de dois anos. A foto foi tirada por Antônio Luiz Ferreira.

[185] *Gazeta de Notícias*. Abolição – as festas de anteontem. Rio de Janeiro, 21 e 22 de maio de 1888, p. 1. Registra este jornal, nesta longa reportagem, a realização de um grande evento cívico, com toda a sociedade à rua, de carro aberto, acompanhados de sua família, ou seja, mulher e filhos.

Cidade do Rio"[186]. O pesquisador Eduardo de Assis Duarte[187] achou um poema de Machado dedicado ao 13 de maio, que não consta da sua obra completa, escrito e distribuído para esta Procissão Cívica, em comemoração à promulgação da Lei:

> Brasileiros, pensai a longa vida
> Da nossa pátria, e a curta vida nossa:
> Se há dor que possa remorder, que possa
> Odiar uma campanha, ora vencida,
> Longe essa dor e os ódios seus extremos:
> Vede que aquele doloroso orvalho
> De sangue nesta guerra não vertemos...
> União, brasileiro! E entoemos
> O hino do trabalho.

Ao celebrar o fim da escravidão, Machado de Assis se coloca no patamar dos recém-libertados: é um deles, como se agora tivesse mais tranquilidade para trabalhar, sem ter que pensar ou se preocupar com o jugo escravista. Numa de suas crônicas, também sobre o dia da assinatura da lei, diria:

> Houve sol, e grande sol, n'aquele domingo de 1888, em que o Senado votou a lei, que a regente sancionou, e todos saímos à rua. Sim, também eu saí à rua, eu o mais encolhido dos caramujos, também eu entrei no préstito, em carruagem aberta, se me fazem favor, hóspede de um gordo amigo ausente[188]; todos respiravam felicidade, tudo era delírio. Verdadeiramente, foi o único dia de delírio público que me lembra ter visto.[189]

Não foi só Machado de Assis, entre os escritores negros, que daria depoimento assim. O simbolista Cruz e Sousa, que chegara à Corte por volta de junho de 1888, numa carta endereçada

---

[186] *Gazeta de Notícias*, op.cit.
[187] DUARTE, Eduardo de Assis. *Machado de Assis afro-descendente*. Rio de Janeiro: Pallas/ Crisálida, 2007, p. 23.
[188] Trata-se a referência de Ferreira de Araújo (1848-1900), dono da *Gazeta de Notícias*.
[189] ASSIS, Machado de. A semana. *Gazeta de Notícias*, Rio de Janeiro, 14 maio 1893, p. 1. Embora já assinalado como sendo de Machado, o texto publicado no jornal não está assinado.

ao grande abolicionista catarinense Germano Wendhausen, da cidade do Desterro, disse que até "15 [de junho] ainda assisti algumas manifestações de regozijo ao triunfante e heroico acontecimento que ainda me faz pulsar de alegria o coração e o cérebro".[190] Nos arrabaldes, de acordo com o poeta catarinense nessa mesma missiva, havia ainda, "com bastante brilho, diferentes festejos em homenagem à libertação do país".

Como se vê, a data contagiou a todos. Então, não sem razão, um estreitamento de relação entre a princesa Isabel e Patrocínio, além de ter, certamente, o dedo do engenheiro André Rebouças, contava com o beneplácito de outros agentes. Um conjunto de fatores leva a crer que o próprio ato da abolição poderia ter ocorrido, pela sua organização milimétrica, de caso pensado com a herdeira do trono. Veja-se por exemplo uma importante correspondência trocada entre a princesa Isabel e o banqueiro Visconde de Santa Vitória, um dos sócios do Barão de Mauá, considerado um dos homens mais ricos do país. Nessa carta reveladora, bastante desconhecida, datada de 11 de agosto de 1889 – três meses antes, portanto, da queda da Monarquia – a princesa fala de suas preocupações, fazendo importantes revelações sobre suas articulações no pós-abolição. Eis a carta,[191] que vale a pena ser conhecida para termos uma ideia dos temores da princesa à reação dos escravocratas e militares, e o fim "da casa de Bragança no Brasil":

> Fui informada por papai que me colocou a par da intenção e do envio dos fundos de seu banco em forma de doação como indenização aos ex-escravos libertos em 13 de maio do ano passado, e o sigilo que o Sr. pediu ao presidente do gabinete para não provocar maior reação violenta dos escravocratas. Deus nos proteja se os escravocratas e os militares saibam desse nosso negócio, pois seria o fim do atual governo e mesmo do Império e da casa de Bragança no Brasil.

---

[190] ALVES, Uelinton Farias. *Cruz e Sousa*: Dante negro do Brasil. Rio de Janeiro: Pallas, 2008, p. 179.

[191] Revista *Nossa História*, ano 3, n. 31, maio 2006, p. 71. Esta carta, que já sofreu avaliações de autenticidade, é um documento pertencente ao acervo integrado no projeto Memorial Visconde de Mauá, organizado pelo bisneto, o comendador Eduardo André Chaves Nedehf.

José do Patrocínio, a pena da Abolição

Nosso amigo Nabuco, além dos Srs. Rebouças, Patrocínio e Dantas, poderiam dar auxílio a partir do dia 20 de novembro, quando as Câmaras se reunirem para a posse da nova Legislatura. Com o apoio dos novos deputados e os amigos fiéis de papai no Senado, será possível realizar as mudanças que sonho para o Brasil!

Com os fundos doados pelo Sr. teremos oportunidade de colocar estes ex-escravos, agora livres, em terras suas próprias trabalhando na agricultura e na pecuária e delas tirando seus próprios proventos. Fiquei mais sentida ao saber por papai que esta doação significou mais de 2/3 da venda dos seus bens, o que demonstra o amor devotado do Sr. pelo Brasil. Deus proteja o Sr. e toda a sua família para sempre!

Foi comovente a queda do Banco Mauá em 1878 e a forma honrada e proba, porém infeliz, que o Sr. e seu estimado sócio, o grande Visconde de Mauá, aceitaram a derrota, segundo papai tecida pelos ingleses de forma desonesta e corrupta. A queda do Sr. Mauá significou uma grande derrota para o nosso Brasil.

Mas não fiquemos mais no passado, pois o futuro nos será promissor, se os republicanos e escravocratas nos permitirem sonhar mais um pouco. Pois as mudanças que tenho em mente, como o senhor já sabe, vão além da libertação dos cativos. Quero agora dedicar-me a libertar as mulheres dos grilhões do cativeiro doméstico, e isto será possível através do Sufrágio Feminino! Se a mulher pode reinar, também pode votar! Agradeço vossa ajuda de todo meu coração e que Deus o abençoe! Mando minhas saudações a Madame a Viscondessa de Santa Vitória e toda família. Muito de coração Isabel.

A carta, bastante reveladora, é um documento que nos mostra o pensamento da monarquia com relação à forte pressão imposta pelos republicanos e escravocratas. E a princesa Isabel tinha razões para agir assim. De algum modo, informações dessa carta confirmam os dados dos históricos diários de André Rebouças, em que o engenheiro e abolicionista sistematiza projetos de lei "para educação, instrução e elevação do nível moral dos libertos", defendendo o uso de verbas públicas.[192] Mal sancionada a lei de 13 de maio, um forte movimento por indenizações acabava de entrar em discussão nos centros nervosos do país, Rio de Janeiro e São Paulo.

---

[192] LOUZEIRO, José. *André Rebouças*. Rio de Janeiro: Tempo Brasileiro, 1968, p. 128. (Coleção Os Brasileiros)

Patrocínio, assim como outros jornalistas e políticos aliados do trono – podemos dizer desta forma –, toma partido a favor da princesa Isabel. Dada a reação que vem se desenhando, ainda no mês de maio, graças principalmente a Silva Jardim, em São Paulo, e ao Barão de Cotegipe, no Rio de Janeiro, o movimento pela indenização aos "proprietários" cresce consideravelmente, e tem até um lema: "Indenização ou República". Então, como se diz, era preciso que os monarcas pusessem as barbas de molho.

Aliás, surge daí a história do encontro da princesa com o Barão de Cotegipe depois da assinatura da lei da abolição, quando, ao cumprimentar Isabel, o intransigente político baiano, escravocrata que não reconhecia o próprio sangue da mãe, a liberta Francisca Antônia do Livramento, ou seja, sangue de origem africano (ironicamente foi o único senador do Império a votar contrariamente à aprovação da Lei Áurea), teria lhe dito, visionariamente:

– A senhora acabou de redimir uma raça e perder o trono!

Cresceria então o debate sobre as indenizações. O próprio Cotegipe havia apresentado projeto nesse sentido, levando Joaquim Nabuco a se pronunciar contra, seguido por André Rebouças, que interpelou o ministro João Alfredo, que também apresentara, na Câmara dos Deputados, projeto de lei semelhante.

Rebouças chamou essa iniciativa de projeto "desgraçado", que consumiria cerca de 300 mil contos, cujo beneficiário seria apenas "o landlordismo escravocrata", empregando, como era de seu costume, a palavra inglesa para designar o termo "senhores da terra".

No dia 22 de agosto, D. Pedro II regressa da Europa e é muito festejado por intelectuais como Machado, Artur Azevedo, França Júnior e outros, e pela população, como efeito ainda da decretação da abolição, que ele apoiara de longe.

Patrocínio recomeça, em novo formato, a sua série de conferências, agora tendo como foco o combate à indenização aos ex-senhores de escravos. Os ânimos continuavam acirrados, com os reclamos dos republicano-escravocratas que queriam, a todo custo, indenização pela perda das suas propriedades. E Patrocínio combateria violentamente isso, enquanto nas ruas assomam grupos de desordeiros, de capoeiras, de milícias contratadas para tumultuar comícios e sessões de republicanos ou de abolicionistas.

Anseios e recuos

Os ânimos estavam realmente exaltados. O dia a dia das cidades era repleto de embates, de enfrentamentos que, a toda hora, viravam caso de polícia. A imprensa vivia sob uma tensão sem precedentes. Os jornalistas, sob pesada ameaça, às vezes de morte. Tudo isso em função de um conflito envolvendo o 17º Batalhão de Infantaria, em São Paulo, e o chefe de polícia da capital, Dr. José Joaquim Cardoso de Melo Júnior. Pois bem, este autorizou o dito batalhão a reprimir – fazendo até prisões, se fosse o caso – supostas desordens ocorridas internamente na unidade militar, resultando daí a transferência de todo o batalhão, juntamente com o seu comandante, Coronel Honorato Cândido Ferreira Caldas, para a Corte, por determinação do ministro da Guerra, Tomás Coelho.

Aliando-se aos militares para não perder a oportunidade de atacar a Monarquia, os republicanos Rangel Pestana e Campos Sales promovem então um comício em que se solidarizam com os soldados e oficiais daquele regimento.

No final de novembro de 1888 chegam ao Rio de Janeiro os militares transferidos, e daí advêm novos conflitos, com acusações e até ameaças de morte. Um dos alvos foi José do Patrocínio, que havia defendido o governo, não os militares, pelo jornal. Como se não bastasse tudo que sofrera durante a campanha abolicionista. Patrocínio parece não temer qualquer represália, e pelas colunas da *Cidade do Rio*, em 29 de novembro responde a esses ataques como se retornasse aos tempos da luta pelo fim do cativeiro: "É sabido também que os capitães do mato e os feitores eram, em grande parte, negros. Os infelizes asseguravam o seu bem-estar com o sacrifício dos irmãos."

Em outro tópico, atacava os "republicanos de 14 de maio", ou seja, aqueles que, no dia seguinte ao ato da princesa Isabel, já reclamavam, em tom de ameaça, pagamento pelos seus "bens" desapropriados, sob o lema "Indenização ou República". Nessa ordem está o histórico republicano Silva Jardim. Mais adiante diz Patrocínio:

> Os republicanos de 14 de maio não nos surpreendem, pois, com os reclames à adesão de alguns negros e com os doestos que eles nos podem atirar. Por uma centena de negros que proclamam o Sr. Silva Jardim o grande libertador de sua raça, há centenas de milhares, a quase unanimidade dos negros brasileiros, que estão prontos a dar a sua vida para salvar a coroa da Redentora.[193]

No dia 30 de dezembro, Silva Jardim falava no Clube Ginástico Francês, perto do Largo do Rocio, atual Praça Tiradentes. De uma hora para outra, segundo testemunhas, um grupo de capoeiras investe contra os republicanos, reagindo estes à base de tiros e pancadaria.

O engenheiro André Rebouças, sempre atento a todas essas manifestações, fazia este registro:

> Selvagem conflito entre capoeiras e republicano-escravocratas na conferência de Silva Jardim. Os negros arrancam com os dedos as balas dos revólveres da algibeira dos estudantes e caixeiros republicanos. [...] O imperador repreendeu severamente ao Ministro Ferreira Viana e a todos os cortesãos que pediam, como sempre, sangue de republicano para encobrir a sua imbecilidade e covardia.

Causou também muita celeuma a mudança de posicionamento de Patrocínio com relação à coroa. Os republicanos históricos, muitos dos quais, como Quintino Bocayuva, frequentavam as sessões da chácara do Capitão Emiliano Rosa de Sena em São Cristóvão, não perdoavam essa deserção do tribuno negro. Silva Jardim pedia que o deixassem rir "desses republicanos abolicionistas que, depois da abolição, ajoelham-se aos pés da Monarquia",[194] numa

---
[193] *Cidade do Rio*. Rio de Janeiro, 14 set. 1888.
[194] PATROCÍNIO, José. Respondo... *Cidade do Rio*, Rio de Janeiro, 14 set. 1888.

clara alusão a Patrocínio e à sua famosa frase, na qual dizia: "minh'alma sobe de joelhos nesses paços..." [195]
De fato, não há como negar as demonstrações de respeito visíveis nas posições de Patrocínio após a abolição. Por exemplo, para falar do oportunismo dos republicanos que queriam receber os bônus da campanha abolicionista embora tivessem resistido a ela por serem, na verdade, escravistas, chegou a dizer, para justificar de alguma forma a defesa que fazia da Regente – que a oposição passou a chamar de isabelismo:

> O que fez a princesa regente? Ainda, sob o ministério Cotegipe, ela, a santa, a meiga Mãe dos Cativos, dava à propaganda abolicionista tudo quanto podia: as abundâncias de piedade do seu coração. Seus filhos, os pequenos príncipes, nos seus jornaizinhos glorificavam a propaganda abolicionista, enquanto ela, a princesa, debaixo de chuva e aos estampidos do trovão esmolava pelos cativos, e quando voltava a palácio repartia um pedaço do seu manto de rainha com os escravos foragidos, que iam implorar-lhe proteção.[196]

Para Patrocínio, os republicanos, talvez por precaução, não assumiam a campanha abolicionista, enquanto a princesa Isabel, por sua vez, como herdeira do trono imperial, também não tornava públicos "os seus desejos de ver extinta a escravidão". E por isso ele perguntava, alfinetando tanto a Monarquia quanto os republicanos: "Qual é mais nobre? O republicano que não arriscou um voto, ou a princesa que jogou num assomo de fraternidade a coroa da sua dinastia?"[197]

Para exaltar ainda mais os ânimos já acirrados, surge um ingrediente novo no debate republicano: a criação da Guarda Negra, atribuída a José do Patrocínio,[198] que suscita rumores a respeito de sua finalidade.

---

[195] MARQUES, João, apud SENA, Ernesto, op. cit.
[196] PATROCÍNIO, José. *Respondo...* op. cit.
[197] Ibid.
[198] O biógrafo Raimundo Magalhães Júnior, que escreveu sobre Patrocínio um excelente trabalho, diz que a Guarda Negra, embora tenha sido fundada na redação da *Cidade do Rio*, em 28 de setembro de 1888, partiu da iniciativa de outra pessoa, cujo nome é Manuel Maria Beaurepaire Pinto Peixoto, sem maiores informações.

A Guarda Negra, da qual Patrocínio passa a ser identificado como um dos grandes líderes, toma projeção a partir do momento em que é criada, a 28 de setembro de 1888, na redação da *Cidade do Rio*. Contrariando Magalhães Jr., Osvaldo Orico diz que, em pouco tempo, todos os libertos, por sua gratidão à herdeira do trono, vinham formar a coluna de defesa. Para ele, o "núcleo inicial [...] despontava modestamente, num sobrado da rua da Carioca, número 77, onde então se reunia uma sociedade recreativa intitulada Habitantes da Lua. Aí ensaiou os primeiros passos, congregou os primeiros adeptos". No primeiro semestre de 1888, o número de associados passava de seiscentos, "constituindo pelo fanatismo e pela força uma perigosa milícia".[199]

Pelo fato de ter sido criada por um grupo de ex-escravos, e nas dependências do jornal de Patrocínio, sua identificação com a Guarda Negra parecia praticamente inquestionável. Defensor do trono e da princesa – a quem passou a tratar por "mãe dos cativos" –, o dono da *Cidade do Rio* passa a ter um instrumento de agitação, e de coerção, para auxiliá-lo no combate ao republicanismo e à indenização, que cresciam assustadoramente com a adesão e o apoio dos militares e fazendeiros, todos ainda ferrenhos escravocratas.

Por outro lado, espalhava-se o boato de que, com o fim da Monarquia, a escravidão seria restaurada e os negros seriam reescravizados. Daí, certamente, a veemência com que se armavam para enfrentar os "republicanos de 14 de maio". Tanto é assim, que Emílio Rouède chegou a escrever, pelas colunas do jornal de José do Patrocínio:

> Um dos órgãos do Partido Republicano da Corte dirige acerbas censuras ao governo porque consente e até aplaude a organização da guarda negra. Vamos por partes: a guarda da Redentora é formada por todos os libertos agradecidos que, no dia 13 de maio, deixaram de ser coisas para começarem a ser homens;

---

[199] ORICO, Osvaldo, op. cit., p. 199.

creio que não há governo que possa e queira dissolver uma instituição que, sem faltar às leis regentes, tem por base o amor e por lei a gratidão.[200]

Noutro tópico, desferia um ataque a Silva Jardim, a figura de maior evidência desse processo republicano após a sanção da lei de 13 de maio de 1888:

> Não compreendo a estranheza dos neo-republicanos e acho até perfeitamente natural que os novos cidadãos prefiram ver sentada no Trono do Brasil aquela que os libertou, a ver no primeiro posto de uma República o Sr. Dr. Silva Jardim, que, a não serem os seus discursos e a execução do Conde d´Eu, que pedia em Santos, ainda nada deu de útil e proveitoso à sua Pátria.

A *Cidade do Rio* voltaria ao assunto, em artigo de fundo, na edição de 14 de janeiro de 1889:

> Os republicanos de 14 de maio estão deveras incomodados com a existência da guarda negra. Para impopularizar essa corporação, que é um partido político tão legítimo como qualquer outro, dizem os pseudodemocratas que ela tem por fim acirrar os negros contra os brancos.

Carlos Eugênio Líbano Soares e Flávio Gomes, a esse respeito, atestam que a campanha pela liberdade dos escravizados se transformara, na capital do país, em uma verdadeira batalha, na qual "capoeiras se engalfinhavam com republicanos contrários à abolição".[201]

Na verdade, a ideia republicana, semelhante, *grosso modo*, ao movimento abolicionista, ganha rápida adesão em todo o país logo após o fim da guerra contra o Paraguai. Lançada em dezembro de 1870 em São Paulo, é uma reação evidente à situação do Brasil do pós-guerra, em que uma burguesia ascendente se viu perdendo terreno financeiro e político. Em 1871, os empréstimos

---

[200] *Cidade do Rio*, Rio de Janeiro, 5 jan. 1889.
[201] SOARES, Carlos Eugênio Líbano e GOMES, Flávio. O combate nas ruas pelo ideal abolicionista. *Revista História Viva*, n. 25, p. 74.

brasileiros ultrapassaram três milhões de libras esterlinas, chegando, em 1889, a cerca de 20 milhões. O país já dispunha de uma classe média e uma boa formação de profissionais liberais, entre jornalistas, estudantes, artistas, comerciantes, que cresciam em número expressivo nos centros urbanos e desejavam maior participação nos assuntos nacionais.

Tanta participação gerava um "ativo cheiro republicano" no ar. Não se percebia com nitidez, mas era um caminho sem volta. Formado dentro dos princípios republicanos mas, por força da gratidão, monarquista ortodoxo, José do Patrocínio se desesperava, não por pensar que a chegada da república seria inevitável, mas para tentar adiá-la o quanto pudesse. Tal desespero o fez, senão criar, pelo menos apoiar o nascimento da Guarda Negra. E sem um líder forte para guiar seus passos – pois Patrocínio não podia aparecer –, a guarda recebia toda sorte de acusações e adesões, de um e outro lado. Surgida na Corte, logo estaria disseminada em várias partes do território nacional. E as consequências também iam aumentando proporcionalmente, conforme a Guarda Negra ganhava notoriedade.

Poucos meses depois, a cidade de Natal, no Rio Grande do Norte, registrou o surgimento do Clube da Guarda Negra, cujo presidente foi Malaquias Maciel Pinheiro. Câmara Cascudo comenta que, embora tenha sido criada com "muita festa", essa organização "nada fez de bom ou de mal".[202]

Já em São Luís do Maranhão a coisa foi diferente. Dois dias depois de proclamada a República, manifestantes tentaram empastelar a redação do jornal *O Globo*, porque se dizia que o novo regime vinha para tornar sem efeito a Lei Áurea. A polícia interveio, dispersando o grupo. Em seguida, os manifestantes passam em frente à casa do desembargador Tito de Matos, ainda no governo da província, considerado o "derradeiro lampejo

---

[202] VAZ, Leopoldo Gil Dalcio. *Sobre a Guarda Negra*. Palestra proferida no Instituto Histórico e Geográfico do Maranhão, em 27 ago. 2009.

da monarquia e última esperança da malta enfurecida",[203] no episódio que ficou conhecido como o "fuzilamento do dia 17". De acordo com o relato do historiador Milton Coutinho, o desembargador, ainda pela manhã, pedira às massas que "aguardassem a ordem, dissolvessem a passeata", o que, até certo ponto, foi aceito, serenando-se os ânimos e tornando a tranquilidade à capital. Mas de repente:

> por volta das 15 horas [...] os ânimos voltaram a se reacender, com novos grupos de anarquias [sic] a percorrer as ruas e praças da capital, estocando todos os segmentos da balbúrdia em frente ao jornal de Paula Duarte, desaguadouro do continente de alucinados que para ali convergiam, provindos de quantos becos se contassem, isto já em profusa massa humana. O Comandante do 5º Batalhão de Infantaria destacou para o local uma força devidamente embalada, tropa essa que se postou em frente à tipografia de Paula Duarte, a partir das 16 horas, a fim de garantir a segurança do jornalista e evitar depredação do edifício.

Intimidados pela força policial, os revoltosos debandaram proferindo gestos coléricos, mas permaneceram calmos até o final do dia. A partir daí as coisas mudaram:

> Os relógios assinalaram pouco mais das 19 horas, quando a multidão enfurecida, e com muitos de seus componentes já armados, voltou à carga para tirar a prova de fogo. [...] Iniciou-se a fuzilaria, de que resultou a morte imediata de três manifestantes, ferimentos em 11 outros, lesões em vários soldados, cabos e sargento do destacamento, vindo a morrer depois, na Santa Casa, um dos sediciosos ferido por balaço da tropa.[204]

Mas não foi só em São Luís que o sangue foi derramado. Na província fluminense, a situação não era nada amistosa:

---

[203] Ibid.
[204] COUTINHO, Milton. *Subsídios para a história do Maranhão*. São Luís: SIOGE, 1979, p. 20.

Onde que quer brilhasse a centelha da luz republicana, surgia aí o conflito das raças, desencadeado pela fúria dos libertos em louvor da rainha. E amiudaram-se os atentados e morticínios. Na rua do Passeio, em frente à Secretaria de Justiça, em dias do mês de março de 89, durante a agitação popular que a febre amarela e a falta de água provocaram, a Guarda Negra deixou indícios de sua lamentável influência.[205]

O *Diário de Notícias* chegou a noticiar que, no interior, o "liberto depunha a enxada, voltava costas à terra, punha ao ombro a garrucha homicida e acorria em auxílio da *rainha* que os remira, contra os republicanos que pretendiam reescravizá-los".[206]

Em Campos dos Goytacazes e Lajes do Muriaé, no interior fluminense, também ocorreram fatos semelhantes. No Rio de Janeiro, um evento republicano realizado para homenagear o 14 de julho – data da queda da Bastilha, na França –, com a presença de Quintino, Sampaio Ferraz, Lopes Trovão e Ciro de Azevedo, também sofreu ações da Guarda Negra. Patrocínio, diante da violência da investida dos negros, além de retirar completamente seu apoio à milícia, escreveu em seu jornal que "só a mais infame especulação podia conseguir que partisse de homens de cor a perturbação de uma festa que tinha por fim honrar a memória da Revolução que teve como um de seus dogmas a libertação dos cativos e igualdade política da raça negra".[207]

A Guarda Negra tinha compromissos solenes e graves rituais, o que lhe dava "aparências de maçonaria negra", segundo o mesmo Osvaldo Orico. As sessões eram rigorosamente secretas, e os iniciados contraíam juramentos sagrados, entre os quais o de guardar absoluto sigilo sobre as deliberações da organização:

---

[205] ORICO, Osvaldo, op. cit., p. 197.
[206] *Diário de Notícias*, Rio de Janeiro, 19 abr. 1889.
[207] PATROCÍNIO, José. *Aos homens de cor. Cidade do Rio*, Rio de Janeiro, 15 jul. 1889.

A violação dos segredos podia acarretar até a pena de morte. Todo esse cerimonial tinha em vista fortalecer a dedicação dos negros pela causa da rainha. Era o advento do Terceiro Reinado que os impelia à cegueira e lhes marcava a tarefa. Ao entrar para a milícia, cada um deles, de joelhos e com a mão sobre os Evangelhos, fazia o seguinte juramento: "Pelo sangue de minhas veias, pela felicidade dos meus filhos, pela honra da minha mãe e a pureza de minhas irmãs, e, sobretudo por este Cristo, que tem séculos, juro defender o Trono de Isabel, a Redentora. Em qualquer parte que os meus irmãos me encontrarem, digam apenas - Isabel, a Redentora - porque estas palavras obrigar-me-ão a esquecer a família e tudo o que me é caro".[208]

Que a abolição fora feita, prioritariamente, com a anuência do imperador, da princesa Isabel e do povo, não há a menor dúvida. Um ano depois, diria Patrocínio sobre tal data: "O dia 13 de maio nos deve ensinar a preferir as obras de paz e do amor".[209]

Mas a marcha republicanista era inevitável. O descontentamento da classe dominante era grande, embora o monarca fosse querido pelo povo e pela população mais humilde, principalmente depois do 13 de maio.

O sistema imperial é que estava deteriorado, envelhecido, desarticulado com as forças políticas e com as ações de maior interesse do país. Ao mesmo tempo que percebia isso, como cidadão e profissional da imprensa, José do Patrocínio entendia igualmente que o regime de reis, rainhas, príncipes e princesas estava falido. Momentaneamente, ele se volta para as hostes republicanas, lembrando dos seus primeiros tempos no Clube Republicano, quando se iniciara na vida política e jornalística, logo do seu ingresso na *Gazeta de Notícias*.

Com a mesma contundência de sempre, Patrocínio reinicia seu caminho de retorno, absorvido por aquela energia tão característica do seu caráter. Mas não era oportunista. Uma vez mais, põe a

---

[208] ORICO, Osvaldo, op. cit., p. 199.
[209] PATROCÍNIO, José. Treze de maio. *Cidade do Rio*, Rio de Janeiro, 13 maio 1889.

serviço da causa republicana o jornal *Cidade do Rio*. Suas páginas ilustram bem o que pretende atingir. Numa de suas crônicas, de setembro de 1889, registra a chegada do General Manuel Deodoro da Fonseca ao Rio de Janeiro, e lhe dá as boas-vindas.

Em novembro, Patrocínio se encontrava, com toda a família, na cidade serrana de Petrópolis. Desde o final de setembro, o jornalista negro vinha sentindo no ar as mudanças de mentalidade com relação aos acontecimentos políticos. O Rio de Janeiro começa a ser novamente o centro das atenções do país. Acorrem para a Corte os homens que pensam a política de maneira revolucionária, como o ardoroso capitão Antônio Adolpho da Fontoura Mena Barreto, do Rio Grande do Sul, que passa a ser encontrar com o marechal Deodoro da Fonseca, ou Aristides Lobo, Quintino Bocayúva, Sólon Ribeiro, Francisco Glycério, Tasso Fragoso e Benjamim Constant. A ideia que se tinha de Deodoro era, de fato, de ser ele "o general mais popular e então de maior prestígio no Exército [enquanto] Benjamim, por sua vez, era o ídolo da mocidade, principalmente da militar".[210]

Mesmo assim, no dia 9 de novembro, realiza-se na Ilha Fiscal um suntuoso baile (que Josué Montello chamou de "o baile da despedida")[211], chefiado pelo Visconde de Ouro Preto (Afonso Celso de Assis Figueiredo), presidente do Conselho de Ministros do Império, em honra à oficialidade do cruzador chinelo Almirante Cochrane. Suas Altezas Imperiais, a princesa Isabel e seu pai, D. Pedro II, lá presentes, pareciam encarar tudo com simplicidade, talvez porque achassem que jamais um súdito atentaria contra seus monarcas.

Patrocínio, vendo o clima tomar proporções de guerra intestina por toda a cidade (os exemplos dos embates da Guarda Negra, desde 4 de julho, demonstravam que muita coisa estava perdendo o controle), trocara o Rio de Janeiro temporariamente por Petrópolis,

---

[210] SILVA, Cyro, op. cit., p. 92.
[211] MONTELLO, Josué. *O baile da despedida*. Rio de Janeiro: Nova Fronteira, 1992.

voltando apenas para tratar dos assuntos do jornal *Cidade do Rio*. Em Petrópolis, no mesmo período, também se encontrava o imperador. Será que Patrocínio o visitava no Palácio de veraneio? Dificilmente, pois enquanto Pedro II parecia imaginar que a situação estava sob pleno controle em seu vasto império, Patrocínio conspirava com as forças republicanas e a redação do seu jornal servia de centro aglutinador de informações sobre os acontecimentos que antecederam o golpe contra a Monarquia.

Na véspera do grande acontecimento, a 14 de novembro de 1889, o jornalista negro estava fora da Corte. Havia uma apreensão quanto à eficácia do movimento, embora já grassasse clandestinamente, há meses, por vários setores da sociedade. Havia também grande receio, entre os próprios militantes, sobre a reação do governo. Para encorajar as Forças Armadas, usa-se de um artifício, como conta Patrocínio, um mês depois da eclosão, para então justificar-se:

> Já está registrada na história a causa da subtaneidade do rompimento definitivo do Exército com o Império. O Sr. Tenente-coronel Sólon e o Capitão Mena Barreto, fazendo circular o boato da prisão do General Deodoro e do Dr. Benjamim Constant, na noite de 14 de novembro, puseram em armas a 2ª Brigada, que preferindo a morte à desonra do Exército, arrostou a solidariedade dos chefes a efetuar, na manhã de 15, o movimento civilizador, que hoje surpreende os povos.[212]

A noite de 14 para 15 de novembro foi de grande intensidade. Os conspiradores passaram boa parte desse tempo em vigília, confabulando, buscando os últimos pontos de apoio, de acordo com o combinado numa reunião na casa de Deodoro no dia 11. Patrocínio lamenta não ter acompanhado esse processo, por achar-se fora da capital do Império:

> Pela circunstância de achar-me, à noite, fora da capital brasileira,

---

[212] PATROCÍNIO, José. Algumas palavras. *Cidade do Rio*, Rio de Janeiro, 14 dez. 1889.

não pude acompanhar os revolucionários na gloriosa vigília, de que resultou a vitória da República. Chegando de Petrópolis pela manhã, obtive da dedicação e amizade de Olavo Bilac, o imortal poeta, não se imiscuir nesse dia nos acontecimentos e ficar na Cidade do Rio, redigindo o jornal. Obtida a palavra do meu amigo, fui para o Campo da Aclamação reunir-me ao povo, disposto a concorrer com a minha palavra e com a minha vida em prol da República.[213]

Enquanto isso, o imperador Pedro II, aos 63 anos, estava em Petrópolis, fugindo do calor carioca. Ainda apalermado com tudo, o imperador mal podia esperar o desenrolar dos acontecimentos, para ele e sua família.[214] Segundo os relatos, Deodoro passara a noite sem dormir devido a uma nova crise de dispneia. Sem força para seguir de cavalo, usou de uma charrete para ir ao encontro dos rebelados. Próximo ao Campo de Santana, resolveu continuar de cavalo, quando lhe ofereceram um cavalo baio bem manso. Por volta de 9h do dia 15, entra ele no quartel-general, atual Palácio Duque de Caxias. Sobre este episódio, há um componente hilário. Deodoro, muito ligado a D. Pedro, por amizade e favores pessoais, ao invés de proclamar a república, teria dito, para bestialização de toda a tropa: "vivas a Sua Majestade o imperador", "vivas à família imperial" e "vivas ao Exército", conforme exigiam as normas regimentais, que ele sempre cumpria à risca. Sem que ninguém entendesse nada, ainda teria proferido: "O imperador, tem a minha dedicação, sou seu amigo, devo-lhe favores. Seus direitos serão respeitados e garantidos", concluiu.[215] Enfim, o suposto grito de "Viva a República", do marechal Deodoro da Fonseca, nunca ocorreu. Naquele momento, caiu o governo, ou seja, o ministério, mas não a monarquia.

---

[213] PATROCÍNIO, José, op. cit.

[214] D. Pedro só foi comunicado do fato no dia 16 pela tarde. Quis marcar sua partida para o dia 17, às 14h, mas foi impedido pelas forças militares. Na madrugada do dia 17, embarcava para Portugal. O governo ofereceu um ajuda financeira de 5 mil contos, mas o ex-monarca não aceitou. Todas as peças que lhe pertenciam, as que não foram roubadas, foram leiloadas a preços baixíssimos, devido a pouca procura.

[215] Citado por DOMINGUES, Joelza Ester. 16 fatos que marcaram a implantação da República no Brasil. In: Ensinar História. 16 nov. 2016.

No momento seguinte, se apeou, atravessou novamente o parque e voltou para sua residência, por se sentir fraco e doente. O médico que o assistia, doutor Carlos Gross, admirou-se com essa reação. Quintino Bocayuva, Benjamim Constant, Aristides Lobo, Sólon Ribeiro e outros seguiram em marcha pela cidade, dando vivas ao novo regime, passando pela rua Primeiro de Março, até alcançar o Paço Imperial.[216] Patrocínio exageradamente relata que, o marechal Deodoro, depois de entrar e sair triunfalmente (sic), nada mais tinha ali a fazer. E continua:

> Retirei-me, pois, em companhia de Emílio Rouède e Hortêncio Melo, em direção à *Cidade do Rio*, a fim de mandar espalhar boletins convidando o povo a vitoriar o Exército e a Armada e, com eles, a República. Pouco depois, das janelas da *Cidade do Rio*, dirigi a palavra aos revolucionários que, desfilando processionalmente pela rua do Ouvidor, anunciavam ao povo o seu triunfo. Escusado é dizer qual a nossa alegria. As salas da redação foram invadidas pelo povo, que festejava com as mais entusiásticas aclamações o advento da República. Muitos dos nossos correligionários vieram abraçar-nos e confraternizar conosco, reatando assim as nossas relações interrompidas.[217]

Mas nem tudo estava vencido de fato. Os boatos continuavam tomando conta da cidade. Pela tarde, por volta das três horas – narra Patrocínio em uma longa crônica chorosa, onde reclama, inclusive, de ameaças[218] – algumas vozes davam conta de que "a República não estava proclamada". Havia uma expectativa no ar. O tenente-coronel Sólon Ribeiro estava no Arsenal de Guerra com Deodoro da Fonseca, visando a homologação do movimento republicano. Parecia que ninguém mais

---

[216] Informações contidas na carta de Quintino Bocayuva à Sra. Túlia Sólon, viúva do General Sólon Ribeiro, apud SILVA, Cyro, op. cit., p. 107-112, e em MAGALHÃES JÚNIOR, Raimundo. *Rui, o homem e o mito*. Rio de Janeiro: Civilização Brasileira, 1964.
[217] *Cidade do Rio*, 14 dez. 1889.
[218] *Cidade do Rio*, op. cit.

sabia o que fazer. Um grupo, reunido na redação da *Cidade do Rio* com Patrocínio, começou a encontrar uma saída para não deixar que o grande ideal naufragasse. Graças a Patrocínio, pode-se dizer, a República não se perdeu. Disse o Dr. Aníbal Falcão, num rompante:

> — *Façamos um grande movimento popular.*
>
> Já Emílio Rouède rebatia, veemente:
> — *Assaltemos a Câmara dos Deputados e o Senado e façamos com que o povo signifique, por atos eloquentes, que se reinvestiu de soberania.*
>
> Enquanto o jornalista negro, mais ponderado, trouxe o consenso:
> — *Acho mais regular convidar o povo a acompanhar-nos à Câmara Municipal, para aí proclamar, solenemente, pacificamente, mas decisivamente, a República.*

Vejamos a narrativa que ele faz daquele dia:

> Os Srs. Drs. Aníbal Falcão e Pardal Mallet foram encarregados de redigir a moção, que devia ser levada pelo povo ao General Deodoro, ao Sr. Dr. Benjamim e ao chefe-de-esquadra Wandenkolk. Precisávamos de um sinal que corporificasse a proclamação da República, e ondas de povo haviam dilacerado a bandeira da nossa redação, em que nunca houve armas imperiais. Um cidadão prontificou-se a oferecer-nos uma bandeira: a do Clube Lopes Trovão. Dentro de uma hora, às 3 e meia da tarde, partimos da redação da *Cidade do Rio* e, acompanhados pelo povo, invadimos a Câmara Municipal, onde proclamei a República e fiz hastear a bandeira, que simbolizava o faustoso acontecimento.[219]

Os acontecimentos prometiam. Integrado ao povo, Patrocínio rejuvenescia, com aquele vigor característico da campanha abolicionista de um ano antes. À noite, depois de percorrer várias ruas ao som da Marselhesa, entoada em coro, a multidão parou em frente à casa de Deodoro da Fonseca, onde Patrocínio falou em nome do povo. Deu-lhe resposta o Dr. Benjamim Constant,

---

[219] *Cidade do Rio*, op. cit.

pelo Governo Provisório, justificando que eles "não tinham somente imposto a vontade de uma classe, mas quebrado a coice d´armas a mordaça que sufocava o país".[220] Em seguida declarava que o Governo Provisório iria se submeter à nação através da Assembleia Constituinte, mas que o objetivo agora era manter a ordem, a liberdade, a propriedade e garantir a livre manifestação da vontade soberana.

Voltou a falar Patrocínio, destacando que "a Revolução estava feita e a monarquia moralmente deposta", e que o povo estava ali para "ouvir o Governo Provisório repetir, com ele, um viva à República Federal Brasileira", e deu três vivas, que foram acompanhados fervorosamente. O jornalista, acompanhado por João Clapp, companheiro de tantas lutas, subiu as escadarias do velho sobrado e entregou a Deodoro a moção popular, a mesma que havia sido "aclamada e subscrita pelo povo na Câmara Municipal".

No dia seguinte, continuavam os boatos e as inúmeras reuniões para consolidação da República. Patrocínio narrou passo a passo esses episódios, mostrando a evolução dos acontecimentos e seu desdobramento na sociedade. Aos poucos, o povo recebeu a notícia da deposição do imperador "bestializado", para usar uma expressão cunhada por Aristides Lobo, e foi tomando pé da nova realidade.

O poeta Olavo Bilac, com as iniciais O.B, pelo *Cidade do Rio*, se animou a escrever uns versinhos, ilustrando o desenho de uma mulher com os peitos nus, que poderia ser dele mesmo, tendo aos pés uma coroa caída:

> Pátria! a coroa cai... Pátria! o teu voo eleva...
> Em vão, no ouro polido e claro da coroa,
> Viva, a constelação das pedras resplandece...
> Mãe! a coroa é sempre o símbolo da treva
> Quando a coroa cai, é quando a Pátria voa...
> Quando a luz aparece.[221]

---

[220] Ibid.
[221] *Cidade do Rio*, Rio de Janeiro. 19 nov. 1889, p. 1.

A força da participação de Patrocínio foi tão decisiva, que alguns ministros do novo governo – Aristides Lobo (chefe do Governo Provisório), Benjamim Constant (ministro da Guerra), Rui Barbosa (ministro da Fazenda), Eduardo Wandenkolk (ministro da Marinha), entre outros – estiveram na Câmara para firmar solenemente um termo de juramento pelo qual se comprometiam, em nome de Deodoro, a manter "a paz e a liberdade pública, os direitos dos cidadãos, respeitar e fazer respeitar as obrigações da Nação, quer no interior, quer no exterior".[222] Todos os vereadores, acompanhados pelos novos ministros, assinaram o histórico documento, o que conferia à Câmara dos Vereadores, na verdade a menor expressão legislativa do país, uma posição que suplantava a Câmara dos Deputados e o Senado. Patrocínio foi o último dos vereadores a assinar o documento.

Mesmo com todo esse momento, Patrocínio ainda era visto, por Benjamim e Wandenkolk, como "suspeito". Boatos davam conta que o seu ato na Câmara não deveria ser ratificado. De braços com João Clapp, companheiro de todas as horas, Patrocínio segue para a Câmara e pede explicações ao Dr. Nobre, que "assegurou-me que maioria aprovando o meu ato e espera obter unanimidade". Diante das suspeitas, Patrocínio escreve uma carta a Benjamin Constant, já ministro da Guerra, informando que a Câmara dos Vereadores estava pronta para servir a nação. A resposta de Benjamin, no entanto, foi positiva. Com isso, os vereadores se reuniram para votar uma moção, cujo teor é o seguinte:

> Os acontecimentos testemunhados ontem, por esta cidade, produziram a fundação da República Brasileira. O governo democrático está constituído como fazem público todas as folhas de hoje. Avultado número de cidadãos, tendo à testa o nosso colega, vereador José do Patrocínio, ocupou ontem os salões do paço municipal e proclamou a República Brasileira. O imperador, tratado com maior respeito, consta que se retira do país. O

[222] Idem nota 221.

governo provisório está à testa dos negócios públicos. Tendo a Câmara conhecimento destes fatos resolveu reconhecer a nova ordem de cousas e declarar em nome da paz o povo deste município adere ao Governo provisório. Paço da Câmara Municipal, em 16 de novembro de 1889. – J. Ferreira Nobre.[223]

Tido como proclamador civil da República, Patrocínio comemorou o advento como sempre gostou, com muita bebedeira e farta comida. Mais tarde, na mesa comemorativa em que cabiam Olavo Bilac, Pardal Mallet, Emílio Rouède, Oscar Rosas, Serpa Júnior, João Clapp, entre muitos outros correligionários republicanos, faltava aquele que, nas horas mais sagradas, nunca o abandonara como amigo: o engenheiro André Rebouças. Monarquista ardoroso, o engenheiro negro, magoado com a traição dos amigos, bandeados para o novo regime, acompanharia a família imperial rumo ao banimento, deixando para trás tudo que construíra ao longo de sua gloriosa vida. Anos depois, André Rebouças entenderia a tolice que então cometera. Sem outra identificação a não ser a sua amizade com o imperador Pedro II, que morreu dois anos depois, viu-se sozinho e empobrecido, vindo a ser encontrado morto, em 1898, em Funchal, na Ilha da Madeira, perto da casa onde morava há seis anos.

---

[223] *Cidade do Rio*, 14 dez. 1889.

Outros tempos

Logo após proclamar a República no plenário da Câmara dos Vereadores, José do Patrocínio renuncia ao seu mandato, alegando que os votos que o elegeram vieram de um "eleitorado hoje suprimido". Em carta ao presidente da Casa, J. Ferreira Nobre, publicada na edição de 30 de novembro da *Cidade do Rio*, o jornalista negro, na verdade, se antecipava a uma decisão do Governo Provisório, que dissolveria todas as casas legislativas do país.

Para Patrocínio, sua representatividade como vereador, emanada do sistema eleitoral de janeiro de 1881, havia acabado de ser revogada pela República, que ampliava o voto do eleitorado, comprovando a necessidade de uma nova eleição, o mesmo aconteceria com as outras casas legislativas.

Logo ele irá se decepcionar com a República e os republicanos que estavam no poder. Tal decepção, no entanto, como é sabido, não é só sua, pois atinge uma grande parcela de brasileiros que não se veem representados pelo novo regime. Mas para Patrocínio a situação é mais complicada: o regime não reconhece todo o seu esforço. E não era o único, pois com Silva Jardim foi até pior: este fora completamente ignorado pelos companheiros de governo.

Insatisfeito, Patrocínio vai a palácio falar com Deodoro. Reclama da vida, expõe as dificuldades do jornal, mas o presidente do Governo Provisório nada lhe assegura de concreto. Não pode contar com a República para resgatar o seu negócio, o que muitos conseguiam sem maiores esforços.

Continuam as adesões de última hora. Antigos monarquistas (Deodoro mesmo, até às vésperas da proclamação, também era) aderem ao novo regime. O próprio Barão do Ladário, o único a sair ferido durante o golpe – foi, na verdade, baleado por reagir às ordens –, também aderira, semanas depois do atentado.

Patrocínio, além de banido das hostes do regime, também estava sendo vigiado. E isso fazia com que se retraísse cada vez mais. No longo artigo que escreveu, intitulado "Algumas palavras", aqui já mencionado, também disse:

> Depois da vitória, retraí-me. A minha dignidade impunha-me esse procedimento. A República não me havia custado senão algumas gotas de suor das longas caminhadas de 15 de novembro. Demais, aparecera instantaneamente tal florescência de mártires, que era de justiça não figurar entre eles, tão puros, tão santos, *o último negro que se vendeu*. Tinha certeza de que se me pusesse em evidência teria de entrar em luta, desde logo, com aqueles a quem acusei do feio crime de haverem pretendido cobrir com a bandeira republicana a carga hedionda da pirataria, exercida sobre a alma humana. A Revolução, saindo dos quartéis, trazia o cunho abolicionista, chegava sem a mácula do escravismo; porém eu reconheci facilmente que ela não podia fazer-me pronta justiça. O número dos meus inimigos, dentro do Partido Republicano, é tão considerável que só a mais perigosa imprevidência poderia arriscar-se a fazer alguma coisa comigo.

Poucos eram os que, como ministros do novo governo, entendiam-se afavelmente com ele. Patrocínio esperava que o governo ouvisse mais a voz da opinião pública. O jornalista acusava de perseguição Aristides Lobo, que queria, na Câmara de Vereadores, "colher-me nas malhas da prevaricação".

Mas decepção e desgosto realmente grandes teve ele a 9 de dezembro, com a morte da filha Maína, que padecera de "febre perniciosa". O médico Hilário de Gouveia, homem elegante, cunhado de Joaquim Nabuco, que a assistira, nada pôde fazer. Patrocínio e D. Bibi ficaram transtornados. Da prole do jornalista dono da *Cidade do Rio* e da filha do Capitão Emiliano Rosa de Sena, só restavam Zeca do Patrocínio e Maceu Patrocínio, que faleceria logo após o pai. A primeira perda fora de Marieta, que não passou da infância, seguido por Job, que seguiu o caminho da irmã. O único que sobreviveu ao pai e à sua glória foi Patrocínio

Filho,[224] tornando-se jornalista de grande temperamento, escritor de talento e arranjador de confusão.

Combatido e bastante contrariado, Patrocínio continua tocando a vida, numa cidade que vai assumindo uma atmosfera carregada devido aos desentendimentos no governo. Para se ter ideia das desavenças, numa sessão ministerial, Deodoro ameaça renunciar. Seu desencanto no âmbito federal só é amenizado por sua ligação com Francisco Portela, que passa a comandar o governo do Estado do Rio. Homem ligado às letras, Portela, além de empreender várias iniciativas em benefício dessa área, emprega em seu gabinete poetas e escritores, como Olavo Bilac, Aluísio Azevedo, Luís Murat, Dermeval da Fonseca, Alberto de Oliveira, entre outros. Visionário, pensa em modernizar o centro da cidade, dando-lhe um aspecto mais agradável. Seu nome não sai das páginas dos jornais.

É com ele que Patrocínio vive seu momento de maior estabilidade econômica. Nesse período, o governo instituíra o Encilhamento, incentivado na gestão de Rui Barbosa como ministro da Fazenda. Partem dessa época as concessões de créditos e especulações na Bolsa que iriam favorecer um sem-número de empresários e especuladores. Portela concede a Patrocínio uma dessas concessões, que lhe dava o direito de administrar terras na Baixada Fluminense, tratando-a com drenagem e saneamento. Patrocínio está com sorte: consegue passar adiante lucrativamente a sua concessão e, graças a isso, vai gozar de um período de fartura, algo que não via fazia uns bons anos.

O jornal *Cidade do Rio* ganha alguns créditos. E o entusiasmo toma conta da pena mais violenta da tribuna jornalística do Rio de Janeiro. Num arroubo, Patrocínio conclama:

> Rapazes, vamos fazer a *Cidade do Rio*. Aquilo não é meu, é nosso... e é uma mina! Aquele jornal é uma mina! Tudo está em saber explorá-lo. Que diabo! Não basta ter talento, é preciso também

---

[224] Ler a respeito dele a biografia que Raimundo Magalhães Júnior lhe dedicou.

um pouco de senso prático. Andam vocês numa vida de eterna contingência: um, não tem sapatos, como o Guimarães Passos que, há dias, recordava, com saudade, o tempo em que descia as escadas a correr sem receio que as solas lhe ficassem nos degraus, porque não eram cosidas com barbante, como agora. Outro, Bilac, anda com um chapéu de palha que parece uma cesta de compras. Coelho Neto apareceu-me com umas calças cor de telha que quando ele as tirava, ficavam de pé no quarto como se fossem de barro. Entretanto, se vocês quisessem trabalhar comigo, em um ano... em um ano não digo, mas em dois, levantávamos uma fortuna e abalávamos para Paris.[225]

O resultado logo aparece: Patrocínio manda o poeta Olavo Bilac para a Europa, nomeado correspondente da *Cidade do Rio* em Paris, onde vai se encontrar, e passar bons momentos, com ninguém menos que o escritor português Eça de Queirós. Artur Azevedo, cronista do *Correio do Povo*, festejou a viagem de Bilac numas quadras das quais reproduzimos a primeira:

Adeus! meu poeta adorado,
Tu és um rapaz feliz!
Ditoso fado, o teu fado;
Vais ver Paris![226]

Quando o poeta de "Ouvir estrelas..." partiu, a 10 de junho de 1890, Patrocínio ainda gozava de algumas alegrias. Poucos meses depois o Governo Provisório baixou um decreto que o deixaria, depois de tanto tempo, novamente feliz com a República: em setembro de 1890 o *Diário Oficial* publica um decreto, assinado por Campos Sales, ministro dos Negócios da Justiça, e sancionado pelo presidente Deodoro da Fonseca, derrubando as prerrogativas da lei de 10 de junho de 1835. Esse decreto anistiava todos os escravos condenados por terem reagido contra as torturas do cativeiro, chegando às vias de fato muitas vezes.

---

[225] JORGE, Fernando. *Vida e obra de Olavo Bilac*. 4. ed. São Paulo: T. A. Queiroz, 1992, p. 104.
[226] In: MAGALHÃES JÚNIOR, Raimundo. *Olavo Bilac e sua época*. Rio de Janeiro: Companhia Editora Nacional, 1974, p. 136.

Patrocínio, que tanto se batera a favor dos ex-escravos no início de 1889, trançando armas pela imprensa com Rui Barbosa, via agora o seu sonho realizado. O marechal Deodoro colocava uma pá de cal no assunto e resolvia "perdoar as penas impostas a todos os réus que tiverem sido julgados em virtude da lei de 10 de junho de 1835", enunciando:

> em presença dessas considerações, de incontestável exatidão, o perdão coletivo dos condenados em virtude de tal regime deixa de ser um ato de simples filantropia, ou graça, porque não é senão uma reparação que perpetuamente as condenava, inocentes, aos rigores da escravidão e, indiciadas em crime, a penas cruéis, sem atenção aos elementos morais da culpa e às condições de quase imputabilidade a que desumanamente as reduzia.[227]

Com a energia renovada, embora tenha sido derrotado para o Congresso Constituinte, Patrocínio resolveu, no final de 1890, seguir para a Europa, em sua segunda viagem ao exterior. Agora a situação era outra, dadas suas circunstâncias financeiras e pessoais. Viaja com a mulher, D. Bibi, e os filhos. Desta vez ficará na França por mais de um ano, entre a capital francesa e Nice, dependendo do frio. No comando da redação da *Cidade do Rio*, Patrocínio deixou Emílio Rouéde, um francês já muito aclimatado no Brasil, além de outros companheiros como Oscar Rosas, Emiliano Perneta, Virgílio Várzea, Serpa Júnior, B. Lopes, entre outros.

No início de 1891 se dá a demissão coletiva de todo o ministério; no dia 24 de fevereiro, Deodoro é eleito primeiro presidente do Brasil, tendo como vice Floriano Peixoto. Mas começam também as desavenças que o levarão ao fechamento do Congresso e à renúncia ao cargo, em novembro de 1891, dando início à ditadura de Floriano. Num desabafo sobre a sua renúncia, o marechal profeririria: "Assino a carta de alforria do derradeiro escravo do Brasil".[228]

---

[227] *Diário Oficial*, 30 set. 1890.
[228] TAVARES D'AMARAL, Márcio. *Marechal Deodoro*. São Paulo: Editora Três, 1974, p. 246.

No começo de março de 1892, Patrocínio está de volta ao Rio de Janeiro e à *Cidade do Rio*. O leal amigo Ângelo Agostini, em sua *Revista Ilustrada*, saúda a chegada do jornalista negro, alfinetando a política:

> Chegou da Europa o grande jornalista José do Patrocínio. O motivo que o faz voltar aos nossos braços é o atual estado de coisas, a péssima orientação política do governo, que tudo vai derruindo por terra. O emérito jornalista vem, pois depô-lo com meia dúzia de penadas vibrantes, à moderna. E, conseguindo o seu *desideratum*, deixando a nossa querida Pátria em mãos mais capazes de conduzi-la à glória, voltará novamente para Paris, o grande empório do can-can humano.

Com o retorno, começaria a uma nova fase da vida de José do Patrocínio. O país não era mais o mesmo, a simples descida no Cais já dava essa ideia. O novo presidente da República, Floriano Peixoto, que seria vulgarmente conhecido como o Marechal de Ferro, comandava a nação em forma de ditadura, sem diálogo, sem conversa, com mão de ferro. Que ninguém atravessasse à sua frente. Mas Patrocínio atravessaria...

Na sua volta, ele encontrou o país em estado de sítio. A assunção de Floriano Peixoto ao poder acirrou os ânimos, sobretudo após a sublevação das fortalezas de Santa Cruz e da Laje, deixando o novo presidente em alerta total.

Homem tido como sempre enérgico e pronto para as ações, Patrocínio vai se colocar na trincheira de oposição ao governo, ganhando a alcunha de "antiflorianista". O seu jornal *Cidade do Rio* é bastante visado nesse processo, ainda mais após o surgimento de *O Combate*, redigido por Pardal Mallet, Olavo Bilac, Dermeval da Fonseca e Oscar Rosas – tidos como articuladores agressivos, criados na escola de Patrocínio desde a *Gazeta da Tarde*.

Este último jornal, pelos ataques desferidos ao governo, é tachado pelo ministro da Marinha de Floriano Peixoto, Custódio

José de Melo, como "órgão dos conspiradores",²²⁹ por tudo e a propósito de tudo, "em virulência, desbragada e sediciosa linguagem, tendo por companheiro nessa inglória e impatriótica campanha a *Cidade do Rio*".

Patrocínio e os "conspiradores" entram de cabeça no antiflorianismo. Os dois jornais trazem reportagens de página inteira desancando Floriano Peixoto. Quando não fazem isso, atacam o presidente de outra forma, elogiando Deodoro da Fonseca. Oscar Rosas publica um texto de três colunas traçando o perfil elogioso do velho militar. Essas atitudes irritam os donos do poder. Floriano, que fora confirmado no cargo com o apoio dos paulistas e de setores importantes da área militar, já sofrera um baque ao reformar generais e almirantes ou transferir outros para a reserva.

Numa tentativa de provocar o "marechal de ferro", os descontentes com seus atos resolveram promover uma manifestação de apoio a Deodoro a 10 de abril, em frente à casa do ex-presidente, no Campo de Santana. O orador foi o deputado José Joaquim Seabra, que proferiu discursos inflamados. Logo se dá a reação do governo. Começam as prisões, de militares, banqueiros, jornalistas, escritores, que incluíram Seabra, Campos da Paz, Clímaco Barbosa, Manuel Lavrador, Severiano da Fonseca – irmão de Deodoro –, Eduardo Wandenkolk. A polícia também prendeu, na redação da *Cidade do Rio*, José do Patrocínio, Olavo Bilac e Bandeira Júnior – que recentemente deixara a redação do *Novidades*, juntamente com Oscar Rosas, que foi para *O Combate*, onde o detiveram juntamente com Pardal Mallet e Dermeval da Fonseca.

O caos estava instaurado. O governo procurou atingir, com essas prisões, "autores, promotores, cúmplices ou coniventes no crime de conspiração".²³⁰ Rui Barbosa, poupado da prisão, entrou no dia 18 de abril com um pedido de *habeas corpus* ao Supremo

---
²²⁹ MELO, Custódio José. *O governo provisório e a revolução de 1893*. Rio de Janeiro: Companhia Editora Nacional, 1938, p. 226.
²³⁰ Decreto do governo, citado por MAGALHÃES JÚNIOR, Raimundo, op. cit., p. 302.

Tribunal Federal para todos os presos, que eram algumas dezenas. Antes do julgamento do *habeas corpus*, Rui Barbosa conseguiu visitar os presos, servindo essa visita para reaproximá-lo de José do Patrocínio.

Sem esperar o veredito, os presos foram banidos e desterrados para os confins do país, na Amazônia, a bordo do Alagoas (o mesmo que levara D. Pedro II para o estrangeiro), no dia 21 de abril – não por acaso, data em que a República recordaria o martírio de Tiradentes.

Patrocínio foi desterrado para Cucuí, no estado do Amazonas, juntamente com José de Almeida Barreto, o coronel reformado Alfredo Ernesto Jacques Ouriques, o capitão reformado Antônio Raimundo Miranda Carvalho, José Joaquim Seabra, Plácido de Abreu, Manuel Lavrador, Antero Fernandes Campos da Paz e o Conde de Leopoldina. Depois de muitos protestos, a Câmara e o Senado afinal aprovam a anistia, sancionada por Floriano a 5 de agosto. Em setembro de 1892, a *Revista Ilustrada*, que tantos protestos fizera, começa a registrar a chegada de Patrocínio, de Campos da Paz e do Conde de Leopoldina. Diversas manifestações, nesse regresso, foram acolhendo os ex-desterrados, o que, de alguma forma, compensou os desconfortos dos últimos meses, a ausência dos seus postos de trabalho e a saudade dos familiares.

José do Patrocínio, a pena da Abolição

Um homem de visão

Tempos idos e vividos, escreveria Machado de Assis para dar um grande adeus à sua Carolina, em 1904, quando ela morreu. Os tempos idos e vividos de Patrocínio são outros, carregados de tempestades, ações bélicas e fortes emoções. Passado o susto da prisão e do desterro nos confins da Amazônia, privado de tudo, ele volta para sua trincheira, a *Cidade do Rio*, que vivia tempos difíceis, ameaçada de greve pelos seus mais fiéis servidores. Como continuasse na sua pregação antiflorianista, logo é caçado e novamente perseguido pelo governo. Procura se esconder. A casa de São Cristóvão, na rua Paraná, nº 17, é que irá acolhê-lo, longe dos olhos dos súditos dos ditadores, para se proteger de novas prisões ou de fuzilamentos, como ocorrera, sobretudo, nos estados do sul: Santa Catarina, Paraná e Rio Grande do Sul.

Para não enlouquecer, como enlouquecera, por exemplo, Luís Murat – acusando por isso Patrocínio[231] –, o jornalista negro começa a imaginar a construção de um balão, baseado nas experiências de outro brasileiro, hoje esquecido por nós: trata-se de Júlio César Ribeiro de Sousa, natural do Pará, que ficou conhecido na imprensa da época "como inventor do sistema de navegação aérea".[232] Patrocínio o acompanhava desde os seus tempos de estudante de farmácia, e na *Gazeta da Tarde* escrevera vários artigos louvando o seu feito, principalmente para defendê-lo contra os franceses Renard e Krebs, acusados de roubar-lhe os inventos.

Fascinado pela possibilidade das viagens aéreas, como no livro *Cinco semanas em um balão*, de Júlio Verne, Patrocínio

---

[231] Ler, a propósito, MURAT, Luís. Um pouco de história (à memória do ínclito marechal Floriano), publicado em fins de 1928 no *Jornal do Commercio*.
[232] *Gazeta da Tarde*, Rio de Janeiro, 24 jul. 1884.

conhecia tudo sobre o tema, invocando esses nomes em suas conversas diárias. Confinado no seu esconderijo, onde, protegido pela família (aliás, ferrenhamente florianista, a começar pelo sogro e os cunhados), não tinha o que fazer; passou então a cogitar na possibilidade de voar, afastando com isso os pensamentos depressivos que começavam a dominá-lo.

Anos depois, narraria esse episódio da sua vida. Com uma precisão literária de grande articulista e jornalista de fôlego, ele nos dá uma boa ideia daqueles dias em que passou confinado em seu esconderijo:

> Todas as manhãs recebia no meu esconderijo a visita de um amigo, cuja fidelidade aumentava à medida que contra mim investiam os perigos: Horácio Luís de França e Silva. Marceneiro modesto, mas insigne, o concurso que eu dele podia receber pareceu-me providencial. Por seu intermédio poderia fazer construir as peças para o propulsor do meu aeróstato, além de auxiliar-me com a sua experiência inteligente. O meu honrado amigo prontificou-se a servir-me; o seu carinho não sabia contrariar-me, e eu pus mão à obra no dia 31 de dezembro de 1893, pelas 2 horas da tarde, depois de haver seguido, apalermado e inconsciente, o voo de um besouro impertinente, que durante largo tempo zumbiu aos meus ouvidos como um mau agouro. Cortei em papelão o primeiro molde do mecanismo, que eu desde longos anos combinava mentalmente e devia reproduzir os movimentos do peixe e da ave em largo voo. Quando, no dia 1º de janeiro de 1894, Horácio, sob o pretexto de consertar e lustrar uns móveis, penetrou na minha prisão salvadora, eu já tinha conseguido arraigar a fé de inventor e falei-lhe com tal entusiasmo do êxito de nossa empresa que ele se convenceu, por sua vez, de que eu era um predestinado e chegaria prontamente a ver realizado o meu sonho.[233]

A obsessão de Patrocínio em construir o seu balão quase o levaria à loucura, embora, paradoxalmente, tenha decidido construí-lo exatamente para escapar do desequilíbrio mental. A partir daí, do entusiasmo passou às conjecturas, pois

---

[233] PATROCÍNIO, José. *Cidade do Rio*, Rio de Janeiro, 13 maio 1901.

em teoria a ideia parecia simples, mas na prática era bastante trabalhosa e complexa. Viu-se forçado a recuar, pois "estava nas raias do moto-contínuo". Depois voltou à construção do seu peixe-ave, "aguardando para melhores dias a conquista do motor original", e instalou, na sala da casa do seu sogro, o primeiro aparelho.

Pensando insistentemente no balão, descuidou-se do seu esconderijo e foi surpreendido pela visita de um *secreta* do governo, tendo tempo apenas para se meter em um baú. Mas o investigado que deu a batida limitou-se a abrir um dos baús, que continha roupas, desprezando o outro, onde o jornalista estava escondido.

Patrocínio só deixaria seu esconderijo com a posse de Prudente de Moraes, em 1894. Reabriu então a *Cidade do Rio*, que deixara de circular desde 24 de outubro de 1893. No entanto, logo depois o governo Prudente de Moraes também passaria por turbulências. Na *Cidade do Rio*, o jornalista decidiu trabalhar numa campanha pela pacificação do país.

A história do balão de Patrocínio, malograda no início, não lhe tira o sonho de voar. De tempos em tempos, ele anunciará os avanços do seu invento, sem, no entanto, realizá-lo. Na virada do século 19 para o 20, Patrocínio obteve uma garantia de patente oficial pelo governo federal, através do Ministério da Viação e Obras Públicas.

No ano seguinte, em 1901, para assegurar a patente definitiva do invento, ele apresenta o projeto, contendo o memorial descritivo e três plantas do Aeróstato Santa Cruz. Em linhas gerais, a ideia não contagiara só a ele. Depois de autorizada pelo governo, as atenções da imprensa se voltaram diretamente para o jornalista, sobretudo depois de constituída, em julho de 1901, uma comissão para captar recursos para a sua construção. Envolvendo um e outro, a ideia foi sendo encampada sobretudo pelos amigos de redação da *Cidade do Rio*, que eram, por acaso, a favor. Mas havia também os que se opunham, contestando a invenção e a patente do governo, como o Clube de Engenharia e o recém-criado Aero Clube Brasileiro.

Patrocínio, aliado do governo Campos Sales – um dos que segurara a alça do caixão da sua mãe –, via nisso perseguição ou inveja. Pelas páginas do jornal, atacava os opositores do seu sistema de voar e defendia a ideia. O que ele não contava, no entanto, é que nesse mesmo ano, no mês de outubro, Santos Dumont realizaria esse feito, voando em Paris e contornando a Torre Eiffel em um dos seus balões, ferindo assim de morte as pretensões de exclusividade de José do Patrocínio e enterrando de vez a ideia mirabolante do Aeróstato Santa Cruz...[234]

Mas nem só de malogrado balonismo viveria Patrocínio nessa etapa. Continuava ele a ser um empreendedor nato, um precursor de novidades, e, com o seu arrojo de sempre, acabou se tornando, para escândalo de toda a sociedade, o precursor do automobilismo no Brasil.

No primeiro ano do século 20, Patrocínio importa de Paris um automóvel, o primeiro veículo do tipo a circular no país. Chegaram no mesmo período mais dois exemplares: um do Conde Guerra Duval e outro do Capitão Cárdia, e é bem provável que, encomendados na praça comercial do Rio de Janeiro, tenham chegado na alfândega no mesmo período. No entanto, todas as crônicas da época registram o pioneirismo do jornalista negro, sob a chegada do "monstro", como o apelidaria Coelho Neto[235]. Numa de suas crônicas do livro *Vida vertiginosa*, João do Rio – na verdade Paulo Barreto, e nos tempos da *Cidade do Rio*, onde iniciara sua vida profissional,[236] Claude – assim escreveu sobre o carro do antigo chefe:

---

[234] Segundo informa Osvaldo Orico (op. cit., p. 260-261), o que sobrou do balão de Patrocínio fora leiloado por Assis Carneiro e arrematado por José Cupertino Corrêa de Pinho em 10 de agosto de 1907.

[235] NETO, Coelho. Academia Brasileira de Letras. *Correio da Manhã*, Rio de Janeiro, 15 ago. 1906, p. 2.

[236] Não era casual a colaboração de Paulo Barreto no jornal de Patrocínio. Ernesto Sena, cunhado do jornalista negro, era casado com Eponina Barreto, parente do cronista.

Um, o primeiro, de Patrocínio, quando chegou foi motivo de escandalosa atenção. Gente de guarda-chuva debaixo do braço parava estarrecida, como se tivesse visto um bicho de Marte ou um aparelho de morte imediata. Oito dias depois, o jornalista e alguns amigos, acreditando voar com três quilômetros por hora, rebentavam a máquina de encontro às árvores da Rua da Passagem. O outro, tão lento e pardo que mais parecia uma tartaruga bulhenta, deitava tanta fumaça que, ao vê-lo passar, várias damas sufocavam. A imprensa, arauto do progresso, e a elegância, modelo do esnobismo, eram os precursores da era automobilística. Mas ninguém adivinhava essa era. Quem poderia pensar na futura influência do automóvel, diante da máquina quebrada de Patrocínio? Quem imaginaria velocidades enormes na carriola dificultosa que o Conde Guerra Duval cedia aos clubes infantis, como um brinco igual aos baloiços e aos pôneis mansos? Ninguém, absolutamente ninguém.

A máquina fumegante, trepidante, que fazia barulho e bebia petróleo, como a descreviam as crônicas daquele período, dera muito trabalho ao seu dono para tirá-la da alfândega; para montá-la, foi uma agonia acomodá-la sob uma tenda. Segundo Coelho Neto, Patrocínio marcou a primeira saída do carro para um domingo, depois de muitos e muitos cansaços a fim de obter a licença municipal. Os membros da Câmara de Vereadores resistiam, não imaginavam como se comportaria uma estrovenga daquelas, que sequer dependia de um cavalo para se locomover, a menos de 10 quilômetros por hora!

De alguma maneira, estavam certos os alcaides. Em seu genial *O Rio de Janeiro do meu tempo*, Luís Edmundo confirma a primazia de Patrocínio como possuidor do primeiro veículo a motor do Brasil, talvez da América Latina. E conta como, num assomo de curiosidade, o poeta Olavo Bilac também quis conhecer a dirigibilidade do automóvel, causando o primeiro acidente até então registrado entre nós:

Bilac quis aprender com Patrocínio, que era quem guiava a nova máquina, a arte de governar. Não concluiu o delicado curso. Dizia ele, porém, com muito espírito, que podia gabar-se de ser o precursor dos desastres de automóvel no Brasil, uma vez que o primeiro ocorrido entre nós fora por ele provocado quando, na Tijuca, certo dia, em meio a uma lição difícil, levou o engenho que guiava contra o tronco de uma árvore, partindo-o e deixando Patrocínio desolado.

Bilac também registraria a história, numa de suas belas crônicas, publicada na coluna "Registro", de *A Notícia*, em agosto de 1905:

> Lembram-se do primeiro automóvel que apareceu no Rio? Era feio, pequenino, amarelo, andava aos trancos e solavancos pelas calçadas cheias de altos e baixos – e ia deixando por onde passava um cheiro insuportável de petróleo. Quando havia panne, a garotada, formando círculo em torno do veículo, rompia em vaias. Hoje, já os automóveis são dez ou doze; e já ninguém se deixa embasbacar pelo espetáculo dessas carruagens milagrosas, voando sobre as rodas de borrachas, vencendo na carreira os elétricos e mostrando o que será, daqui a poucos anos, quando a reforma do calçamento da cidade estiver ultimada, a revolução operada em todo o retrógrado sistema da viação carioca.

Tal excentricidade foi até tema de um conto, "O automóvel", publicado na *Cidade do Rio* e assinado por Batista Coelho, ou João Foca.

O automóvel tão apreciado por José do Patrocínio[237] acabaria seus dias como uma cangalha velha e enferrujada, servindo de poleiro para galinhas, como se simbolizasse o começo do fim de um grande homem, o homem cujo ideal revolucionara o país.

---

[237] Há registros de que em 1891 ou 1893 Santos Dumont teria recebido no Porto de Santos um automóvel, mas que não chegou a usar. A história do automobilismo brasileiro, em alguns casos assinala o pioneirismo de Patrocínio, em outro de Santos Dumont. Sobre a data do carro de Patrocínio no Rio, na Cronologia do Automóvel no Brasil, a informação é que na capital do país "o automóvel chegou apenas em 1897, adquirido pelo farmacêutico e jornalista José do Patrocínio".

O fim dos dias

Os anos que vão até a morte de José do Patrocínio são de acelerada decadência. Nos últimos anos, pouco lhe sobreveio de alegrias, de conforto de espírito, de absoluta paz no coração. Mantém-se como um homem de palavra, mesmo que essa palavra lhe traga dissabores e prejuízos financeiros. Entre 1904 e 1905, anda muito doente. O seu estado de espírito se agrava com a veiculação nos jornais sobre seu estado de pobreza, gerada a partir da iniciativa do deputado Sá Freire, que propôs um projeto de lei à "Câmara dos Deputados concedendo uma pensão mensal de 500$000 a José do Patrocínio"[238]. José do Patrocínio Filho chega a enviar uma carta para o diretor do jornal *O Santelmo*, a 5 de outubro de 1904, pedindo a sua intercessão "para que cesse no estado de S. Paulo artigos referentes às condições de saúde e pobreza a que chegou José do Patrocínio"[239]. Com a morte do tribuno, Coelho Neto, no discurso de recepção a Mário de Alencar, na Academia Brasileira de Letras, e publicado no *Correio da Manhã*, onde reforça estas mesmas condições.

A última década do século 19 o espiou de modo triste. Fossem só os problemas financeiros, como já os vivera outrora, tudo bem; mas enfrentava também dificuldades familiares, com D. Bibi passando um ano fora do Rio, em Minas Gerais, para cuidar do filho mais novo, Maceo, menino muito doente, que faleceria logo após o pai.

Talvez uma de suas poucas alegrias – digo talvez pela absoluta falta de certeza quanto a essa assertiva – tenha sido sua

---

[238] *Correio da Manhã*, Rio de Janeiro, 28 jul. 1904, p. 1. O projeto recebeu diversos pareceres, e até 1906, reduzida, por proposta a 250$000, ainda não tinha sido concedida, embora já tramitasse no Senado.
[239] Arquivo da Academia Brasileira de Letras e citada por ORICO, Osvaldo, op. cit., p. 260-270.

participação na fundação da Academia Brasileira de Letras, em 1897, cujo presidente era Machado de Assis, seu amigo. Patrocínio não dava e não deu qualquer valor à sua produção literária. Não por timidez, talvez por simples desleixo, já que publicara obras significativas para a literatura nacional, bem recebidas pela crítica, como os romances *Mota Coqueiro e a pena de morte*, *Os retirantes* e *Pedro Hespanhol*, este último publicado em 1884, concomitante com sua primeira viagem à Europa. Pedro Hespanhol, que conta a história de um grande bandido, que assalta e aterroriza a população da cidade, é a melhor obra de ficção de Patrocínio, do ponto de vista estético e narrativo, com uma bela construção do terremoto de Lisboa e do Rio de Janeiro do Primeiro Reinado. Escreveu também um punhado de poesias, que dariam um bom volume, a julgar pelo caderno manuscrito *Ritmos selvagens*, que organizara na juventude e que, como contamos, se perdeu nos arquivos da Academia Brasileira de Letras. Traduziu peças de teatro, talvez romances franceses. O número impressionante de artigos publicados por ele nos jornais diariamente daria centenas de volumes. Uma coletânea apreciável, organizada com o título *A campanha abolicionista*, saiu em 1988 pela Fundação Biblioteca Nacional.

Apesar de sua decadência física e psicológica, ele ainda insistia em suas demoradas polêmicas pela imprensa, muitas vezes com as mesmas figuras dos embates anteriores. Um caso a ser lembrado é o de Rui Barbosa, com quem, pouco antes de morrer, travou seu terceiro e último confronto, ele pela *Cidade do Rio*, Rui pela *A Imprensa*.

Quando os dois se batiam na tribuna jornalística, crescia para assisti-los uma plateia considerável e animada, pois se tratava de um duelo de gigantes. Rui Barbosa, com a sua verve jurídica e linguística, sempre a destrinchar o adversário como na dissecação de um cadáver, e José do Patrocínio, com sua manobra inteligente, arguta, adestrando a pena como quem empunha uma lança, um bisturi ou uma espada, arremetendo no alvo com a precisão do olhar de uma águia.

Dava gosto vê-los se bater, linha por linha, robustecendo as páginas dos seus jornais, ambos corajosos e destemidos. Mas, é bom dizer: um merecia o outro, de tempos em tempos. Já se elogiaram e já se abraçaram. Patrocínio sempre reconhecendo uma gratidão, Rui Barbosa a vislumbrar um reatamento de diálogo. Fora assim no desfecho da campanha da abolição da escravatura. Mas agora estavam novamente separados, para nunca mais se reconciliarem.

Outro fator determinante para a derrocada de José do Patrocínio são as dívidas que cresciam e se avolumavam sem parar. A *Cidade do Rio*, já em setembro de 1901, perde parte das oficinas e de suas instalações para pagamento de uma hipoteca vencida. Patrocínio muda a redação para a Rua do Sacramento, atual Avenida Passos, nas imediações da Igreja da Lampadosa, instalando-se na velha tipografia de um português de nome Paulino, que "considerou-se feliz em arrendar a Patrocínio o material e os dois primeiros pavimentos do prédio", conta Vivaldo Coaracy, testemunha da história.[240]

Por esse período, Patrocínio estava entregue à tarefa de finalizar o projeto do seu balão. O jornal ficara abandonado, sem investimento, pois os recursos que lhe vinham às mãos iam todos diretamente para a conclusão do seu engenho. D. Bibi chegou a assumir a gerência da folha, para tentar salvá-la da bancarrota, que era certa.

Para desastre geral, uma tempestade arrasou, ainda em 1901, o hangar da rua Paraná, nº 17, em São Cristóvão, onde se encontrava montada a geringonça. O hangar era, por assim dizer, quase uma fortificação, mas não resistiu à força do temporal, derrubando suas 28 pilastras, fincadas em alicerces de pedras e cal por um mestre de obras francês de nome Mézière.

Patrocínio encontrava-se na cidade, dentro de uma confeitaria da rua do Ouvidor, quando um mensageiro lhe confidenciou o ocorrido. Rumou para São Cristóvão feito uma bala, apavorado.

---

[240] COARACY, Vivaldo. *Todos contam sua vida. Memórias da infância e adolescência*. Rio de Janeiro: José Olympio, 1959.

O que viu lhe causou uma comoção. Assim registrou a *Cidade do Rio* dias depois:[241]

> Acudido no delíquio que o prostrou e prontamente medicado pelo Dr. Araújo Lima, melhorou um pouco o nosso diretor. A dor, porém, era tremenda; o golpe fora por demais violento. Só mesmo uma energia de ferro, como a sua, não sucumbiria. Ainda assim, ficou prostrado, num abatimento profundo, de que o não conseguiram até hoje tirar carinhos, cuidados e desvelos da família, dos seus companheiros, dos amigos sinceros, solícitos em levar-lhe consolações. Transportado para a sua residência, à rua do Riachuelo nº 149, recebido aí por sua esposa, cunhada e filhinho, a presença dos amados entes ainda mais lhe aumentou o duro sofrimento.

A cena descrita pelo jornal talvez revele um pouco do que lhe passou quando chegou ao local da tragédia: sofreu um súbito desmaio diante dos bombeiros que trabalhavam na escavação. O temporal deixara o hangar completamente destruído, com feridos graves e morte de dois operários, além de soterramentos de outros cinco.

Mesmo sem hangar, mesmo com os operários feridos, Patrocínio continua a trabalhar em seu engenho, agora em um curtume pertencente à Companhia de São Lázaro. A notícia repercutiu fora do Brasil por intermédio de Santos Dumont, que visitou a instalações, numa declaração ao *Vélo*, transcrita pelo *Écho de Paris* (e reproduzida na *Cidade do Rio* de 19 de fevereiro de 1902), diz que no Brasil "há um novo balão, inventado por um brasileiro [...] É José do Patrocínio [...]. O José do Patrocínio é um dos jornalistas mais populares do Rio de Janeiro. Um polemista. É o nosso Rochefort".

Em todo caso, Patrocínio estava predestinado ao fracasso, fosse com o balão Santa Cruz, fosse com o jornal *Cidade do Rio*. Suas iniciativas pareciam arroubos que imediatamente perdiam seu

---

[241] *Cidade do Rio*, Rio de Janeiro, 13 dez. 1901.

feixe de luz. Assim foi com o baluarte da imprensa abolicionista e republicana, *Cidade do Rio*. Após muitas agonias e despejos, o jornal fechou as portas no começo de 1903. Vivaldo Coaracy, excelente cronista do seu tempo que acompanhou de perto toda essa derrocada, nos anos finais do jornalista negro, descreve o ato derradeiro:

> Ruína a lhe bater à porta, perdido o prestígio e o crédito, Patrocínio vendeu tudo o que possuía, entregou a residência da rua do Riachuelo, reuniu os parcos recursos que pôde apurar e mudou-se, com a família, para uma casa pobre, modestíssima, quase um rancho, junto ao barracão de Inhaúma, para acompanhar a conclusão do Santa Cruz.[242]

Na verdade, Patrocínio se mudara para o bairro do Engenho de Dentro, na rua Dr. Bulhões 51-A, numa casa próxima à estação do trem, que hoje não mais existe. Talvez a proximidade de menos de uma hora do bairro de Inhaúma tenha induzido alguns historiadores e biógrafos a presumir erroneamente que residia na localidade onde tinha o hangar.

Convertido em morador humilde de subúrbio da Central do Brasil, embora sonhasse todos os dias em ver o seu balão voar com ele até "Santos, terra de Bartolomeu de Gusmão", o jornalista viu sua vida ficar cada vez mais apertada, com a necessidade batendo à porta. Sem alternativas, passou a colaborar em dois jornais diários como colunista comum, ganhando por texto publicado. Um desses jornais era *O País*, onde fazia eventualmente uma crônica assinada falando sobre política, os debates parlamentares, batendo nas oligarquias etc.; o outro veículo era *A Notícia*, de Salvador Santos, no qual adotou o pseudônimo de Justino Monteiro, que homenageava duas importantes figuras de sua vida: sua mãe, a ex-escrava Justina Maria do Espírito Santo, morta em 1885, e o cônego João Carlos Monteiro, morto em

---

[242] MAGALHÃES JÚNIOR, Raimundo, op. cit., p. 415.

1876, o pai que não o perfilhou. No primeiro veículo continuava o José do Patrocínio de sempre, às vezes investido na pele de Proudhomme. Numa de suas crônicas em *O País*,[243] tratando do Rio Grande do Sul, dizia: "Pode-se confundir o sistema federativo com esta máquina de carimbar deputados e senadores, pelo cunho pessoal dos governadores, e de fazer governadores pela passividade ou pela vontade arbitrária do governo federal"?

Nas colunas de *A Notícia*, por determinação do seu editor, tratava de assuntos mais amenos, numa coluna que inicialmente, em 1903, denominou "Semana Humorística" e no ano seguinte passou a se chamar Às Segundas. Ali, o tom dos seus textos era sempre jovial.

O que Patrocínio não imaginava é que, por dentro, uma doença lhe minava, silenciosamente, o organismo. Isso ficou evidente durante uma sessão no Teatro Lírico, no Largo da Carioca, em homenagem exatamente a Santos Dumont. Nesse dia, Patrocínio brilhou com um discurso que empolgou a plateia, numa arremetida de voz que lembrava suas conferências históricas. Num dos tópicos do seu discurso, dizia do grande inventor:

Santos Dumont não é só um gênio, é um predestinado; não faz a sua glória pessoal, mas a de um povo. O balão é o berço de nosso futuro. Eu olho para ele como para a cesta de vime em que Beth-sabé salvou o legislador da nação de Jesus. A nossa Pátria deve aprender com Santos Dumont a arte de perseverar para vencer. Este gênio é a corporação de um símbolo. Fundiu-se no seu organismo o sangue brasileiro, que produziu Bartolomeu de Gusmão, e o sangue francês, que produziu Montgolfier e o sobre-humano Pilatre de Rozier. Neste caso se vê bem que a natureza nos ensina providencialmente, que ela nos dá a espontaneidade do gênio, mas exige, como condição de nossa grandeza, repassá-la de todas as conquistas da civilização. Para que não perdêssemos tempo em discutir a prioridade da descoberta dos balões, a imigração reuniu em Santos Dumont as duas primogenituras da soberania sobre o espaço.

---

[243] PATROCÍNIO, José. O primeiro brado. *O País*, Rio de Janeiro, 30 out. 1903.

Nesse artigo publicado em *A Notícia*, a 7 de setembro de 1903 – exatamente a data que Patrocínio havia marcado para voar com seu dirigível –, o jornalista negro ainda diria que "a dirigibilidade dos balões é a bênção divina do Brasil, para ser o árbitro dos novos destinos da humanidade". Conta o seu cunhado Ernesto Sena que, nesse dia, depois de pronunciar a expressiva saudação ao grande aeronauta brasileiro, "foi acometido de hemoptise".

Mesmo doente, sempre com febre e com os bacilos da doença a lhe minar o organismo paulatinamente, continuava a escrever seus artigos e a construir seu balão, graças à dedicação de uns poucos operários, que trabalhavam sem qualquer remuneração no hangar de Inhaúma.

Ninguém acreditava mais que um dia fosse ficar pronto e muito menos alçar voo. Só Patrocínio, que nele pensava dia e noite. Nos momentos finais de sua vida ainda dizia, como narrou Coelho Neto:[244]

> Sabes? Isto há de passar. Só peço a Deus mais um ano. Viste o balão? Está quase pronto. Mais um ano e... adeus, terra! "Lá vai o Zé do Pato!... Lá vai!" E eu, pelas nuvens além, perdendo-me no éter, longe, longe, respirando o ar de Deus, o grande ar virgem das alturas.

Quase sem forças, consumido pela doença, ainda abriu, com a ajuda da esposa, uma escolinha primária gratuita para quarenta crianças em sua residência e adotou uma menina a quem deu o nome de Maína, para lembrar a filha morta ainda criança, em fins de 1889.

No final da vida, ficou hipocondríaco, temendo toda sorte de doenças. Passou os últimos meses a receber os amigos, mesmo deitado, ou a jogar cartas com Zeca, seu filho mais velho. Também andava a cavalo, pelo entorno da estação do Engenho

---

[244] Discurso de recepção a Mário de Alencar, proferido a 14 de agosto de 1905 na Academia Brasileira de Letras, já citado aqui.

de Dentro. No último mês em que viveu foi diariamente ao centro da cidade. Certo dia choveu muito e, ao invés de voltar para casa, resolveu se abrigar durante a noite na casa de seu cunhado, o capitão Frederico de Albuquerque Cavalcanti – pai do futuro pintor Di Cavalcanti –, que residia à rua São Luís Gonzaga, em São Cristóvão. No dia seguinte, sábado, ainda escreveu um artigo para *O País*, que intitulou *Aves, Rússia!* e foi levar ele próprio à redação do jornal.

À noite, volta para a casa do Engenho de Dentro, ainda debaixo de chuva. Logo a seguir chega o filho, a cavalo, trazendo a menina Maína, que dois dias antes desaparecera de casa. Patrocínio enlaçou a menina nos braços, brincando com ela.

Foi dormir. No domingo, 30 de janeiro, acordou bem-disposto. Depois do almoço, após pedir sugestões ao filho e a Bibi, resolveu escrever para *A Notícia* sobre a morte de Rafael Pinheiro Bordalo, caricaturista naturalizado português com quem trabalhara em *O Besouro*, sobre a grande lei de naturalização da República sancionada por Deodoro, sobre a Sociedade Protetora dos Animais e a agressão por armas sofrida pelo bispo do Rio Grande do Sul. Começou a trabalhar, comentando nas primeiras frases sobre Bordalo, e mais adiante, tratando da Sociedade Protetora dos Animais, escrevia: "Eu tenho pelos animais um respeito egípcio. Penso que eles têm alma, ainda que rudimentar e que eles sentem conscientemente revoltas contra injustiça humana."

Depois de escrever mais algumas linhas, parou de súbito, como se algo lhe surgisse de repente, de dentro para fora, como uma erupção vulcânica. Deixou a mesa onde escrevia o artigo e correu para o quarto. A esposa, Maria Henriqueta de Sena Patrocínio, a heroica D. Bibi, ao vê-lo atravessar a sala como um foguete, perguntou-lhe o que estava sentindo, se vomitara o que tinha comido no almoço. Sem atinar direito com nada, sentindo-se sem ar, só teve tempo de dizer:

– Sangue...

Alguns minutos depois já estava morto.

A mulher e os dois filhos – José do Patrocínio Filho e Maceo do Patrocínio – nada puderam fazer. O artigo ficou incompleto na mesa da sala. Era o seu canto do cisne. No bolso da calça, D. Bibi ainda encontrou 12 mil réis, o pagamento completo do artigo de *O País*, que seria publicado no dia seguinte pela manhã. Restará a ela e aos filhos a herança do Santa Cruz, cujo arcabouço, tendo muito ainda o que fazer, repousava no hangar de Inhaúma...

Numa de suas visitas, Coelho Neto, o notável cronista e romancista imaginoso, assim o viu antes da morte:

> Em um quarto, alumiado por uma janela, onde mal cabiam uma cama de solteiro, um lavatório e duas cadeiras, jazia o pelejador da campanha magnífica. Magro, esquelético, com os olhos encovados no fundo das órbitas, a fronte vasta, escalvada, de uma cor baça de bronze empoeirado, a boca reentrante à falta de dentes, sem voz, meio encolhido na enxerga, as pernas cobertas por um xale azul, Patrocínio sorria e chorava, estendendo-me os braços que eram ossos, envoltos em pele cinérea. Sobre o lavatório estava um velho prato com um resto de mingau, às moscas; aos pés da cama, pelos travesseiros, no chão, os jornais do dia, todos. Na parede um Cristo morto. Não houve palavras. Fitamo-nos e eu o vi através de uma névoa... depois... Os passarinhos cantavam nas árvores em flor e o sol entrava, quente e rútilo, pela janela aberta. Dia lindo! E ele soluçou: – "Meu amigo!" Que respondi? Não sei. Conversamos. Ele não teve uma queixa. Metendo a mão sob o travesseiro para tirar o lenço, fez cair uma tira de papel, escrita a lápis. Pediu-me, sorrindo: – "É o meu artigo. Escrevo-os aqui na cama, a lápis. Quando me faltam forças, dito à minha mulher".

Batalhador incansável, de tantas lutas, assim se esgotava sua existência, na serenidade de quem acreditava que não fosse morrer.

Epílogo

A morte de José do Patrocínio transformou o bairro do Engenho de Dentro num local de romaria. Mesmo na penúria, esquecido pelos velhos amigos, incompreendido por muitos, assim que a morte do jornalista negro foi conhecida começou a busca de informações, a correria, as lamentações, o choro, os discursos.

Sem muita demora, o corpo partiu da modesta casa da rua Dr. Bulhões já embalsamado, para a estação de trem do Engenho de Dentro, seguindo até a estação Central do Brasil. Daí pela praça da República, já quase como um cortejo, para a sacristia da Igreja de Nossa Senhora do Rosário e São Benedito dos Homens Pretos, na rua Uruguaiana, centro do Rio.

Uma vez no interior da igreja, com o alvoroço provocado pela notícia vão chegando pessoas de todas as partes para ver o morto, misturando-se aos representantes da Irmandade, que mantinha o templo, e da Confederação Abolicionista, que ainda se mantinha, pelo visto, atuante.

O corpo de Patrocínio ficou exposto à visitação pública, atraindo uma grande multidão que vinha de todos os cantos do Rio de Janeiro prestar sua última homenagem. De ex-escravos a homens públicos, todos foram dar seu adeus àquele que tantos serviços prestara à nação.

A viúva, consternada, desgostosa, recebia os cumprimentos dos presentes, além de inúmeros telegramas enviados por personalidades, como o presidente da República Rodrigues Alves, que também, como Patrocínio, tinha sangue africano nas veias,[245] um choroso Barão do Rio Branco, que lembrou de Patrocínio no

---

[245] De acordo com o senador Abdias Nascimento, Rodrigues Alves era filho da afro-brasileira Isabel Perpétua, conhecida como "Nhá Bela". Apud LOPES, Nei, op. cit., p. 53-54.

enterro do pai, 20 anos antes, o embaixador Joaquim Nabuco e muitos mais. Chegaram também coroas de flores remetidas, entre outros, por Olavo Bilac e pelo próprio Rio Branco. Os imortais da Academia Brasileira de Letras, tendo à frente seu presidente, Machado de Assis, também estiveram presentes. No dia seguinte, 2 de fevereiro, o corpo de Patrocínio deixa a Igreja de Nossa Senhora do Rosário rumo ao cemitério de São Francisco Xavier, no Caju. Há uma grande concentração de gente no entorno da igreja para acompanhar o morto à sua morada derradeira. É nesse cortejo que se verifica a maior romaria já consagrada a um homem público brasileiro. Como disse Vivaldo Coaracy em seu livro de reminiscências, o "enterro de Patrocínio foi uma apoteose",[246] com uma verdadeira multidão a acompanhá-lo rumo ao cemitério de São Francisco Xavier, no Caju, proferindo discursos, um mais interminável que outro, até o cemitério. Numa imagem desse cortejo, o número de pessoas dava a ideia de uma manifestação de rua. Chegando ao cemitério, o corpo de Patrocínio não pôde ser enterrado. O jazigo da família Sena estava completamente lotado, com restos mortais de defuntos recentes. Era preciso prepará-lo para receber o corpo daquele que representou a glória nacional.

A multidão, então, foi se dispersando, enquanto o caixão era colocado em uma das capelas do São Francisco Xavier, onde ficou depositado até que o sepultamento fosse autorizado. A 11 de fevereiro de 1905, nove dias depois, foi realizada uma missa de corpo presente na mesma capela, com a presença da família, da Confederação Abolicionista e algumas personalidades. Para a ocasião, a família mandou enfeitar toda a capela com veludo preto e no cadafalso, forrado igualmente de veludo, seis grandes tocheiros ladeavam o caixão.

Foi preciso lavrar um "auto de enterramento" para que, no dia seguinte, finalmente Patrocínio pudesse ser enterrado, coberto de

---

[246] MAGALHÃES JÚNIOR, Raimundo, op. cit., p. 418.

muitas flores, e descansar em paz. O tabelião Andrônico Tupinambá, contratado para preparar o auto, redigiu o texto que se segue, conforme se lê em *A Notícia*, do próprio dia 12 de fevereiro.

> Aos doze dias do mês de fevereiro do nascimento de Nosso Senhor Jesus Cristo, nesta cidade de São Sebastião do Rio de Janeiro, no Cemitério de São Francisco Xavier, onde vim a convite da Irmandade de Nossa Senhora do Rosário e São Benedito, para lavrar o auto da cerimônia de enterramento do cidadão José Carlos do Patrocínio e presentes a mesma Irmandade, representada pelos irmãos Israel Antônio Soares, Dr. Sabino dos Santos, Monteiro Lopes e membros da Confederação Abolicionista, Dr. João Batista de Sampaio Ferraz, Gastão Bousquet, Frederico Borges, João Ferreira de Serpa Júnior, Ernesto Sena, Benevenuto Berna, Coronel Von Doellinger, Luís de Andrade, o faço do seguinte modo: o cadáver, vestindo terno de casaca preta e gravata branca, está encerrado num caixão de vinhático envernizado de preto, tendo as argolas de metal branco e meia tampa de vidro de cristal e, retirado da urna em que repousava, foi depositado no jazigo número vinte e oito A, de propriedade da família do mesmo finado, tendo mais a declarar que em cima do caixão estava gravada uma placa de bronze com a seguinte inscrição: "Encerra este caixão, mandado construir pela Confederação Abolicionista, o cadáver do grande libertador José do Patrocínio, embalsamado por ordem da Irmandade de Nossa Senhora do Rosário e São Benedito do Rio de Janeiro e transportado a mão, em procissão cívica, até o Cemitério de São Francisco Xavier – Rio, 12 de fevereiro de 1905".
>
> O que foi feito depois de encomendado pelo pároco da freguesia de São Cristóvão, Padre Ricardino Seve. E por nada mais constar, para que tenha fé pública em todo e qualquer tempo, eu o assino com as testemunhas abaixo declaradas.

O documento, assinado por todos os presentes, tem o valor de uma grande declaração de amizade ao morto. A imprensa noticiou com grandes arroubos a morte de Patrocínio, glorificando seus feitos, exaltando o homem, o jornalista, o político, o chefe de família. E entre as muitas lembranças e homenagens ao grande morto, o soneto escrito por Olavo Bilac, no calor da emoção, reflete bem o adeus de quem lhe foi imensamente fraterno e eternamente amigo:

José do Patrocínio, a pena da Abolição

Quando ao braço o broquel, combatias, sozinho,
Calmo, o gládio imortal vibrando às mãos, certeiro,
De que bênçãos de mãe era feito o carinho,
Que ungia a tua voz, glorioso Justiceiro?

Treva em cuja espessura os sois fizeram ninho!
Foi de dentro de ti, que, para o cativeiro,
Saiu como um doirado e alegre passarinho,
Num gorjeio de luz, o consolo primeiro.

Hoje, do mar da inveja, em vão, para o teu rosto
Sobe o lodo... Sorris: e injúrias e ironias
Vão de novo cair no pobre sorvedouro...

E, eterno, à eterna luz dos séculos exposto,
Ficas tu, que ao nascer, já na pele trazias
A imorredoura cor do bronze imorredouro.[247]

---

[247] PEREIRA PINTO, Jorge Renato. *José do Patrocínio, o herói esquecido*. Campos dos Goitacazes: Fundação Cultural Jornalista Oswaldo Lima, 2003, p. 169.

Referências

Bibliográficas

ALENCAR, José. *Cartas a favor da escravidão*. Organizado por Tâmis Parron. Rio de Janeiro: Hedra, 2008.

ALVES, Uelinton Farias. *Cruz e Sousa*: Dante Negro do Brasil. Rio de Janeiro: Pallas, 2008.

AZEREDO, Carlos Magalhães. *Memórias*. Rio de Janeiro: Academia Brasileira de Letras, 2003. (Coleção Afrânio Peixoto)

BARBOSA, Francisco de Assis. *A vida de Lima Barreto*. 7. ed. Belo Horizonte: Itatiaia, 1988.

CAMPOS, Eduardo (org.). *Da senzala para os salões*. Fortaleza: Secretaria de Cultura do Ceará, 1988.

CARNEIRO, Marília B. S. *A escravatura e a lei áurea*. Campos dos Goitacazes: Lar Cristão, 1987.

_____ *Atos e fatos da vida de José do Patrocínio*. Campos dos Goitacazes: s. n., 2003.

CARVALHO, Waldir P. *Gente que é nome de rua* – biografias (a vida e a obra dos homens e mulheres que fizeram a história de Campos). Campos: União A Gaivota Dados, v. I, 1985.

COARACY, Vivaldo. *Todos contam sua vida*. Memórias da infância e adolescência. Rio de Janeiro: José Olympio, 1959.

COUTINHO, Milton. *Subsídios para a história do Maranhão*. São Luís: SIOGE, 1979.

CUNHA, Ciro Vieira. *No tempo de Patrocínio*. São Paulo: Saraiva, 1960. (Coleção Saraiva)

_____. *100 piadas de Paula Ney*. Rio de Janeiro: Galo Branco, 2001.

DI CAVALCANTI, Emiliano. *Reminiscências líricas de um perfeito carioca*. Rio de Janeiro: Civilização Brasileira, 1964.

DUARTE, Eduardo de Assis. *Machado de Assis afro-descendente*. Rio de Janeiro: Pallas/Crisálida, 2007.

FERACIN DA SILVA, Ana Carolina. De "papa-pecúlios" a tigre da Abolição: a trajetória de José do Patrocínio nas últimas décadas do século XIX. Campinas, 2006. Tese (doutorado em História). Instituto de Filosofia e Ciências Humanas da Universidade Estadual de Campinas.

GUILHON, Orlando J. F. José do Patrocínio. São Paulo: Editora Três, 1974. (Coleção A vida dos grandes brasileiros, n. 17)

JORGE, Fernando. Cala a boca, jornalista. Rio de Janeiro: Vozes, 1992.

_____. Vida e poesia de Olavo Bilac. 4. ed. São Paulo: T. A. Queiroz, 1992.

LOPES, Nei. Brasileira da Diáspora Africana. São Paulo: Selo Negro, 2004.

LOUZEIRO, José. André Rebouças. Rio de Janeiro: Tempo Brasileiro, 1968. (Coleção Os Brasileiros)

MAGALHÃES JÚNIOR, Raimundo. A vida turbulenta de José do Patrocínio. Rio de Janeiro: Sabiá, 1969, v. 3.

_____. Arthur Azevedo e sua época. 3. ed. Rio de Janeiro: Civilização Brasileira, 1966.

_____. O fabuloso Patrocínio Filho. Rio de Janeiro: Civilização Brasileira, 1957.

_____. Olavo Bilac e sua época. Rio de Janeiro: Companhia Editora Nacional, 1974.

_____. Rui, o homem e o mito. Rio de Janeiro: Civilização Brasileira, 1964. (Coleção Retratos do Brasil, v. 27)

MARTINS, Wilson. História da inteligência brasileira. 2. ed. São Paulo: Cultrix, 1979, v. IV (1877-1896).

MELO, Custódio José. O governo provisório e a revolução de 1893. Rio de Janeiro: Companhia Editora Nacional, 1938.

MORAES, Evaristo de. A campanha abolicionista (1879-1888). Rio de Janeiro: Leite Ribeiro, 1924.

NABUCO, Joaquim. O abolicionismo. Brasília: Edições do Senado Federal, v. 7, 2003.

PATROCÍNIO, José. Campanha abolicionista. Coletânea de artigos, introdução José Murilo de Carvalho. Rio de Janeiro: Fundação Biblioteca Nacional, Departamento Nacional do Livro, 1996. (Coleção Rodolfo Dantas, v. 24)

_____. *Motta Coqueiro ou a pena de morte*. Rio de Janeiro: Francisco Alves Editora/SEEC-RJ, 1977.

_____. POMPEIA, Raul e AZEVEDO, Artur. *Um monarca da fuzarca* – três versões para um escândalo na corte. Rio de Janeiro: Relume-Dumará, 1993.

PEREIRA PINTO, Jorge Renato. *José do Patrocínio, o herói esquecido*. Campos dos Goitacazes: Daiamá, 2003.

_____. *José do Patrocínio, o herói esquecido*. Campos dos Goitacazes: Fundação Cultural Jornalista Oswaldo Lima, 2003.

ORICO, Osvaldo. *O tigre da abolição*. Rio de Janeiro: Civilização Brasileira/ MEC, 1977.

REBOUÇAS, André. *Diário e notas autobiográficas*. Rio de Janeiro: José Olímpio, 1938.

RODRIGUES, João Carlos. *João do Rio, uma biografia*. Rio de Janeiro: Topbooks, 1999.

SENA, Ernesto. *Rascunhos e perfis*. Brasília: Universidade de Brasília, 1983. (Coleção Temas Brasileiros, v. 49)

SCISÍNIO, Alaor Eduardo. *Dicionário da escravidão*. Rio de Janeiro: Léo Christiano, 1997.

SILVA, Cyro. *Quintino Bocayúva* – o patriarca da república. São Paulo: Edaglit, 1962.

SILVA, Eduardo. *As camélias do Leblon e a abolição da escravatura* – uma investigação de história cultural. São Paulo: Companhia das Letras, 2003.

_____. *Resistência negra, teatro e abolição da escravatura*. 26ª Reunião da SBPH (Sociedade Brasileira de Pesquisa Histórica), Rio de Janeiro, 2006.

SODRÉ, Nelson Werneck. *História da Imprensa no Brasil*. Rio de Janeiro: Civilização Brasileira, 1966.

TÁVORA, Araken. *D. Pedro II e o seu mundo através da caricatura*. Rio de Janeiro: Documentário, 1976.

TAVARES D´AMARAL, Márcio. *Marechal Deodoro*. São Paulo: Editora Três, 1974. (Coleção A Vida dos Grandes Brasileiros, v. 4)

Periódicos

Monitor Campista, 1839-1885.
Nossa História, Ano 3, n. 31. São Paulo: Vera Cruz, maio 2006.
O Mequetrefe, ano 2, n. 83, nov. 1876.
Revista de História da Fundação Biblioteca Nacional. Ano 3, n. 32. Rio de Janeiro: Sabin – Sociedade de Amigos da Biblioteca Nacional, maio 2008.
Revista Kosmos, fev. 1905.
Revista Renascença, Ano II, n. 13, mar. 1905.

Eletrônicas

DOMINGUES, Joelza Ester. 16 fatos que marcaram a implantação da República no Brasil. In: *Ensinar História*. Disponível em <https://ensinarhistoriajoelza.com.br/fatos-que-marcaram-republica-no-brasil/>. 16 nov. 2016. Acesso em 13 set. 2019.

LAW, Robin. Etnias de africanos na diáspora: novas considerações sobre os significados do termo 'mina'. *Tempo* [online]. 2006, vol.10, n.20, p.98-120. ISSN 1413-7704. Disponível em: <http://dx.doi.org/10.1590/S1413-77042006000100006>. Acesso em 13 set. 2019.

MONTEIRO, Fernando. *A história marrom do Corsário*. s.d.

SOUSA, Cláudia. Joaquim Nabuco é tema de exposição no Rio. Associação Brasileira de Imprensa. Disponível em <http://www.abi.org.br/joaquim-nabuco-e-tema-de-exposicao-no-rio/>. 4 set. 2009. Acesso em 13 set. 2019.

TORAL, André Amaral. A participação dos negros escravos na guerra do Paraguai. In: *Estudos Avançados* (online), 1995, v. 9, n. 24, p. 287-296. Disponível em: <http://dx.doi.org/10.1590/S0103-40141995000200015>. Acesso em 13 set. 2019.

VAZ, Leopoldo Gil Dalcio. *Sobre a Guarda Negra*. Palestra proferida no Instituto Histórico e Geográfico do Maranhão, em 27 ago. 2009. Disponível em: <http://cev.org.br/comunidade/capoeira/debate/sobre-guarda-negra/> Acesso em 13 set. 2019.

O autor

TOM FARIAS é carioca, jornalista, escritor e crítico literário. É autor de diversos livros e coleciona alguns prêmios literários. Em 2009, foi finalista do prêmio Jabuti com o livro *Cruz e Sousa: Dante Negro do Brasil* (2008). Como crítico teve passagem pelo caderno "Ideias", do *Jornal do Brasil*, pela revista *Poesia Sempre*, da Fundação Biblioteca Nacional, pela Revista da Academia Catarinense de Letras, *Ô Catarina*, e pelos suplementos do *Estado de Minas* e *O Globo*, onde atualmente escreve.

Obra literária

1987 – *O abolicionista Cruz e Sousa*.
1990 – *Reencontro com Cruz e Sousa*.
1996 – *Cruz e Sousa, poemas inéditos*.
2001 – *Os crimes do Rio Vermelho*.
2008 – *Cruz e Sousa: Dante Negro do Brasil*
2008 – *Oscar Rosas*: poesia, conto, crônica.
2009 – *José do Patrocínio, a imorredoura cor de bronze*.
2013 – *Cruz e Sousa: Últimos inéditos - prosa & poesia*. (coord.)
2018 – *Carolina, uma biografia*.
2019 – *José do Patrocínio, a pena da Abolição*.

Prêmios

1991 – Prêmio Sílvio Romero de Crítica e História Literária, da Academia Brasileira de Letras. (pela obra *Reencontro com Cruz e Sousa*, 1990.)
1998 – Medalha de Honra ao Mérito, pelo Governo de Santa Catarina.
2009 – Finalista da 51ª ed. do Prêmio Jabuti, categoria "Melhor Biografia", com o livro *Cruz e Sousa: Dante Negro do Brasil*, 2008 [1. ed.].
2018 – Prêmio Carolina Maria de Jesus, conferido pela FLUP (Festa Literária das Periferias – RJ).

fontes	Gandhi Serif (Librerias Gandhi)
	Montserrat (Julieta Ulanovsky)
papel	Pólen Soft 80 g/m²
impressão	BMF Gráfica